ワルシャワから

記憶の案内書

トレブリンカ、ティコチン、パルミルイ、プルシュクフへ

尾崎俊二

御茶の水書房

Ⅰ

Ⅱ

Ⅰ　ベルナルト・ベロット（カナレット）作品「ズィグムント三世像円柱から見たクラコフスキェ・プシェドミェシチェ通り」　View of Krakowskie Przedmieście Street from the Zygmunt III Column（1767-68）、ワルシャワ王宮・博物館所蔵、Ⓒ Zamek-Królewski w Warszawie-Muzeum（第一章）

Ⅱ　ベルナルト・ベロット（カナレット）作品「ズィグムント三世像円柱をのぞむ、クラコフスキェ・プシェドミェシチェ通り」　Krakowskie Przedmieście Street Looking towards the Zygmunt III Column（1774）、ワルシャワ王宮・博物館所蔵、Ⓒ Zamek-Królewski w Warszawie-Muzeum（第一章）

Ⅲ

Ⅳ

Ⅴ

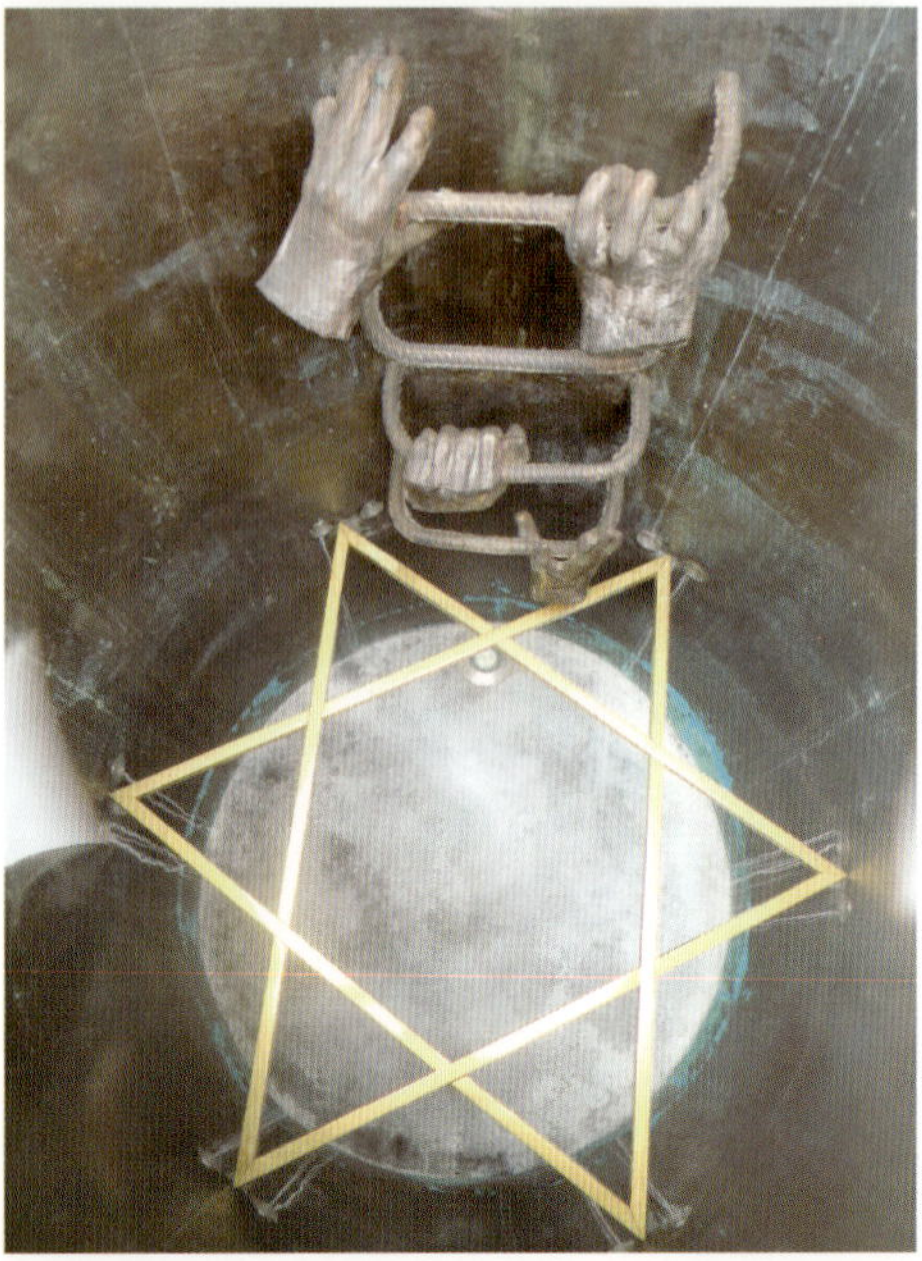

Ⅲ　ポーランド・ユダヤ人の歴史博物館POLINのエントランス・ホール（第二章）
Ⅳ　ゲットー境界壁記念碑にレリーフされたワルシャワ・ゲットー最大版図（フウォドナ通りとジェラズナ通りの交差点ちかくの記念碑、第三章）
Ⅴ　一九四三年五月のゲットー蜂起戦士の地下水道脱出を記念するモニュメント（第三章）

Ⅵ

Ⅶ

Ⅵ　トレブリンカ絶滅収容所跡のメイン・モニュメントと記念墓石群（第四章）
Ⅶ　トレブリンカ絶滅収容所跡の遺体焼却を象徴するモニュメント（第四章）
Ⅷ　ティコチンのシナゴーグ（シナゴガ・ヴィェルカ）（第十六章）

Ⅷ

Ⅸ

Ⅹ

Ⅸ　ワルシャワ蜂起激戦の弾痕を残すポーランド銀行要塞跡（第一章）
Ⅹ　戦後の独立地下運動戦士「呪われた兵士」を讃える記念碑（第九章）
Ⅺ　ポヴォンスキ軍人墓地のウォンチュカ区域（2015 年6月当時）（第九章）

Ⅺ

はじめに

ワルシャワの「記憶」にこだわってきた。その街を歩くと「記憶する意志」を感じるからである。

二〇〇七年に『記憶するワルシャワ――抵抗・蜂起とユダヤ人援助組織ŻEGOTA（ジェゴタ）』、二〇一一年に『ワルシャワ蜂起――一九四四年の六三日』を上梓したが、よりどころとしたのは個々のひとたちのそれぞれに異なる場所でのさまざまに違った体験と記憶だった。本来街そのものに記憶はない。街に歴史の記憶があるとするなら、それはそこに生きて死んだひとたちの記憶の集積であるのにちがいない。限りあるひとの生も死も畢竟記憶のなかである。

二つの著書について「両書はワルシャワの街路の一本一本についてそこで起こった事件と記念碑を紹介し、あたかも実際にワルシャワの町を訪ねているかのような臨場感を与えてくれる」（ノーマン・デイヴィス著、染谷徹訳『ワルシャワ蜂起1944（下）悲劇の戦い』訳者あとがき、白水社、二〇一二年）との過分なおことばをいただいた。さらにこの両書を携えて実際にワルシャワを訪ね、そこに記した街路をたどって歩いてくださった方々が何人もおられることを知った。もはやこの世を去ったひとたちの体験と記憶にいざなわれてのことだと思う。もちろん、記憶には美化、偏り、思い込みが生じることがある。だとしても、記憶は本来徹底的に個人のものとしてそれぞれが中心をなす。街の記憶として感受するのは数々のそうした中心が水面で波紋となって重なり合うようにして集まったものなのだろう。

ワルシャワには一九三九年九月末からのナチス・ドイツ占領下での抵抗と犠牲、ワルシャワ・ゲットーと一九四三年のユダヤ人蜂起、一九四四年八月のワルシャワ蜂起をめぐる記念碑・記念プレートだけでも、あえてその「街の記憶」ともいうべきモニュメントが数限りなく点在する。前二書に書き込んだものでさえ、そのなかのほんの一部にすぎない。ワルシャワの街をたずねていると、わずか一年不在しただけでも、その翌年には必ず新しい記念碑やモニュメントにであう。いまこの瞬間にもまたひとつ新たなモニュメントが生まれているといっても決して大げさではない。

ここに上梓するのは、いわば前二書の補遺でもある。最初に街の歴史をいくつかの「記憶」の断片で素描する。つぎに、ゲットー英雄広場に新しい景観をもたらした「ポーランド・ユダヤ人の歴史博物館」を観る。ポーランド・ユダヤ人の一〇〇〇年の歴史を概観したのち、市内中心部に、かつてのワルシャワ・ゲットーの境界跡を二二箇所のモニュメントでたどる。つづいて、ワルシャワの北東にあり、稼働約一年間におよそ八〇万人のユダヤ人が抹殺されたトレブリンカ絶滅収容所跡に向かう。さらに遠くすすんで、かつてポーランド人と共存していたユダヤ系住民のほぼ全員がナチス・ドイツ占領者に殺されたティコチンの町と、その処刑現場となったウォプホヴォの森に入る。ワルシャワ北西には広大なカンピノスの森の中、一九三九年九月のナチス・ドイツ占領後、多数のポーランド人市民が毎夜のように連行され秘密裏に処刑されたパルミルィ。南西には一九四四年のワルシャワ蜂起のあとに五十数万人のワルシャワ市民の中継収容所が設けられたプルシュクフを訪れる。そして最後にまたワルシャワにもどり、ソ連のＮＫＶＤ（内務人民委員部）機関とポーランド公安機関による独立地下抵抗活動家に対する弾圧の記憶の場所をいくつかさぐる。「ワルシャワから」としたのはこうした所以である。副題に「案内書」としたが、もちろん通常の観光案内書というものではなく、ワルシャワとその周辺の歴史の記憶をたどるきわめて個人的な「案内書」である。

ひとつおことわりさせていただく。ワルシャワやその周辺に数々ある記念碑やモニュメントは移設されることもよくある。歴史的にみても、現在旧市街広場にある有名な人魚像（ポムニク・スィレンキ）はもともと一九世紀半ばに同広場の噴水のそばにおかれたものだったが、一九二〇年代末に広場の噴水が解体されたときにソレツやポヴィシレに移され、現在の場所に再び帰ってきたのは比較的最近の一九九九年末だった。タデウシュ・コシチュシュコの反乱

（一七九四年）でのヒーロー、ヤン・キリィンスキが抜剣する像は現在旧市街・バルバカンのそばにあるが、戦前はクラシィンスキ広場にあった。右手で数メートルの剣を背後いっぱいに振りかざし、左手で天をつかむかのようなあのニケの像は一九六四年に除幕されて劇場広場にあったが、いまはソリダルノシチ（連帯）大通りの南側、ノヴィ・プシェヤスト通りのちかくに移設されている。最近の例では、『ワルシャワ蜂起』に書いたかつてのチェルニャクフ要塞跡のカティン博物館はツィタデラ跡地に移されて新たなミュージアムとして開館した。『記憶するワルシャワ』で書き出し地点としたホテル・メルキュール・フレデルィク・ショパンもいまはもうない。歴史的建造物の修復はたえずどこかで行われている。最終章に書いたポヴォンスキ軍人墓地の「ウォンチュカ」についても、二〇一五年九月に慰霊パンテオンが建ち、同地区の様子が変わったのはつい最近のことである。本書に記したものは基本的に二〇一五年六月現在の状況だとご承知いただきたいが、前記二著を併読参照していただければ幸いである。

人名・通り名の表記、写真、地図について

（一）本文中の人名・通り名などポーランド語のカタカナ表記は、白水社『ポーランド語辞典』（木村彰一・工藤幸雄・吉上昭三・小原雅俊・塚本桂子・石井哲士朗・関口時正共編）に準拠したが、ワルシャワ（ヴァルシャヴァ）、アンジェイ（アンヂュジェイ）など、日本語で定着している表記を採用したものもある。他方、現代の日本語かな表記では用いられない「ヂ」をあえて使用した例がある。

（二）ポーランド語の単語のアクセントは原則的には後ろから二番目の音節におかれて長音のように聞こえるために、他書においては日本語のかな表記で音引き記号を用いるものがあるが、筆者は日本語の長音とは異なると考えるため、本稿における人名や通り名などのポーランド語のカタカナ表記には原則的には音引き記号を使用していない。

（三）ポーランドの通り名については、「通り」「街路」を意味する ulica、あるいは「大通り」を意味する aleja（Aleje）に後続して語形変化した形をカタカナで記す。ただし、人名に由来する通り名は語形変化した形ではなく、本来の人名（主格）にもどしてカタカナ表記した。

（四）国内軍指導者をはじめ、ドイツ占領下のポーランド地下抵抗活動、戦後の独立地下抵抗活動に参加した人々がそれぞれ使用した「コードネーム」は姓名のあとのカッコ内に記した。

（五）本書に使用した表紙および本編への挿入写真はすべて筆者の撮影によるものである。ベルナルト・ベロット（カナレット）の絵画作品三点の画像は所蔵館であるワルシャワ王宮・博物館 Zamek Królewski w Warszawie-Muzeum の許諾のもとに掲載した。

（六）本書に掲載した地図は、各種の地図をもとに筆者が作成したものである。比較参照した地図類を参考資料に記す。

ワルシャワから——記憶の案内書：トレブリンカ、ティコチン、パルミルィ、プルシュクフへ

目次

はじめに …… 7
＊地図：本書関連地全体図 16
＊地図：ポーランド全図（戦前と現在） 18
＊地図：現在のワルシャワ行政区分 19

第一章 素描：ワルシャワの記憶 …… 21
＊地図：ワルシャワ主要部 22
＊地図：プラガを含むワルシャワ中心部 24
街の起こり、クラクフ門 25
サクソン・アクシス 27
クラコフスキェ・プシェドミェシチェ通り 29
ツィタデラ 32
ユダヤ人のワルシャワ 34
ナチス・ドイツ占領下の抵抗 38
ポーランド銀行要塞――一九四四年蜂起 42
ヴィスワ川右岸・プラガ、動物園 44
カティン虐殺記念碑 48

第二章 ポーランド・ユダヤ人の一〇〇〇年の歴史――ポーランド・ユダヤ人の歴史博物館 …… 55
＊地図：コルチャクと子どもたちのウムシュラークプラッツへの行進ルート（一九四二年） 56
ゲットー英雄広場の新しい景観 57
ポーランド・ユダヤ人の歴史博物館 59
（一）最初の遭遇 60 （二）ユダヤ人の楽園 62
（三）ユダヤ人の町 63 （四）近現代との遭遇 65
（五）ユダヤ人街 67
（六）ホロコースト 69
絶滅作戦 70／コルチャクと子どもたち、ウムシュラークプラッツへの行進経路 71／「アーリア地区」の目 75／「死の門」へ 75
（七）戦後の時代 77

第三章 ワルシャワ・ゲットーはどこだったのか――境界をたどって …… 81
＊地図：ワルシャワ・ゲットー（最大版図）――戦前の通り 82

＊地図：現在のワルシャワ地図に22箇所のモニュメント位置を示す　83
ワルシャワ・ゲットーはどこだったのか
——二二箇所の境界壁モニュメント　84
ゲットー蜂起戦士の地下水道脱出の新しい記念碑　107

第四章　トレブリンカⅡ（絶滅収容所）……111
＊地図：トレブリンカとその周辺　112
＊地図：トレブリンカ　絶滅収容所と懲罰労働収容所　112
＊地図：絶滅収容所（トレブリンカⅡ）　113
絶滅収容所跡へ　114
ラインハルト作戦　124
絶滅収容所の建設　125
移送列車の到着　132
親衛隊、ウクライナ人補助兵、ユダヤ人ゾンダーコマンド（特別労務班）　133
ワルシャワからの移送　135
収容所施設の効率化とガス室増設　137
ユダヤ人の抵抗・脱出の試み　139
地下組織の結成　141
蜂起の準備　145
蜂起計画　147
蜂起決行　149
生き延びた人々　152
犠牲者数　155

第五章　トレブリンカⅠ（懲罰労働収容所）……157
＊地図：懲罰労働収容所（トレブリンカⅠ）　158
「黒い道」と砂利採掘場　162
「懲罰労働収容所」跡地　165
親衛隊の収容所管理体制　171
処刑場へ　173
懲罰労働収容所の最後　177

第六章　ティコチン——ユダヤ人絶滅の町……179
＊地図：ティコチンとウォプホヴォの森、ビャウィストク管区のトレブリンカ移送の町　180

＊地図：ティコチンの町　180
ビャウィストク　181
ティコチン　183
ユダヤ人の来歴　184
ユダヤ系住民の虐殺　186
ズウォタ通りから　188
ポーランド人住民の強制移送　193
ウォプホヴォの森　194
証言　195

第七章
パルミルィ——カンピノスの森の記憶……201

＊地図：カンピノスの森　202
＊地図：ワルシャワ「死の円環」関連地　203
森の中の記憶の場所・博物館　204
一八六三年一月蜂起　206
一九三九年の首都防衛戦　207
ナチス・ドイツ占領下　208
ラスキの視覚障害者保護施設　209
一九四四年ワルシャワ蜂起　211
ハンガリー人部隊　212
一九三九年から一九四一年の大量処刑　214
戦後の遺体発掘、国立共同墓地　219
遺品　223

第八章
プルシュクフ——ワルシャワ市民五十数万人の「エクソダス」……227

＊地図：プルシュクフと中継収容所　228
＊地図：プルシュクフ中継収容所121　228
中継収容所121博物館　230
中継収容所への追放移送　232
中継収容所で　236
収容所全景のディオラマ　237
記憶と証言（一）　238
記憶と証言（二）　247
プルシュクフからアウシュヴィッツへも　244
地下国家政府指導者の拉致・連行の場所　252

第九章　ウォンチュカ（ワルシャワ、軍人墓地内Ł区域）——一九四四年～一九五六年の記憶をとりもどす

第九章　ウォンチュカ（ワルシャワ、軍人墓地内Ł区域）——一九四四年～一九五六年の記憶をとりもどす……255
＊地図：ポヴォンスキ軍人墓地　256
「一九四四年から一九五六年」　257
国民記憶院（IPN）　266
「ウォンチュカ」——ポヴォンスキ軍人墓地内「Ł区域」　268
遺体発掘作業　273
戦後の迫害、プラガとレンベルトゥフの記憶　274
プラガ地区　275
NKVDポーランド司令本部　276
元公安省所在地（旧ユダヤ学生寮）　279
第三刑務所跡地　280
ワルシャワ・レンベルトゥフのNKVD収容所　282

謝　辞……287

人名索引　ii
通り名索引　viii
記念・歴史スポット索引　x
組織・機構名索引　xiv
地名・地理索引　xvii
地図一覧　xxi
図像説明出典一覧　xxii
参考資料　xxviii

グロドノ(Hrodna)
ベラルーシ
クヌィシン
イェドヴァブネ
ヴァシルクフ
ティコチン
ビャウィストク
ホロシュチ
グルデク
ザブウドゥフ
ミハウォヴォ
ソコウィ
ワプィ
クレシュチュレ
ブク川
ミレイチィツェ
ソコウゥフ・ポドラスキ
シェドルツェ

本書関連地 全体図

ナレフ川
ウォムジャ
オストルフ・
マゾヴィェツキ
ヴィシュクフ
トレブリンカ
モドリン
ヴィスワ川
パルミルィ
カンピノスの森
ワルシャワ
ミンスク・
マゾヴィェツキ
ヤクトルフ
プルシュクフ
ブディ・ゾシネ
グロヂスク・マゾヴィェツキ
スキェルニェヴィツェ

ポーランド全図（戦前と現在）

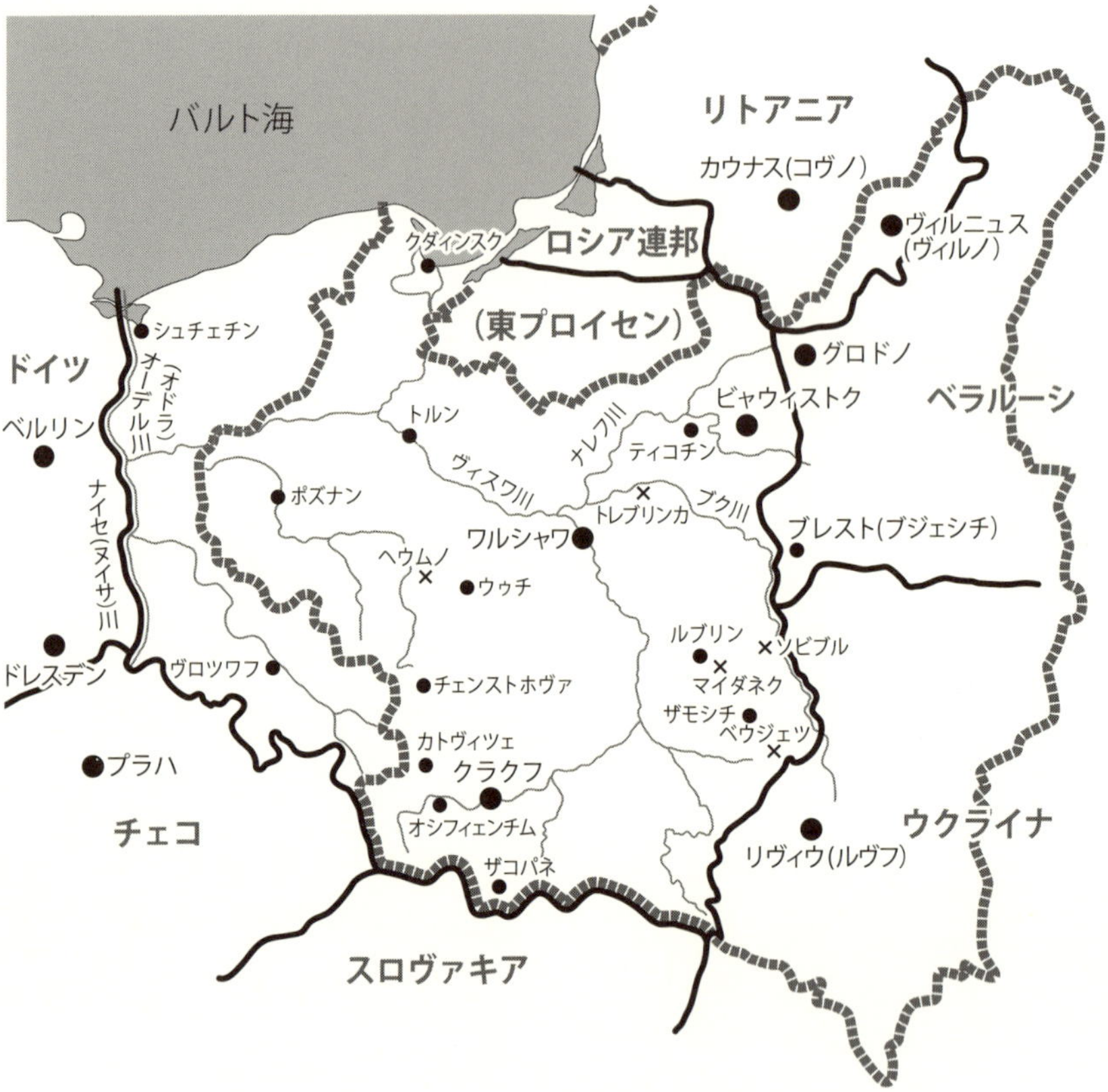

現在のポーランドの国境線（周辺諸国も同じ）
戦前（1918～39年）のポーランドの国境線

現在のワルシャワ行政区分

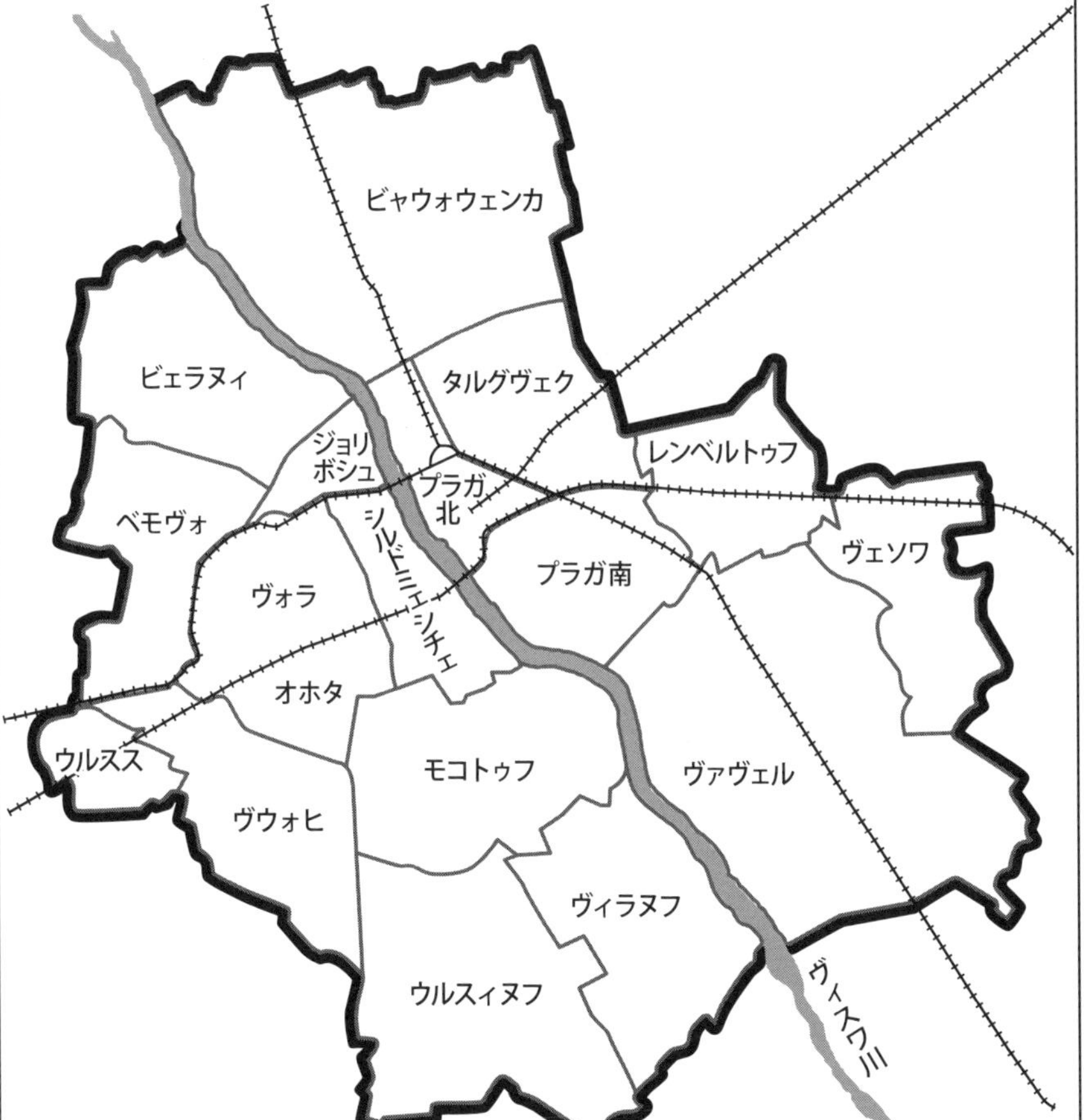

第一章

素描：ワルシャワの記憶

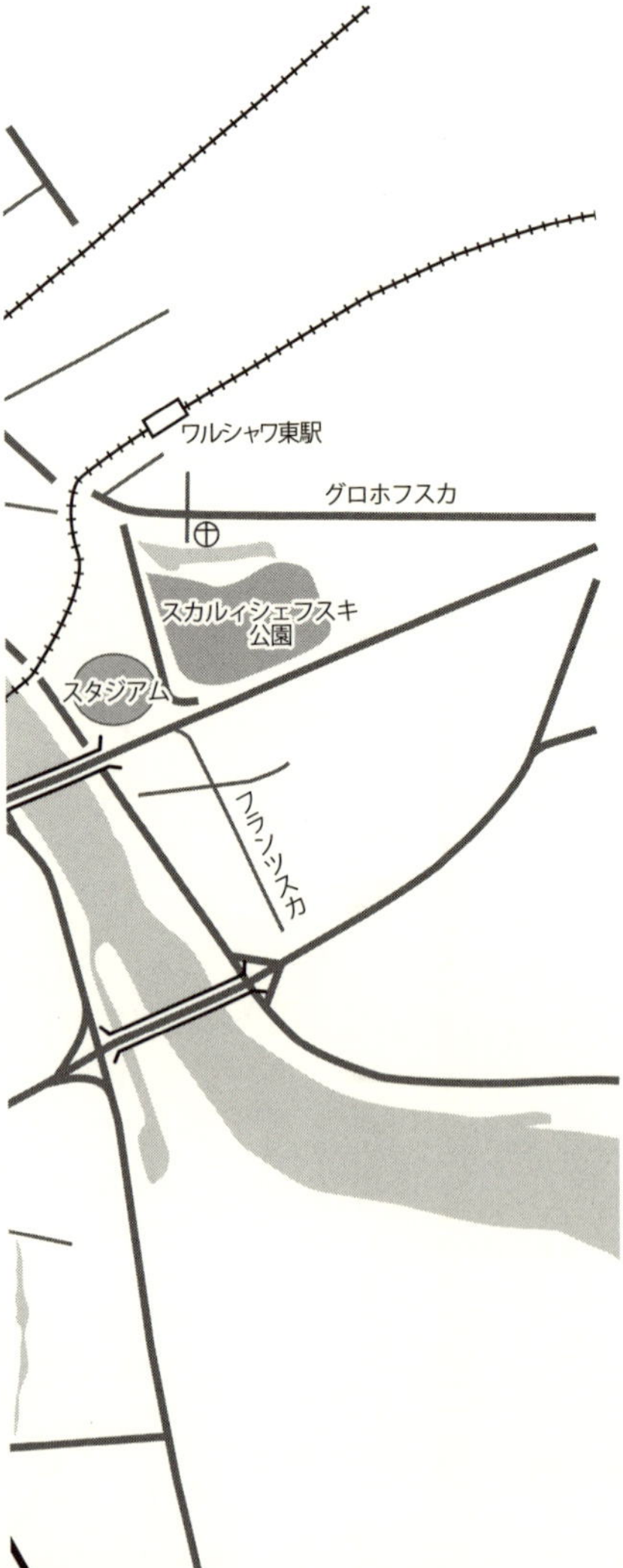

道路沿いの名は通りを示す

ワルシャワ主要部

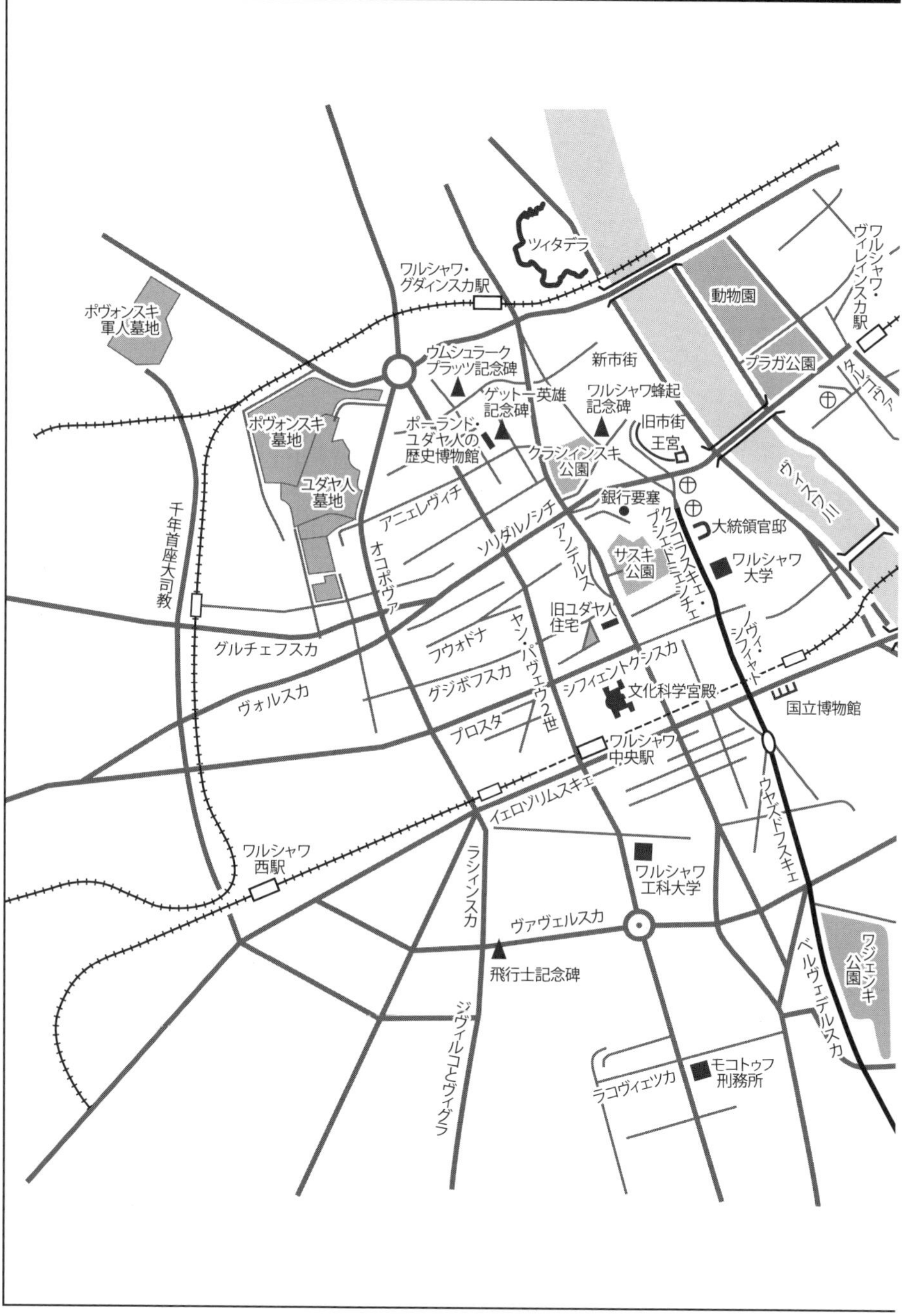
ツィタデラ
ワルシャワ・グダィンスカ駅
ポヴォンスキ軍人墓地
動物園
ワルシャワ・ヴィレィンスカ駅
プラガ公園
新市街
ウムシュラークプラッツ記念碑
ゲットー英雄記念碑
ワルシャワ蜂起記念碑
ポヴォンスキ墓地
ポーランド・ユダヤ人の歴史博物館
旧市街
王宮
クラシィンスキ公園
ユダヤ人墓地
千年首座大司教
アニェレヴィチ
銀行要塞
大統領官邸
ソリダルノシチ
オコポヴァ
アンデルス
クラコフスキェ・プシェドミェシチェ
サスキ公園
ワルシャワ大学
ヴィスワ川
旧ユダヤ人住宅
ノヴィ・シフャト
グルチェフスカ
フウォドナ
ヤン・パヴェウ2世
シフィェントクシスカ
グジボフスカ
文化科学宮殿
国立博物館
ヴォルスカ
プロスタ
ワルシャワ中央駅
イェロゾリムスキェ
ウヤズドフスキェ
ワルシャワ西駅
ラシィンスカ
ワルシャワ工科大学
ヴァヴェルスカ
飛行士記念碑
ベルヴェデルスカ
ワジェンキ公園
ジヴィルコとヴィグラ
モコトゥフ刑務所
ラコヴィェツカ

プラガを含むワルシャワ中心部

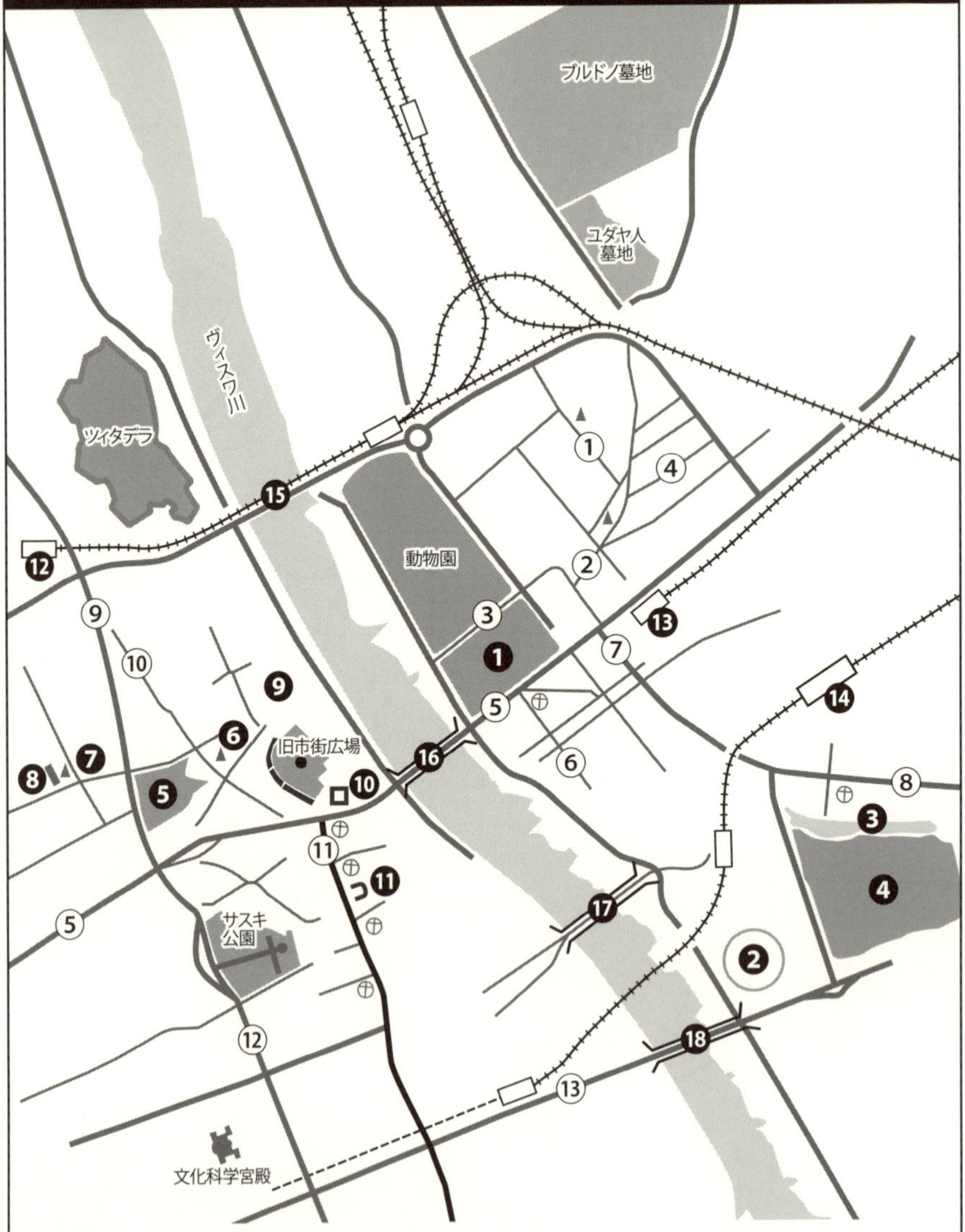

通り ①ナムィスウォフスカ ②11月11日 ③ラトゥショヴァ ④スチュシェレツカ ⑤ソリダルノシチ ⑥シェラコフスキ ⑦タルゴヴァ ⑧グロホフスカ ⑨アンデルス ⑩ボニフラテルスカ ⑪クラコフスキェ・プシェドミェシチェ ⑫マルシャウコフスカ ⑬イェロゾリムスキェ

スポット ❶プラガ公園 ❷スタジアム ❸カミョン湖 ❹スカルィシェフスキ公園 ❺クラシィンスキ公園 ❻ワルシャワ蜂起記念碑 ❼ゲットー英雄記念碑 ❽ポーランド・ユダヤ人の歴史博物館 ❾新市街 ❿王宮・王宮広場 ⓫大統領官邸 ⓬ワルシャワ・グダィンスカ駅 ⓭ワルシャワ・ヴィレィンスカ駅 ⓮ワルシャワ東駅 ⓯グダィンスキ橋 ⓰シロンスコ・ドンブロフスキ橋 ⓱シフィェントクシスキ橋 ⓲ユゼフ・ポニャトフスキ橋

ワルシャワは記憶する街である。破壊と復興を幾度も繰り返しながら、喪失したものを記憶として数多《あまた》感じとる街である。刻み込まれた記憶は政治体制が変わり世代が移っても、ひとびとに感受されるかぎり生き続ける。

街の起こり、クラクフ門

その起こりは一三世紀、ヴィスワ川左岸の、いまはスタレ・ミャスト（旧市街）とよばれる地域からだった。一五世紀にかけて二重の防壁で囲まれてゆく。最初の防壁はヴォンスキ・ドゥナイ通りの入り口から現在の王宮広場の西端までの約三〇〇メートルで、一七世紀にはその東端に主要な門のひとつであるクラクフ門があった。現在はズィグムント三世像のコラム（円柱）を見あげるすぐそば、ゴシック橋のあたりである。クラクフ門（ブラマ・クラコフスカ）というと、いまはルブリンなどでその名の建造物を見ることができるが、ワルシャワのそれはもうない。ザクセンの画家、ヨハン（ヤン）・サムエル・モック（一六八七～一七三七）の作品に一七三四年のアウグスト三世のワルシャワ入城を描いたものがある。厚い雲間から射す陽光を浴びた明るい色彩がその豪華絢爛さをひきたて、国王の入城を何重にも取り囲む大勢の人々がにぎわう。その画面の左側奥にクラクフ門の正面が見える。スタレ・ミャスト、クラクフ門からクラコフスキェ・プシェドミェシチェ（クラクフ郊外）通り、現在のノヴィ・シフィャト（新世界）通り、三十字架広場を通ってウヤズドフスキェ大通り、ベルヴェデルスカ通り、さらにヤン三世ソビェスキ通り、ヴィラノフスカ通りへと南へ続く「王の道」(「トラクト・クルレフスキ」)は約一〇キロで、王宮、ワジェンキ宮殿、ウヤズドフスキ城、ヴィラヌフ宮殿という歴代ポーランド国王の四つの居所をむすぶものとなる。

一五六九年の「ルブリンの合同」でポーランド・リトアニア共和国[注1]が成立し、世紀の転換期に国王がクラクフからやって来て共和国議会がおかれた。政治の中心地となる街は城壁の外へも拡大する。一五七三年、「シュラフタ民主制[注2]」とも言われるポーランド選挙王制が始まり、ワルシャワ(厳密に言えば当時のワルシャワ郊外、最初はヴィスワ川右岸のカミョン、後に左岸のヴォラ)が国王選挙開催地になる。現在のヴォラ地区、ヤン・オストロルク通りには、その記念碑がある(図1—1)。一六世紀末から一七世紀初めにかけて、かつてのマゾフシェ侯の居所は王宮として増改築されてゆく。一七世紀後半は「大洪水」(ポーランド語で「ポトプ」potop)と言われるスウェーデンの侵略(一六五五年〜五七年)に始まる戦乱の時代で、ワルシャワも占領と略奪に見舞われ、後期バロック様式やロココ様式の建築物が多く破壊された。神聖ローマ帝国と同盟してオスマン帝国のオーストリア攻撃をウィーンで打ち破ったヤン三世ソビェスキ国王(一六二九〜一六九六)はヴィラヌフ宮殿を建てるなど首都の再建と拡大をはかるが、街は一八世紀初めになおも疫病・洪水・戦乱に見舞われた。

注1　「ポーランド王国およびリトアニア大公国」Korona Królestwa Polskiego i Wielkie Księstwo Litewskie あるいは、「両国民の共和国」Rzeczpospolita Obojga Narodów。Rzeczpospolita「ジェチポスポリタ」は「共和国」(Commonwealth)。

注2　シュラフタ szlachta はポーランド特有の貴族階級で、一六世紀から一八世紀末まで総人口の約一〇パーセントを占めたと言われる。

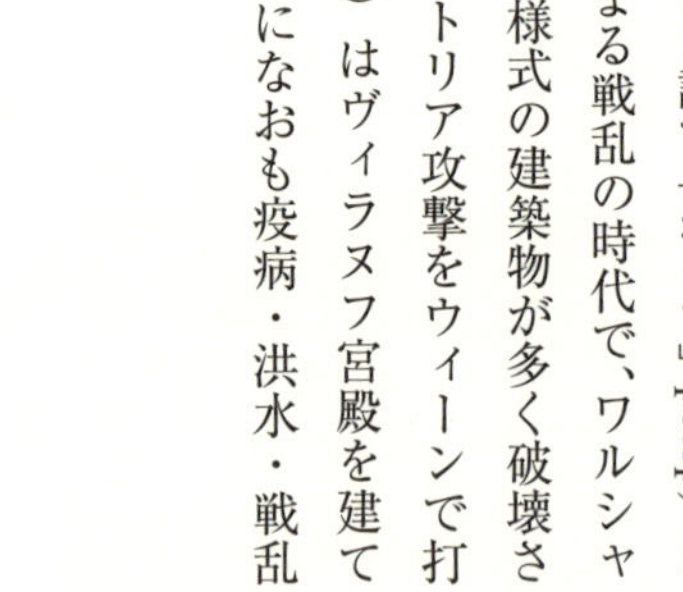

図1—1

サクソン・アクシス

クラコフスキェ・プシェドミェシチェ通りで王宮広場を前方に見、右手にワルシャワの最高級ホテルとして名高いブリストル（一九〇一年開館）を見るあたり。通りをへだてた左手前方にはホテル・エウロペイスキ（一八五五年から一八七七年に建築）だった建物がある。閉鎖して一〇年以上たつが、ようやく出資者が決まり、ワルシャワの最高級ホテルとして再建が始まったと聞く。その真向かいの建物とのあいだにサスキ公園の方向を見る足元に「オシ・サスカ（サクソン・アクシス＝サクソン軸）、宮殿と公園の複合体、一八世紀」というブロンズの記念板が埋め込まれている（図1―2）。ヤン三世ソビェスキの死後、一七世紀末から一八世紀半ばにかけてのザクセン選定侯王位時代（一六九七年〜一七六三年）は二度の短い中断もある六十数年だったが、ワルシャワの都市建設では後の景観に大きな影響を残した。

ザクセン選帝侯のポーランド国王、アウグスト二世モツヌィ（一六七〇〜一七三三）は一七一三年から、ヴェルサイユ宮殿をモデルに「オシ・サスカ（サクソン・アクシス）という都市計画をワルシャワ中心部で計画した。東のヴィスワ川から西へ構想された一・六五キロの「軸」は、クラコフスキェ・プシェドミェシチェ通りからサスキ広場（現在のユゼフ・ピウスツキ広場）を貫き、もとはモルシュティィン家の屋敷だったサスキ宮殿とサスキ公園をその中心として、公園の西の入口であるジェラズナ・ブラマ（「鉄の門」）に向かう。この計画は国王の死で未完に終わったが、宮殿は一八四二年までに新古典主義様式で改修された。前述の記念板のそばには、

図1―2

サスキ宮殿からジェラズナ・ブラマにいたる「宮殿＋公園」の都市計画の放射状の平面図が浅いレリーフで表されている。歴史上未完のプランではあったが、いまその記念板から無名戦士の墓とサスキ公園へ向けて真っ直ぐにはしるラインは、夜暗くなるとユゼフ・ピウスツキ広場にライトアップされ、一筋の光として見ることができる（図1―3）。

ポーランド三分割を経た独立回復（一九一八年）後の一九二五年一一月二日、サスキ宮殿・コロネード（列柱）のアーケードの下に無名戦士の墓がつくられた。その前にはワルシャワ公国のポーランド軍司令官としてナポレオン・ボナパルト一世の対ロシア戦役を戦った国民的英雄、ユゼフ・ポニャトフスキ（一七六三～一八一三）の騎馬像があった。二〇世紀の両大戦間期、宮殿はポーランド軍の総司令部だった。第二次大戦中の一九四四年一二月、宮殿は爆破され、無名戦士の墓のアーケードのほんの一部だけが残り、ポニャトフスキ像も残ったのは台座だけだった。同像残骸の一部は現在、プシオコポヴァ通りのワルシャワ蜂起博物館のフリードム・パークに置かれ（『ワルシャワ蜂起』p.107参照）、騎馬像のレプリカがクラコフスキェ・プシェドミェシチェ通りの大統領官邸前にある。

ザクセン選定侯王位時代、ワルシャワはヨーロッパの主要都市のひとつに発展した。「サクソン・アクシス」の都市計画にともない、「カルヴァリ通り」（現在のウヤズドフスキェ大通り）が敷かれ、サスキ公園が一般の人々にも開かれた。現在のマルシャウコフスカ通りの名は当時の都市計画を推進した宮内長官（近世ポーラン

図1―3

ド王国での首相職にあたる）フランチシェク・ビェリィンスキ（一六八三〜一七六六）の官職名に由来している。

ポーランド三分割時代にロシア支配下だったころ、一八九四年から一九一二年にかけてサスキ宮殿の目の前にはツァーリの威厳を誇示して威圧するかのようなアレクサンデル・ネフスキー大聖堂が建てられたが、一九一八年の独立回復後にとり壊された。もちろんそのすがたは写真に残るだけで、建物の名残はない。いまワルシャワでは過去に破壊された約五〇の重要建築物のミニチュア（ポーランド語で「マキェタ」makieta）をつくり各所に移動展示するというプロジェクトがすすんでいる。サスキ宮殿もそのひとつとして見ることができる。

クラコフスキェ・プシェドミェシチェ通り

ザクセン選定侯王、アウグスト三世（一六九六〜一七六三）の死後、一七六四年にスタニスワフ・アウグスト・ポニャトフスキ（一七三二〜一七九八）が国王に選ばれる。三度にわたるポーランド分割（一七七二、一七九三、一七九五年）により最後のポーランド国王となるが、一七六四年から一七九五年の三一年間の在位中、多くの建築家がワルシャワの建築、庭園、広場、道路づくりなどで都市建設に貢献した。同国王治世下、「国民教育委員会」創設による教育の革新もあった。

ヴェネチア出身で「カナレット」の名で知られる宮廷画家、ベルナルト・ベロット（一七二一〜一七八〇）はその頃のワルシャワを描いている。「ズィグムント三世像円柱から見たクラコフスキェ・プシェドミェシチェ通り」（一七六七年～六八年）という作品がある（口絵・図Ⅰ）。一七世紀にはまだ「ベルナール修道会広場」とよばれていた現在の王宮広場から、当時のワルシャワとウヤズドゥフをつなぐメインストリートだったクラコフスキェ・プシェドミェシチェ通りを両側にたちならぶ教会や貴族の屋敷とともに描いたものだ。かつてワルシャワ旧市街の防壁の一部として建てられたがいまは存在しないクラクフ門の窓から描いたものだろうと推察されている。画面左手にはズィグムント三世像のコラム、その向こうには当時の聖アンナ教会のファサード（建物正面）がのぞいて見える。画面右手、クラコフスキェ・プシェドミェシチェ通りとミョドヴァ通りの角にはロココ様式の建物が描かれていて、全体の構図は現在と変わらない。

　他方、前述の絵画とは正反対の方向から同じ画家が描いた作品は「ズィグムント三世像円柱をのぞむ、クラコフスキェ・プシェドミェシチェ通り」（一七七四年）である（口絵・図Ⅱ）。この作品では通りの奥右側にベルナール修道会の聖アンナ教会が見え、ズィグムント三世像円柱の後ろ左奥にはクラクフ門の三角屋根と建物の右側が見える。そしていま、カナレットが描いた絵画のこの風景は、まさにそのクラコフスキェ・プシェドミェシチェ通りの路上におかれたキューブのモニュメントに写し込まれ、現在の通りの風景と重ね合わせることができるのである（図1―4、5）。この通りを歩く人はカナレットの絵画の前に立ち止まり、目の前の風景と見比べてみる。もちろん、その絵画にちらとみるクラクフ門はもう存在しない。建築家のヤ

図1―4

図1―5

クプ・クビツキ（一七五八〜一八三二）が一八一八年に王宮広場を設計したときに解体された。クラクフ門の前に見るズィグムント三世像のコラムは一六四四年、息子のヴワディスワフ四世が父君の功績を讃えて建造したものである。カナレットが描いた当時はまだ周りに鉄柵があった。戦後その位置は数メートル移動された。

カナレットがクラコフスキェ・プシェドミェシチェ通りを描いた絵画のモニュメントはこのほかに、ショパンの心臓が聖堂柱廊に収められていることでも知られる「聖十字架教会」（一七七八年）（図1―6、7）、ショパンが日曜ミサでオルガンを弾いた「ヴィジトキ教会」（一七八〇年）（図1―8）、それに「カルメル会教会」（一七八〇年）（図1―9、10）の作品をはめこんだものがすぐそばにあって、過去と現在のたたずまいと当時の人々の表情までも重ねてみることができる。

図1―6

図1―7

図1―8

図1―10

図1―9

ツィタデラ

一七九五年、ワルシャワはプロイセンに占領される。スタニスワフ・アウグスト・ポニャトフスキを最後の国王として、ポーランドは一二三年間におよぶロシア、プロイセン、オーストリアの三分割時代に入り、地図上から消えた。一八〇六年にフランス軍が進駐して「ワルシャワ公国」となるが、一八一二年にナポレオンがロシアに敗北してロシア支配下に入る。一八一五年からはウィーン会議の結果、ツァーリの権威の下「ポーランド会議王国」が発足し、当初は一定の自治のもと、銀行、劇場、教会など古典主義様式の建築物が数多く生まれた。ワルシャワ大学の開校もこの時代であり、大劇場の建設も始まった。人口は一四万人にせまり、都市としての発展もみるが、一八二五年以降はロシアによる抑圧が強まる。一八三〇年一一月、愛国的な士官候補生らがロシアに対して武装蜂起したが、約一年の激闘の末に鎮圧された。「会議王国」は自治を失い、高等教育機関は閉鎖され、芸術文化・知的活動が抑圧された。多数の作家、音楽家、知識人が海外に逃れた。歴史上「大亡命」と言われる時代である。

ロシア皇帝ニコライ一世は反乱の後、一八三二年から約二年をかけて、ヴィスワ川をのぞむワルシャワの高台に広大なツィタデラ（要塞）を建造した。基幹部分の周囲だけで約二七〇〇メートル、面積は一〇・五ヘクタールにおよび、一万人以上のロシア兵が駐屯し、五五〇門の大砲がワルシャワ市内に向けられた。その威容はまさに、ポーランドに対する支配と抑圧の象徴だった。要塞の中の建物一〇号棟はその後、ポーランドの愛国者・政治囚に対する追及・拷問の場として使われ、延べ約四万人の監獄となった。一八六三年一月蜂起の一〇〇周年記念にあたる一九六三年以来、その場所は博物館として公開され、この国の独立・抵抗の歴史の深い鉱脈を見せてくれた。二〇一五年一一月新たな装いで開館したが、かつて光のとぼしい館内に展示されていたのは、一八四六年のオーストリアに対するクラクフ蜂起、一八六三年一月の対ロシア蜂起と臨時政府樹立（一月二二日）、一九世紀末から二〇世紀初めの独立運動・労働運動にかかわった人々についての貴重な資料・遺品である。一九一八年の独立回復後、国家主席となったユゼフ・ピウスツキ（一八六七〜一九三五）が約半年間収容された部屋など囚人監房、拷問器具、裁判記録、写真、収容者の遺品などが生々しく残っていた。シベリアに抑留された画家アレクサンデル・ソハチェフスキ（一八四三〜一九二三）による同地での囚人生活を描いた絵画群も興味深いものだった。館外には威圧的で不気味な「死の門」（図1―11）があり、そのすぐ下はかつての銃殺場所で、いまは多数の十字架が立ち並ぶ墓地となっている。二〇一五年一〇月、以前はチェルニャクフ要塞跡におかれていたカティン博物館がこのツィタデラの地に移設され、現代的なミュージアムとして新たに開館した。

一九一四年に第一次大戦が勃発し、翌一九一五年に一〇〇年間続いたロシア（「協商国」）の支配が終わり、「同盟国」側のドイツが進駐する。間もなくロシアで革命が起き、ドイツは敗戦して、ポーランドは一九一八年一一月にようやく独立を回復する。

図1―11

ユダヤ人のワルシャワ

ワルシャワのユダヤ系住民は一九世紀初頭に約九二〇〇人で市内人口の約一〇パーセントだったが、同世紀半ばすぎの一八六四年には約七万三〇〇〇人で三二・七パーセントを占めた。その後、第一次世界大戦前夜には三三万人をこえて市内人口の割合は三八パーセントとピークに達した。大戦中にやや減少をみて一九二一年（独立回復後初の人口調査）には三一万人でなお三三パーセント、一九三一年には三五万二七〇〇人で三〇パーセントを占めた。そして第二次大戦前年の一九三八年には三六万八〇〇〇人で二九パーセント、ワルシャワ市民のほぼ三人に一人がユダヤ系だった（Virtual Shtetl, http://www.sztetl.org.pl 二〇一六年五月一〇日閲覧）。

しかし、一九四二年七月から九月にかけてのゲットー破壊とトレブリンカ絶滅収容所送り、一九四三年四月から五月にかけてのゲットー蜂起、一九四四年八月から九月末までのワルシャワ蜂起をへて、ユダヤ系市民は戦争が終わった時には多く見積もっても一万数千人にまで激減した。戦後外国から帰還した人々で一時的に若干の増加はあったが、一九六七年の第三次中東戦争時の反ユダヤ主義再燃で国外に去った人が多く、現在もユダヤ系市民の数は多くない。歴史的かつ文化的遺産として残る建築物もきわめて少ない。しかし、戦前この都市でみられたユダヤ人の精神的・文化的エネルギー、相互扶助の活力、そして占領者に対する抵抗と闘争を想起させるものを見出そうと努力すれば、多くの発見がある。

ワルシャワのユダヤ人というと、まずゲットーが想起されるだろうが、ナチス・ドイツ占領者によって壁の内側に囲い込まれる以前、その国の首都にはユダヤ系市民の活力ある文化・社会生活がたしかに根づいていた。それはフランス革命以来、同化を迫られた西ヨーロッパとちがって、ポーランドでは反ユダヤ主義感情が当然あったにしろ、ユダヤ人としてのアイデンティティが保持されやすい環境があったためだろう。ワルシャワ・ユダヤ人のなかにも活発な相互扶助活動があり、ブント(注3)やポアレ・ツィオンなどユダヤ人政党も積極的に活動して議会に一定の議席を保持していた。

ワルシャワ・ユダヤ人の歴史はその街の歴史とともに始まったと推定され、一五世紀はじめには現在旧市街にあるヴォンスキ・ドゥナイ通りに正統派ユダヤ人の小さなコミュニティとシナゴーグ（ユダヤ教礼拝堂）があったとされる。一九世紀、ポーランドは三分割されていたが、一八一五年から三〇年の短期間、ウィーン会議の結果としてのツァーリ支配下での「会議王国」時代、ユダヤ系住民の居住禁止区域が拡大されてクルレフスカ通りやマルシャウコフスカ通りなどから排除されたため、多くが新市街西方の未開発地域に移動した。その結果、ドウゥガ通りからムラノフスカ通りにのびる（当時の）ナレフキ通り、それと交差して西にオコポヴァ通りのユダヤ人墓地へと続くゲンシャ通り、東はフランチシュカインスカ通りがユダヤ系住民の生活の中心となった。当時のゲンシャ通りは現在モルデハイ・アニェレヴィチ通りとなり、ナレフキ通りの一部はゲットー英雄通りとなった。戦前のユダヤ人

注3　ブント（ユダヤ人労働者総同盟）Bund は反シオニズムの社会主義政党。Algemeiner Yiddisher Arbeterbund im Lite, Poilen un Russland（General Yiddish Workers' Union in Lithuania, Poland and Russia）一八九七年、ヴィルナで創立。

の生活のダイナミズムを象徴したナレフキ通りの名は、いまはもうない旧ゲンシャ通りのほんの一部に残っているだけである。かつてユダヤ人の商売や生活が息づいていたそのあたりには一九世紀半ば頃から後期古典あるいはネオ・ルネサンス様式の集合住宅、一九世紀末から二〇世紀初めにかけてはアール・ヌーヴォやモダニズムの装飾をそなえた建築物も生まれた。だがそうしたかつてのユダヤ人の活気を表す街並みも占領と破壊をへていまはもう写真にしか残らない。

かつてのユダヤ人の活力を想像させる建物がわずかながら残るのは諸聖人の教会のすぐ北、グジボフスキ広場あたりだろう。一九世紀後半、広場一帯には当時のワルシャワ・ユダヤ人関係組織のオフィスがたくさんあった。その西側にあるノズィク・シナゴーグ（注4）とユダヤ人劇場は何度か補修されてきたが、かつてのすがたをとどめてはいる。

プルジュナ通りはジェルナ通りとグジボフスキ広場のあいだの小さな通りである。その両側、プルジュナ通り七、九番と一二、一四番にかつてユダヤ人集合住宅だった建物がいまもある（図1―12）。ゲットーが封鎖されたとき壁の内側になり、ジェルナ通りがその境界になった。数年前まで、かつての「ユダヤ人のワルシャワ」の雰囲気をそのままにとどめた貴重な建物だったが、二〇一四年六月には奇数番号側が美しく修復され、対面の偶数番号側の修復もすすんでいた。修復事業はユダヤ再興財団による。修復をみた建物の一階は店舗、二階以上が住宅スペースのようだが、広く大きな窓と優雅なベランダは真新しくて美しい（図1―13）。だが、建物が完

注4　ユダヤ人のゼルマン・ノズィクとルィフカ・ノズィク夫妻が一八九八年から一九〇二年にかけて個人の礼拝堂として建築した。ヤロスワフ・ジェリィンスキによると、一九世紀半ばすぎの頃、ワルシャワにはシナゴーグと礼拝場が二〇一あり、そのうち一九四がヴィスワ側左岸にあった。

図1―12

全修復されても、この場所からユダヤ系市民のかつてのにぎわいの記憶そのものが消えることはないだろう。むしろ写真に見る戦前のナレフキ、ゲンシャ、フランチシュカィンスカ、ノヴォリプキなどの通りをよりつよく偲ばせるものとなるかもしれない。ゲットー蜂起六五周年にあたる二〇〇八年、グジボフスキ広場とその集合住宅一帯では大きなイベントと野外コンサートがあって大勢の人々がくりだし、一階の並びには出店が連なって往時の「ワルシャワ・ユダヤ人」の活気と賑わいを想起させた。かつてユダヤ系市民の住宅だったその建物の中に入って階段室では優雅な装飾を見、建物奥の中庭を見ることもできた。同じようなイベントはゲットー蜂起七〇周年の二〇一三年にも行われている。プルジュナ通りの奇数番号側の建物角にロシア統治時代、独立回復後、社会主義時代、体制変革後の現在――という四つの街路表示が縦に並んでいて以下の説明がある（図1―14）。

「この建物はユダヤ人のワルシャワを目撃した歴史の証人であり、ユダヤ再興財団の支援により未来の世代のために修復・保存されるものである。」

グジボフスキ広場が二〇世紀初頭、度々大規模な政治集会やデモの場だったことは『記憶するワルシャワ』にも書いた。一九〇四年一〇月一五日にはビャウィストクでのポグロム（大量虐殺）に抗議するユ

図1―13

図1―14

ダヤ人労働者のデモ行進があった。同年一一月一三日には露日戦争のためにポーランド人青年をツァーリの軍隊に動員することに対して激しい抗議デモがあり、一九〇六年八月一五日には「血の水曜日」とよばれたデモもあった。

ナチス・ドイツ占領下の抵抗

一九三九年九月一日、ナチス・ドイツがポーランドに侵攻し、ワルシャワは二七日間抵抗した後に陥落する。ナチス・ドイツ占領下のワルシャワの写真は数多くあるが、そのなかで最もよく知られた一枚に、高くて大きな飛行士記念像の台座に占領下ポーランドの地下運動と国内軍のシンボルであるPW（Polska Walcząca、ポルスカ・ヴァルチョンツァ「戦うポーランド」）の錨形（ポーランド語で「コトフィツァ」kotwica）が描き込まれたのがある（図1―15）。ポムニク・ロトニカといわれるその飛行士記念像はエドヴァルト・ヴィッティグ（一八七九～一九四二）（彫刻）とアントニ・ヤヴォルニツキ（一八八六～一九五〇）（台座）により制作され、ポーランド独立回復一四周年記念日にあたる一九三二年一一月一一日、ユゼフ・ピウスツキ元帥出席のもと、ルブリン合同広場で除幕された。ルブリン合同広場は、マルシャウコフスカ通りをひたすら南下し、憲法広場、ズバヴィチェラ（救世主）広場を過ぎ、現在は北東からのヤン・フルィスティヤン・シュフ大通りと北西からのポルナ通りとが交差する地点で、ワジェンキ公園の西になる。

図1―15

だが、いまその飛行士記念碑が建っているのは市内中心部からみると南西になるオホタ地区、「ジヴィルコとヴィグラの通り」がヴァヴェルスカ通り、ラシィンスカ通りと出会うロータリーの真ん中である（図1―16）。ポーランド独立回復後十数年、ボルシェヴィキ・ソ連との戦争から一〇年余り、おそらくは第一次世界大戦と対ソ連戦争におけるポーランド軍飛行士を記念したものであろう。台座約九メートル、記念像約六メートル、全体で約一五メートル。飛行士が背を凭れかけさせているのは大きなプロペラのようである。一九三九年のナチス・ドイツの侵攻でワルシャワが空爆されたときには、記念碑そのものは破壊を免れた。

ナチス・ドイツ占領下の一九四二年、ルブリン合同広場にあった記念碑の台座に占領下ポーランドの地下運動と国内軍のシンボルであるPWの錨が、スカウト組織「灰色部隊」の青年指導者、ヤン・ブィトナル（ルディ）（一九二一～一九四三）らによって描かれた。しかし、一九四四年、ワルシャワ蜂起が鎮圧されて首都が計画的に破壊されたときに記念碑も破壊された。戦後、その残骸がリルポプ・ラウ・ロウヴェンスタイン工場跡で発見された。ヤン・ブィトナル（ルディ）は一九四三年三月、現在のゲットー英雄通り角で敢行された「兵器庫作戦」で、パヴィヤク監獄からゲシュタポ本部「アレヤ・シュハ」への移送途中に奪還救出されたがナチス占領者による虐待がもとで直後に死亡した（『記憶するワルシャワ』、pp.146-148参照）。

図1―16

一九六七年九月九日、記念碑は市内中心部からワルシャワ・オケンチェ空港（現在、フレデルィク・ショパン空港）へ向かう出口にあたる現在の地に移動・再建された。そしていま、飛行士の背中側の台座には戦前のあの写真に見るのと同じ位置に「コトフィツァ」が取り付けられている。二〇一二年八月一三日、ラシィンスカ通りとウニヴェルスィテツカ通りの角に、飛行士記念碑台座のPWシンボルに関する素朴な枠組みの記念物ができた。戦前のルブリン合同広場の写真を添えたその記念物にはこうある。

「戦うポーランドの錨。国内軍とポーランド地下国家のシンボル。二〇一〇年九月二六日、飛行士記念碑にレプリカが取り付けられた。『灰色部隊』のヤン・ブィトナル（ルディ）と「マウィ・サボタシュ」（小さなサボタージュ組織）『ヴァヴェル』のメンバーが一九四二年五月三日の憲法記念日前夜に描いたものだ。飛行士記念碑は当時、ドイツ人地区でアレヤ・シュハのゲシュタポ本部も近くだったルブリン合同広場にあった。」

写真には「ルブリン合同広場の歴史的写真。撮影者不明」との簡単な説明文がある。ちなみに、記念碑が現在建つ「ジヴィルコとヴィグラの通り」の名は、パイロットだったフランチシェク・ジヴィルコ（一八九五〜一九三二）と飛行機・グライダー製作者だったスタニスワフ・ヴィグラ（一九〇一〜一九三二）の名をとったものである。二人はポーランド製の飛行機によりヨーロッパでのツーリスト飛行としては最高度の四四〇〇メートルを記録したが、一九三二年にチェコスロヴァキアでの航空事故で死亡した。

ラシィンスカ通りを歩けば、同通り五四番の建物に、国内軍ワルシャワ管区司令官となるアントニ・フルシチェル（モンテル）（一八九五～一九六〇）が一九四三年から一九四四年までその場所を地下活動に使ったという記念プレートがある。シンボルの「コトフィツァ」（錨）の下にこうある。

「一九四三年から一九四四年、この場所に一九四四年ワルシャワ蜂起の指揮官で国内軍ワルシャワ管区司令官、アントニ・フルシチェル（モンテル）大佐が執務した宿営場所があった。」

また同通り五二番の現在はワルシャワ医師会のある建物にはこうある。

「一九二四年から一九四四年まで、この建物に、第二共和制の政治家で、一九四三年から共和国の国内政府代表だったヤン・スタニスワフ・ヤンコフスキ（ソブル）（一八八二～一九五三）が住んでいた。彼は一九四五年、モスクワでのポーランド国家地下政府指導者に対する裁判で違法な判決を受けた。ヴウォヂミェシュ（注5）刑務所で死亡した。」

一九四四年七月三一日夕刻、ポーランド地下国家軍である国内軍（AK）総司令官だったタデウシュ・ブル＝コモロフスキ（一八九五～一九六六）は当時のパインスカ通り六七番の建物で、アントニ・フルシチェル（モンテル）大佐が入手してきたソ連軍機甲部隊進出の情報をもとに翌八月一日一七時の蜂起開始を決断し、国内政府代表だったヤン・スタニスワフ・ヤンコフスキ（ソブル）を呼び寄せてその了

注5　モスクワ東方約二〇〇キロ、ロシア名ヴラディーミル。

承を得たのだった。

ポーランド銀行要塞――一九四四年蜂起

一九四四年八月一日に始まったワルシャワ蜂起に関する記念碑や記念プレートは無数と言っていいほどにあるが、そのなかで当時の激闘を生々しく想起させる建物が、セナトルスカ通りと交差して北西にのびるビェラィンスカ通り一〇番にいまもある（**口絵・図Ⅸ**）。そこはかつてのポーランド銀行で、蜂起開始の八月一日から九月一日までの一ヵ月間、ナチス・ドイツ軍が南西方面から旧市街へ突破をはかろうとするのを阻止する重要な要塞の役割を果たした。激しい砲弾の雨を受けた無残な壁跡の前には国内軍（AK）の大きなシンボルマークの「コトフィツァ」が立っているが（図1―17）、二〇一四年に再訪してみると、背後の建物部分はそのままに、ペアをなす左横の建物部分は別の通りに来たかと思うほどに真新しいオフィスビルとして改修されていた（図1―18）。「セナトル・ビル」と称されるその建物に入ると、高い天井と広々としたホール空間の清新な空気と静寂が肌にふれる。壁面のパネルには一二三年間の世界地図上からの消滅のあと独立を回復したポーランド共和国の誇り高い精神を彷彿とさせる文章を見る。

「セナトル・ビルのあるこの場所には、両大戦間期、国立証券発行銀行でもあったポーランド銀行があった。それは、ポーランド共和国の再生をしるした象徴であった。この銀行の歴史は、かつての中央ホールとして維持された典型的な建築要素で

図1―17

図1―18

もある正面の壁や、オリジナルの大理石材を保存して中央にとりつけられた記念板によっていまなおそこにとどめられている。」

建物に入って真っ直ぐ前の上方にある記念板にはこうある。

「ポーランド国家は、国の貨幣秩序を保障するものとして、また、先行する同名の組織との精神的結合を表すものとして、ポーランド銀行を一九二四年に設立することにより、国庫に対する寄付金を惜しむことのなかった多くの市民に対する感謝の念を表明するものである。」

さらに、壁面のいま一つの記念プレートにはこうある。

「スタニスワフ・アウグスト・ポニャトフスキ国王が一七六六年、貨幣鋳造制度の改革条項に従い、ポーランドの新通貨制度の一部として設立したワルシャワ貨幣鋳造所の土台が残っている。ここは第二次世界大戦まで、貨幣が鋳造され、紙幣が発行され、保管された場所である。残存物のなかには、二〇一一年五月一〇日に著名な賓客により署名されたセナトル・ビルの創立証書を収めた入れ物もある。」

オフィスビルの中、中央ホールはやや象牙色した、あるいは薄いクリーム色の床と壁を基調にし、上階をガラス張りとしているが、壁の一部はかつてのポーランド銀行建物の茶色の煉瓦壁を再現している。まさにこの国のもっともきびしい時代の名残をそっと抱え込んでいるかのようだ。外に出て湾曲したつくりの正面入り口（図1―19）をあらためて見てみると、入口の両サ

図1―19

イドの壁の下の部分がこれもまた、ワルシャワ蜂起のときに要塞だったあの建物の壁の一部であり、いくつもの弾痕をいまもそこに見る。そして前記のように、その右隣にほとんど接するように残された建物は、蜂起の時の国内軍のシンボルマークや砲弾・銃弾を受けたすがたをまだそのままにとどめている。上の方に目をやると、当時のものなのか、ゆがんだ窓枠がかろうじて建物の端にぶらさがっている（二〇一五年六月当時）（図1―20）。

ポーランド銀行の建物はロシアの建築家、レオン・ベノワの設計によるネオ・ルネサンス様式で、もとは一九〇七年から一一年にかけてロシア帝国銀行として建てられたものだが、その敷地にはかつて一八世紀から一九世紀にかけて国立貨幣鋳造所に使用された建物があった。一九四〇年から一九四四年までナチス占領当局が任命した総督府の中央銀行がおかれた。一九四四年八月一日、蜂起部隊はこれを包囲し、三日から四日夜にかけて占拠して約一ヵ月間もちこたえた（『ワルシャワ蜂起』、pp.171-172 参照）。

図1―20

ヴィスワ川右岸・プラガ、動物園

カナレットの有名な作品のひとつに、ヴィスワ川右岸のプラガ地区から見たワルシャワの風景がある（図1―21）（現在の風景・図1―22）。ヴィスワ川をはさんだ対岸に新市街、聖ヤン（洗礼者ヨハネ）大聖堂、王宮、クラコフスキェ・プシェドミェシチェ通りの聖十字架教会の尖塔などをのぞむ。プラガの起こりは一〇世紀から一一世紀のブルドノ要塞に始まるとされるが、ワルシャワの行政区域に編入されたのは一八世紀末のことだった。一七世紀半ばのスウェーデンによる侵略、一七九四年のコシチュシュコの反乱、一八三〇年一一月蜂起、一九二〇年の対ボリシェヴィキ・ソ連戦争にかかわる舞台になった。第二次大戦中はナチス・ドイツの占領があったが、ワルシャワ蜂起開始直後にソ連軍（コンスタンティ・ロコソフスキー将軍指揮下のベラルーシ第一方面軍）が進駐してきたので左岸のような徹底的破壊をみることはな

図１—21　© Zamek-Królewski w Warszawie-Muzeum

絵画に見える聖ヤン
（洗礼者ヨハネ）大聖堂

図１—22

かった。正統ユダヤ教信者の宗教儀礼のための沐浴場であるミクヴァ、ユダヤ教礼拝所跡、ユダヤ人墓地（オドロヴォンシュ通り）などわずかながらユダヤ人の文化遺産をまだ見ることができる。（『記憶するワルシャワ』pp.304-315参照）

ナチス・ドイツ占領下、ワルシャワのユダヤ系市民はゲットーの壁のなかに封じ込められ、「アーリア地区」で生き延びようとするならば敢えてポーランド人を装うか、絶対的に信頼のおけるポーランド人に匿われるしか方法はなかった。そんなとき、延べ三〇〇人とも言われるユダヤ人を匿ったのはヴィスワ川右岸にある動物園だった。園長はヤン・ジャビィンスキ（一八九七～一九七四）、妻はアントニナ・ジャビィンスカ（一九〇八～一九七一）である。

ジャビィンスキ夫妻が住んだ動物園のその屋敷は「クレイジー・スター・ヴィラ」„Willa pod zwariowaną gwiazdą"（狂った星の下のヴィラ）とよばれた。建物は一九三九年九月のドイツ軍による爆撃でも破壊をまぬかれた。園長のヤン・ジャビィンスキ博士は国内軍（AK）の地下活動家で、自ら左岸のワルシャワ・ゲットーから多くのユダヤ人を脱出させてヴィラの地下室に匿った。ドイツ兵が動物園内を巡回すると、妻のアントニナは居間のピアノでオッフェンバックのオペレッタ *La belle Hélène*（美しきエレーヌ）を弾いて、潜んでいるユダヤ人たちに地下室へ隠れるよう合図した。ユダヤ人たちはジャビィンスキがつくったトンネルで建物の外に逃れたりした。ヴィラには長期にわたり匿われた人もいれば、一時的滞在の「ゲスト」もいた。著名な動物彫刻家、マグダレナ・グロス（一八九一～一九四八）は比較的長期間匿われたが、伝染病の権威、ルドヴィク・ヒルシュフェルト博士（一八八四～一九五四）、ゲットーの活動家、ラヘラ・アウエルバハ（一九〇一～一九七六）、イレナ・センドラー（一九一〇～二〇〇八）らも匿われたことがある。

ワルシャワ動物園は一九二八年三月に開園した。ポーランドが独立を回復して一〇年、ドイツとソ連の侵攻を受ける約一〇年前、両大戦間期の真ん中だった。創設者でもある初代園長のヴェナヌィ・ブルヂィンスキは開園直後に死亡した。一九二九年六月、ワルシャワ大学で生命科学を教えていたヤン・ジャビィンスキが園長に就任し、動物や施設も増えて動物園は発展した。一九三九年九月、ドイツ軍の空襲で、貴重な動物が多く殺された。生き延びた動物は主にドイツなどの動物園に移された。ジャビィンスキは国内軍の地下活動をしながら、ワルシャワ大学の地下大学講座でも教えた。一九四四年の蜂起で重傷を負い、デルメンホルストの捕虜収容所に送られた。一九四五年一〇月、ポーランドに帰り、妻のアントニナと動物園の再建に力を尽くした。動物園は一九四八年五月一五日に再び開園した。ジャビィンスキは一九五〇年まで園長をつとめ、その後は研究・教育活動に専念した。ヤンとアントニナは一九六五年、占領下でのユダヤ人救援活動により、イスラエルのヤド・ヴァシェムから「諸国民の中の正義の人」として顕彰されている。

真白い外壁の「クレイジー・スター・ヴィラ」の端正な建物はいまも昔とまったく変わらない（図1―23）。最近、内部は小さな記念館となった（図1―24）。さほど大きくはない居間には、アントニナが「警告」の合図としてオッフェンバックを

図1―23

図1―24

弾いたピアノもそのままにある。ピアノのそばの壁にはヤンとアントニナの写真が掛かっている。ヴィラに長く匿われた彫刻家、マグダレナ・グロスの彫刻作品もある（図1―25）。小さなドアから地下へはいると半地下の小部屋が細かく仕切られていて、当時そこに匿われた人たちの家族写真が額に入れられて掛けてある。たとえば、レギナ、サムエル・ケニグスヴァイン夫妻の写真。記念館には世界的に有名な昆虫学者、シモン・テネンバウムが収集した貴重な昆虫標本を見る。テネンバウムは一八九二年、ワルシャワ生まれ。クラクフのヤギェウォ大学に学び、一九一四年からワルシャワに住んだ。一九四〇年からは家族とともにゲットーに閉じ込められたが、そのなかでも研究を続け、貴重な研究成果を残した。一九四二年一一月にゲットーで死亡した。ヴィラの中には非常時のための小さな脱出トンネルがあって、ヤンが掘ったという地下道から中庭への出口が保存されており、ガラスで蓋がされている（図1―26）。

図1―25

カティン虐殺記念碑

プラガ地区、グロホフスカ通り三六五番に勝利聖母大聖堂がある（図1―27）。ワルシャワ・プラガ教区で聖フロリアン大聖堂と司教座を共にする「コンカテドラ」

図1―26

図1―27

である。「ヴィスワの奇跡」Cud nad Wisłąといわれる一九二〇年の対ソ連戦争での勝利に捧げるため一九二九年から一九三一年にかけて建造された。そこには古くカミョン村の木造教会があったが、一六五六年のスウェーデンによる侵略で破壊された。教会建物壁にはたくさんの記念プレートがある。そのひとつは「カミョン村のこの場所で、一五七三年にヘンルィク・ヴァレズィ、一七三三年にアウグスト三世のポーランド国王の選挙が行われた」というものである（図1—28）。前述したが、ポーランド国王の最初の選挙が行われたのはこの地である。教会の裏側（南側）に入っていくと目の前にはカミョンコフスキ湖、その向こうは広大なイグナツィ・パデレフスキ記念スカルィシェフスキ公園である。

同教会敷地内にカティン犠牲者記念碑がある（図1—29）。大きな花崗岩の十字架でその碑文には「カティンの地に眠るポーランド兵士に捧げる」とある。この記念碑は一九八〇年代前半につくられ、ヴィスワ川左岸・ポヴォンスキ軍人墓地内に建てられるはずだった。しかし、当時の人民共和国政府がナチスの仕業と明記するよう碑文の変更を求めたのに対して、制作者であるアダム・ムィヤクとヤヌシュ・パストファが同意しなかったため、長くお蔵入りになっていた。一九九五年にようやくプラガのこの教会内におかれたいわくつきのものである。

アンジェイ・ヴァイダ監督の映画「カティン」（*Katyń*, 2007）にも見るように、残虐な犯罪がソ連の仕業であることはひろく国民の知るところだったが、戦後のポーランド社会主義政権下でそれを言うのは一九四四年の蜂起を称揚することと同様

図1—28

図1—29

にタブーとされた。映画には「カティンで死んだ」と墓碑に刻むことさえ禁じられた犠牲者遺族の孤独のたたかいがえがかれた。ワルシャワ蜂起記念碑がクラシィンスキ広場に除幕されたのは、その国が自主独立労組・連帯の一〇年間の闘争をへて、戦後初めて自由選挙をかちとった一九八九年のことだった。カティン事件については一九七〇年代後半から毎年、ポヴォンスキ軍人墓地の「カティンの谷間」（ドリンカ・カティンスカ）とよばれる区域でカティンでの虐殺犠牲者を追悼する集会が敢行され、一九八〇年代に入ると、まさに地底のちからが地割れを生むようにタブーが破られて犠牲者記念碑建立の動きが顕在化した。一九八一年七月、最初に建てられたのは石造りの十字架だったが、一夜にして公安機関により撤去された。以来、市民組織は政権党による度重なる妨害に抗して活動を続け、ソ連の犯罪を明示・追及した。一九八五年には政権側が花崗岩のモニュメントをつくったが「ナチ・ファシズムの犠牲者」という碑文に激しい抗議が巻き起こり修正を余儀なくされた。一九九〇年四月、ソ連（当時）のゴルバチョフ大統領がカティン事件の責任がＮＫＶＤ（内務人民委員部）にあると認め、一九九三年七月にはロシアのイェリツィン大統領がワルシャワの軍人墓地で政権が建てたモニュメントに献花した。現在そこに建つ記念碑は一九九五年七月三一日に

図1—30

図1—31

図1—32

正式除幕されたものである（図1—30）。

その後、一九九八年には王宮広場とセナトルスカ通りの角にも新たな記念碑が建てられた(注6)（図1—31）。二〇一二年にはレンベルトゥフの勝利聖母教会脇に以下に記す飛行機事故の犠牲者もあわせて悼む新たなカティン記念碑がつくられた（図1—32）。オコポヴァ通りのユダヤ人墓地北西に隣接する広大なポヴォンスキ墓地（古いポヴォンスキ）にはカティン犠牲者を悼む大きな壁状のモニュメント（聖所）がある（図1—33）。

二〇一〇年四月一〇日、当時のレフ・カチィンスキ大統領夫妻、共和国亡命政府最後の大統領だったルィシャルト・カチョロフスキ(注7)のほか、国軍参謀総長、国立銀行総裁、国民記憶院総裁らポーランド各界の九六人を乗せて、カティン虐殺事件七〇周年の追悼式典に向かっていたポーランド軍特別機がスモレンスク付近で墜落した。この衝撃的な大惨事直後の四月一五日、ワルシャワの大統領官邸前には木製の十字架がスカウト団グループによって立てられて供花でうまり、連日大勢の市民が集まって祈りをささげた。その十字架はいま、大統領官邸のある同じクラコフスキェ・プシェドミェシチェ通り、王宮広場のすぐ近くの聖アンナ教会聖堂奥に保存されている（図1—34）。背後と左手にある記念板にはこうある（図1—35）。

図1—33

図1—34

図1—35

注6　二〇一二年に同じ王宮広場の近くだがポドヴァレ通りに移されている。

注7　第二次大戦中、ロンドンにおかれたポーランド亡命政府は社会主義時代を通じ実効権力はなかったが、レフ・ヴァウェンサ大統領の第三共和制成立（一九九〇年）まで存在した。

「スモレンスク、二〇一〇年四月一〇日。カティンで虐殺されたポーランド人に敬意を捧げようとしたが飛行機事故で死亡した共和国大統領レフ・カチィンスキと国家の代表ら九六人の参加者を記念する。」

「カティン、一九四〇年。一九四〇年三月五日から、ソ連共産党中央委員会の宣告によりNKWDにより虐殺された二万一八五七人のポーランド人捕虜を記念する。一万四五五二人の捕虜はカティン、トフェルゼ・ミェドノイェ、ハルコフ、コジェルスク、オスタシュコフ、スタロビェルスクの収容所で殺された。七三〇五人の捕虜は、共和国東方領土、ウクライナ、ベラルーシの収容所や監獄でNKWDにより殺害された。(注8)」

飛行機事故の犠牲者を悼むために大統領官邸前におかれた木製十字架はいま聖アンナ教会にしずかに納められている。だが、それは大惨事がおきたその年の夏から秋にかけては大統領官邸前で政治党派の対立もからみ市民のあいだで思わぬ紛争を巻き起すことになってしまったいわくつきの十字架でもある。死亡したレフ・カチィンスキの後継として「市民プラットフォーム」(PO)のブロニスワフ・コモロフスキ大統領が選出された。十字架は聖アンナ教会に移されることになったが、前大統領の党派「法と正義」(PiS)支持者らが撤去に抵抗した。政府の公式調査報告では、スモレンスク付近で突如悪化した天候、飛行場の整備状態、着陸システムの問題などが事故の基本原因とされた。しかし、あの残虐なカティンの犯罪からちょうど七〇年にしてまたも想像を絶する大惨事を体験することになったポーランド国民に

注8 NKVDはソ連の内務人民委員部 Narodnyi Komissariat Vnutrennikh Del (People's Commissariat for Internal Affairs)。ポーランド語アルファベットでは「V」のかわりに「W」で表記される。

してみれば、単なる事故と片付けることに納得できぬ感情を強くもつのも分からぬではない。いずれにせよ、死亡した人々を追悼する人々に亀裂を生むことになってしまった記念の木製十字架である。

ちなみに、スモレンスクでの飛行機事故を記憶にとどめるため、ポヴォンスキ軍人墓地の広大なスペースに大きな記念墓碑がつくられた。巨大なコンクリート立方体二つで構成されていて、飛行機の折れた翼のイメージのようである（図1―36）。「二〇一〇年四月一〇日のスモレンスク上空での飛行機事故の犠牲者九六人を記念する。カティンの犯罪七〇周年記念への途上、祖国のために命を捧げた。」

事故犠牲者のなかでカチィンスキ大統領夫妻だけはポーランドの歴代国王や独立回復時の国家元首で対ソ連戦争での「ヴィスワの奇跡」をもたらしたユゼフ・ピウスツキらが眠るクラクフのヴァヴェル城の地下墓所に埋葬された。「カティンの犯罪」から七〇年過ぎても、ポーランド国民のこころに残る傷跡はまだ癒されずにある。

図1―36

第二章

ポーランド・ユダヤ人の１０００年の歴史
――ポーランド・ユダヤ人の歴史博物館

コルチャクと子どもたちのウムシュラークプラッツへの行進ルート

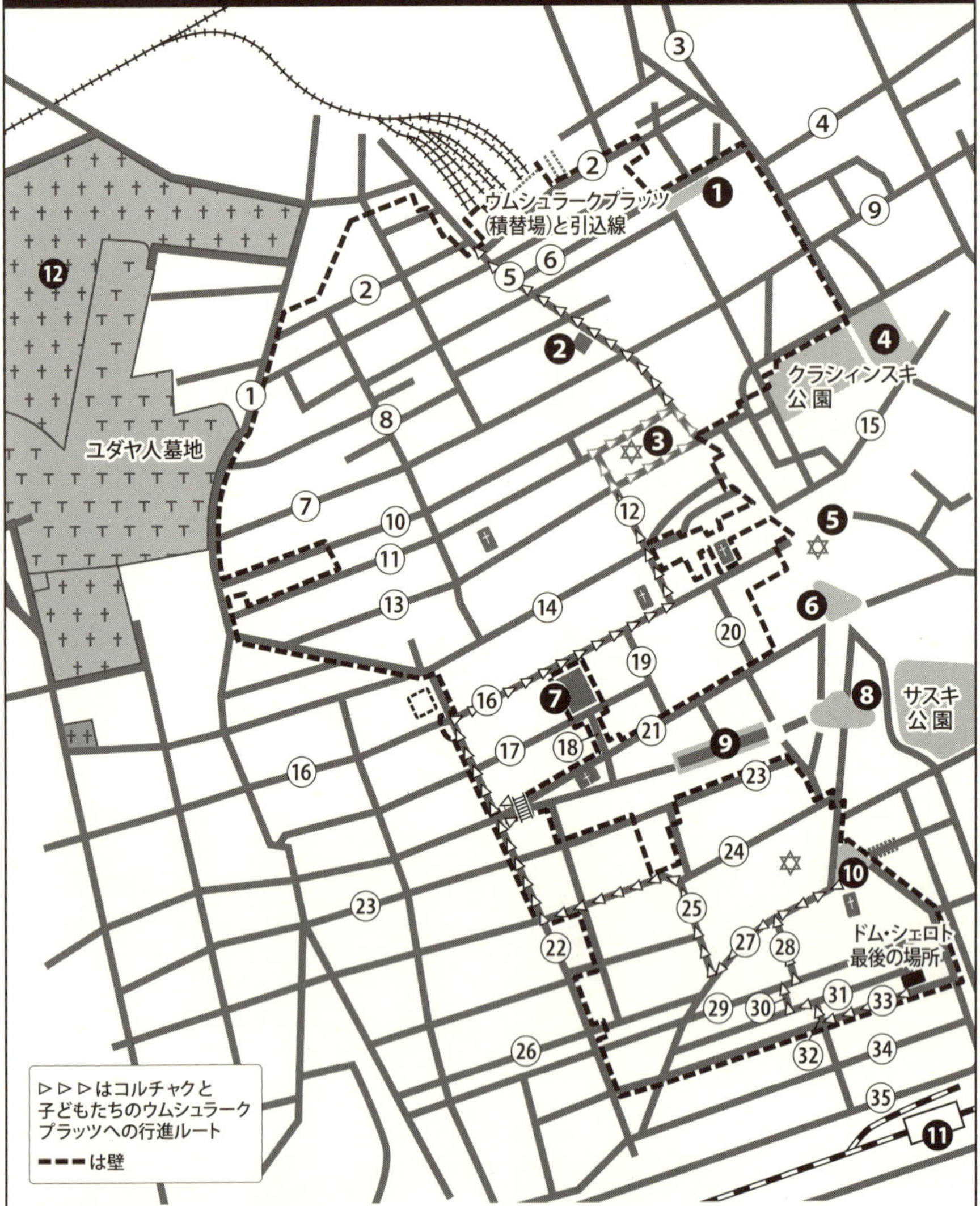

通り ①オコポヴァ ②スタフキ ③ボニフラテルスカ ④コンヴィクトルスカ ⑤ザメンホフ ⑥ムラノフスカ ⑦ゲンシャ ⑧スモチャ ⑨フランチシュカィンスカ ⑩パヴィヤ ⑪ヂェルナ ⑫カルメリツカ ⑬ノヴォリプキ ⑭ノヴォリピェ ⑮ドウゥガ ⑯レシュノ ⑰オグロドヴァ ⑱ビャワ ⑲ソルナ ⑳オルワ ㉑エレクトラルナ ㉒ジェラズナ ㉓クロフマルナ ㉔グジボフスカ ㉕チェプワ ㉖プロスタ ㉗トファルダ ㉘マリヤィンスカ ㉙パィンスカ ㉚コミテトヴァ ㉛シリスカ ㉜ソスノヴァ ㉝シェンナ ㉞ズウォタ ㉟フミェルナ

スポット ❶ムラノフスキ広場 ❷ユダヤ評議会(ユーデンラート) ❸シナゴーグ ❹クラシィンスキ広場 ❺大シナゴーグ ❻銀行広場 ❼裁判所 ❽ジェラズナ・ブラマ広場 ❾ミロフスキ広場 ❿グジボフスキ広場 ⓫戦前のワルシャワ・グウゥヴナ駅(ワルシャワ中央駅) ⓬ポヴォンスキ墓地

ゲットー英雄広場の新しい景観

ワルシャワに来ればルドヴィク・ザメンホフ通りのちかく、ワルシャワ・ゲットー英雄広場をきっと訪れるだろう。そこで見上げるのは、高さも横幅も一〇メートルちかくあろうかと思われる花崗岩の重厚荘厳なゲットー英雄記念碑である（図2―1）。第二次大戦後まもなく、ワルシャワ・ゲットー蜂起五周年にあたる一九四八年四月一九日に除幕されたもので、ゲットーの炎上をバックに彫りおこされた戦士群像の迫りくる印象は強烈である（カバー裏）。記念碑背面には身を寄せ合うユダヤ人の行列が浮き彫りされていて、力感あふれる正面の英雄群像とは対照的な悲哀がある。これはゲットーからトレブリンカに送られた約三〇万人のユダヤ人を記念するものである。記念碑の背面側、ザメンホフ通りの向こうには集合住宅が見えるが、正面側広場の向こうは約一〇年前までは広々とした緑地だった。だが、いまその英雄記念碑の真向かいには大きな「ポーランド・ユダヤ人の歴史博物館」Muzeum Historii Żydów Polskich POLIN が建ち、あたりの景観は一変した。かつての広場とその前に広がる緑地を長年見なれたひとはかなりの抵抗をおぼえるかもしれない。しかしそれでもなお、ポーランド・ユダヤ人の一〇〇〇年の歴史に多角的な光をあてた博物館が誕生したことは意義深い。歴史博物館建設はユダヤ歴史研究所の構想のもとに、一九九四年にワルシャワ市が博物館建設の敷地をそこに定めてはいたが、二〇〇九年にようやく建設工事が始まり、ゲットー蜂起七〇周年にあたる二〇一三年四月一九日に開館した（図2―2、左側奥が博物館。右は英雄記念碑背面）。

図2―1

図2―2

ポーランド・ユダヤ人の歴史博物館とゲットー英雄広場、英雄記念碑を中心とする広大な緑地帯を囲むのは、ルドヴィク・ザメンホフ通り、ユゼフ・レヴァルトフスキ通り、カルメリツカ通り、モルデハイ・アニェレヴィチ通りである。そして、歴史博物館のすぐ前の小道には、戦時中、ロンドンにおかれたポーランド亡命政府のクーリエ（密使）としてポーランド・ユダヤ人の惨状とホロコーストの進行を世界に訴えようとしたヤン・カルスキ（ヤン・コジェレフスキ、一九一四〜二〇〇〇）の座像がおかれている（図2—3）。生誕一〇〇年にあたる二〇一四年は、ポーランド国家により「ヤン・カルスキ年」とされた。またすぐ近くの緑地には、ユダヤ人援助評議会（ŻEGOTA ジェゴタ）の活動にも参加してナチス・ドイツ占領下、ワルシャワ・ゲットーのユダヤ人の子どもたちを保護するのに献身したイレナ・センドラー（センドレロヴァ）（一九一〇〜二〇〇八）を記念するプレートが立っている（イレナ・センドラーについての詳細は『記憶するワルシャワ』、pp.207-212参照）（図2—4）。一九七〇年一二月にゲットー英雄記念碑の前にひざまずき、第二次大戦中のナチス・ドイツの犯罪行為に謝罪の意を表したヴィリー・ブラント元西ドイツ首相の記念碑は歴史博物館のちょうど裏手になった。同記念碑は、ブラント元首相の謝罪行為の三〇周年を記念して、二〇〇〇年に除幕されたものである（図2—5）。

図2—3

図2—4

図2—5

ポーランド・ユダヤ人の歴史博物館

ポーランド・ユダヤ人の歴史博物館はポーランド国家と首都ワルシャワからの資金を基礎に、各方面からの多大な献金により建設された。設計はフィンランドの建築家、ライネル・マフラマーキである。高所撮影写真で全体を俯瞰してみれば巨大な建築物で、かつての広場のたたずまいを知るものには威圧感は否めないが、近くで見ると虚飾を排しながらも冷たさを感じさせるものではない。魚鱗のような細かなガラスプレートを織り込んで幾何学模様に見える外壁面は接近してみないと気づかないが、よく見るとヘブライ語とラテン語のアルファベット文字を無数に重ね合わせたもので、そこにあることばはヘブライ語でポーランドを意味する「ポーリン」Polin である（図2―6）。エントランス右側壁にはユダヤ人家屋やシナゴーグなどの門柱あるいは入口にあって入る時に手を当てて祈るというメズーザー Mezuzah が取り付けられている（図2―7）。ミュージアムの入口とその上階にもつながるファサードは外から見ると、ヘブライ語アルファベット文字の一つのかたちに見える気もするが、その意味するところは見る者の推測にゆだねられる。二〇〇一年、ベルリンにはユダヤ系米国人のダニエル・リベスキントが設計したユダヤ博物館が開館した。ワルシャワのこの博物館は、ベルリンの建物が鋭角的な印象がつよかったのとはきわめて対照的で、エントランス・ホールは大きくなだらかな曲線を基調としている。だがそこに見るのは一〇〇〇年におよぶポーランド・ユダヤ人の歴史のなかでのホロコーストを想起させる巨大な「断絶」と頭上にあおぐ「架け橋」で

図2―6

図2―7

ある（口絵・図Ⅲ）。

二〇一四年一〇月末に公開されたコア・エクシビション（常設展示）は、ニューヨーク大学のバルバラ・キルシェンブラット＝ギンブレットを中心とした著名な研究者で構成される学者集団が構成した「ポーランド・ユダヤ人の一〇〇〇年の歴史」である。展示の導入部はゆるやかな階段を降りて入る幻想的な森で、たとえば「安息の地」として東方の「ポ・リン」Po-lin を目指してきたユダヤ人来歴についての伝説がいくつか紹介される。以下に続く本篇の展示は膨大である。緻密で豊富な検索機能のツールで個別テーマを詳細に追っていくこともできる。一〇世紀に始まる一〇〇〇年の歴史は七つのパートに区分されているが、通して概観するだけでも午前から夕方まで最低七～八時間はかかる。現地での記憶をミュージアムの資料で補強しつつ、それぞれのパートのタイトルのもとに展示物で紹介される概要と注目すべき点について以下に記す。

（一）最初の遭遇（九六〇年～一五〇〇年）

ユダヤ人が西スラブの地に到来してからの約五〇〇年間を見る。一〇世紀後半、コルドバのカリフが神聖ローマ皇帝のもとに派遣したイブラヒム・イブン・ヤクブの旅行記にポーランドの名がアラビア語で「ミェシュコの国」として初めて書き込まれたという。ポーランド国家の始まりはピャスト朝・ミェシュコ一世（九三〇頃～九九二）がキリスト教を受容した一〇世紀半ばとするのが定説である。以後、ユダヤ人定住の推移がポーランド国家の生成のなかで物語られる。一二六四年、ヴィェルコポルスカのボレスワフ敬虔公（一二二一～一二七九）が「カリシュの法令」で信仰の自由、共同体の自治、特定の職業への従事など、ユダヤ人定住についての基本を確立し、ピャスト朝最後の国王、カジミェシュ大王（一三一〇～一三七〇）はユダヤ人の移民を奨励した。ユダヤ人はコインの鋳造を認められるなど特権が賦与された。ポーランドでは中世の終わり頃まで、国王がユダヤ人の居住や安全を保護するかわりに経済的利益を確保した。ユダヤ人に対して支配的権威を求めるキリスト教会、それに抵抗する世俗的権力、ユダヤ教ラビらの緊張関係も重要なテーマとしてある。ユダヤ人社会は増加するが、キリスト教徒が独占する生産活動は禁じられた。そのため、ユダヤ人は商業活動だけでなく、金融業や宿屋の経営などにも携わるようになる。ユダヤ人社会はシナゴーグ、宗教儀礼のための沐浴場であるミクヴァ、墓地をもつユダヤ人地区をつくり始める。一六世紀には商業活動の拡大などでアシュケナジとよばれるユダヤ人がドイツ・ライン川流域地域から東方へ移住し、今日のポーランド、ベラルーシ、リトアニア、ウクライナ、ロシアなどに定住した。「中世末、ポーランドのユダヤ人は少なく見積もって約五〇〇〇人、全人口の一パーセント弱。他方、約三万人もいたとする学者もある」（Barbara Kirshenblatt-Gimblett and Antony Polonsky, eds., *Polin: 1000 Year History of Polish Jews*, p.83）という。

（二）ユダヤ人の楽園 Paradisus Iudaeorum（一五六九年〜一六四八年）

一五六九年の「ルブリンの合同」により成立したポーランド・リトアニア共和国は現在のウクライナ、ベラルーシ、ラトヴィア、ロシアの一部までにもおよぶヨーロッパ最大の多文化国家で、世界最多数のユダヤ人社会があった。ユダヤ人は共和国のなかでイディッシュ言語と宗教的規範を守ることでそのアイデンティティを保持するとともに、商業交易活動を広げた。遠距離交易に従事する富裕なユダヤ人もあらわれた。共和国は他の西ヨーロッパ諸国よりは寛容だったが、キリスト教徒との対立、反ユダヤ主義感情はあった。それでもユダヤ人は独自のコミュニティをつくりだす。共和国の都・クラクフに居住することはできなかったが、一七世紀半ばには国王の認可のもとヴィスワ川を渡ったカジミェシュに六つのシナゴーグをもつコミュニティをつくっていた。その社会を律する独自の協議会を設け、執行組織は「カハル」(Qahal or Kahal) とよばれた。大貴族（マグナート）でポーランド宮廷政治家だったヤン・ザモイスキ（一五四二〜一六〇五）は一五八〇年にルブリン南東にイタリア人建築家に委嘱してルネサンス・モデルの町・ザモシチをつくり、一五八八年にスペイン、ポルトガル、北アフリカ系ユダヤ人のセファルディを移住させた。その後間もなくアシュケナジ・ユダヤ人が移住してきて多数を占めるが、ザモシチは共和国内の多様性を象徴するものとされる。共和国では「シュラフタ」とよばれるポーランド特有の貴族階級が国王を選出する権利を確立するとともに所有地についても独占的に管理するようになる。一六一八年から一六四八年の三〇年戦争では多くのユダヤ人が西方からポーランドに移ってきた。

（三）ユダヤ人の町（一六四八年〜一七七二年）

一六四八年から四九年にかけて、コサックのヘトマン（頭領）、ボフダン・フミェルニツキ（フメルニツキー）（一五九五〜一六五七）のポーランド貴族に対する反乱で、多数のポーランド貴族（シュラフタ）とともに数千人ものユダヤ人が殺害された。ユダヤ人は借地人としてシュラフタに仕えるものとみなされたからである。その直後、ロシア、スウェーデンの侵攻もあるが、戦乱からの回復期に入り、一七世紀から一八世紀にかけて、共和国内にユダヤ人が多数を占める町が増大していく。大貴族（マグナート）はユダヤ人を都市に定住させて市場回復に寄与させた。ユダヤ人の定住は都市から農村部にも広がり、貴族から借地して居酒屋、宿屋、酒造を営むものが増え、貴族の収入源ともなった。定住地には中央広場ができて様々な農産物や商品が売買され日常生活の中心となった。墓地もユダヤ人社会の重要な構成要素となる。「人口調査を検討した学者たちは、当時共和国にいたユダヤ人は約七五万人で、その三分の二はポーランド王国に住んでいたと結論をだしている。最良の推計によると、ユダヤ人は全人口の六〜七パーセントを占めていた。」（*Ibid.*, p.134）という。共和国内のユダヤ人社会は一定の共同体自治と経済的安定を享受した。タルムード（ユダヤの律法・注解集）を学ぶ教育機関が各地に開かれてユダヤ教の教育や文化が発展した。神秘主義的な信仰復興をめざすハシディズム Hasidism の運動がこの一八世紀に始まる。他方、ユダヤ人人口の増加にともなって宗教的反感も強まり、ユダヤ人はキリスト教徒の子どもの血を宗教儀礼に使うとの「血の中傷」事件"blood libel"が頻発するようになる。同じ世紀、過大な収益を求める大貴族、貴族、他方それによって窮するユダヤ人との経済的摩擦が深刻化して共和国の経済的土台は弱まっていく。シュラフタ貴族による議会《セイム》での「自由拒否権《リベルム・ヴェト》」(注1) liberum veto が統治機能を麻痺させて内部崩壊の途をすすめ、共和国は周辺大国に引き裂かれることになる。

「ポーランド・リトアニア共和国内には数百にのぼる木造シナゴーグがあった」(*Ibid.* p.167) とされる。ナチス・ドイツは一九三九年にポーランドに侵攻した際、当時存在したシナゴーグをことごとく焼き払った。博物館内には、今日のウクライナ・リヴィウ近くグヴォジヂェツに一六四〇年に建てられたという木造シナゴーグの天井と天井画が、かつて存在した資料をもとに当時の工法や資材を用い、縮尺八五パーセントで再現されている。これは、二〇一一年、ハンズハウス・スタジオとポーランドのユダヤ歴史研究所がポーランド・ユダヤ人の歴史博物館との共同で立ち上げたプロジェクトによるものである。ポーランド内の八つの都市に一二の教育的ワークショップがつくられ、数百人の学生たちが歴史家、建築家、芸術家の国際チームとともに作業した。建築物は主要なパーツに分けてつくられ、最後に博物館に集められた。二五トン以上の天井は二〇一三年三月にケーブルで吊り下げられた。

注1　たとえ一人の議員の反対によっても議会を流会にできる権利。

（四）近現代との遭遇（一七七二年～一九一四年）

一八世紀末から二〇世紀初頭まで。一七七二年にロシア、プロイセン、オーストリアによる第一次分割、一七九三年にロシアとプロイセンによる第二次分割のあと、一七九五年の第三次分割でポーランド国家は地図上から消えた。ポーランド三分割時代、ロシア支配下では迫害され、プロイセン支配下では同化が促進され、オーストリア支配のガリツィアでは経済的逼迫があった。ユダヤ人口は「ロシア帝国内では五万人から六一万人、プロイセン王国では三万二〇〇〇人から二一万二〇〇〇人、オーストリア帝国では六万人から二〇万人と、それぞれの分割国内で大幅に増加した。」（*Ibid.*, p.176）この時代、一八〇七年にナポレオンによる「ワルシャワ公国」、一八一五年にはウィーン会議の結果としてロシア支配下の「ポーランド会議王国」が樹立された。ワルシャワではその直前の一八〇六年にオコポヴァ通りのユダヤ人墓地の設置が認められ、一八七八年にトウォマツキェ通りの大シナゴーグ、一九〇二年にはノズィク・シナゴーグが建てられた。

一九世紀後半から二〇世紀にかけてポーランド人との経済的摩擦も進行し、ポーランド政治勢力からは反ユダヤ主義も強まる。一八八一年にロシア帝国南部で発生したポグロム（大量虐殺）がポーランドにも波及した。ユダヤ人社会はシオニズム、社会主義、同化改宗、ハシディズムなど政治的・宗教的にも分化し始める。一九世紀、ユダヤ啓蒙運動であるハスカラー Haskalah が浸透し、ユダヤ人がヨーロッパ市民として同化していくことを鼓舞するが、神秘主義的なハシディズムや正統派ユダヤ教徒のミトナグディム Mitnagdim との対立が生じた。同世紀後半にはイディッシュ文化が広がるとともに、シオニズムと社会主義への関心が高まり、それらを志向する多くの政治組織が生まれた。

ユダヤ人は産業発展・工業化に寄与した。イズラエル・カルマノヴィチ・ポズナィンスキ（一八三三〜一九〇〇）がウッチをヨーロッパでも最大規模の繊維工場都市にした。一九世紀半ばからポーランドの経済を大きく変えたのは鉄道建設だった。一八四五年から四八年にかけて最初の主要幹線としてワルシャワ・クラクフ間の路線が敷かれ、次いで一八六二年にはワルシャワ・サンクトペテルブルク間の路線が開通した。これらに寄与したのはユダヤ人銀行家たちで、ロシア帝国内への物品輸送が飛躍的に拡大し、ポーランド産業発展の要因となった。工業化と都市化がすすんで、「ワルシャワの人口も一九一四年には八八万五〇〇〇人（ロシア帝国内で三番目）に達した」「ウッチは一九世紀初めには一〇〇〇人にも満たない小村だったのが、同世紀末には三一万四〇〇〇人の都市に成長し、ユダヤ系が四〇パーセント以上を占めた。」（*Ibid.*, p.207）他方、反ユダヤ主義とポグロム、経済的窮迫などにより「大勢の人々が米国、カナダ、南米、パレスティナ、オーストラリア、南アフリカ、そして西欧に向かった。一九一四年までに、ユダヤ人口の三分の一に相当する約二〇〇万人のユダヤ人が東ヨーロッパから移住したが、その八五パーセントの行先は米国だった。」（*Ibid.*, p.210）

（五）ユダヤ人街 Oyf der yidisher gas（On the Jewish Street）（**一九一八年〜一九三九年**）

ここで見るのは、第一次大戦の結果、ロシア、ドイツ、オーストリアの三大帝国が崩壊し、ポーランドが独立を回復した一九一八年から、ナチス・ドイツとソ連による侵略・占領の一九三九年まで約二〇年間である。両大戦間期、ポーランド・ユダヤ人はおよそ三三〇万人に達し、失業率、反ユダヤ主義の波と高まりにもかかわらず、活発な政治活動や相互扶助だけでなく、教育・文化を発展させ、文学、映画、演劇、新聞など様々な分野で独自のダイナミズムをうみだした。このセクションのギャラリーはワルシャワのザメンホフ通り（戦前の位置）の上に「ユダヤ人街」の一部を設えていて、観覧者は両大戦間期のポーランド・ユダヤ人の多彩な政治・文化生活について豊富な資料とともにマルティメディアを駆使した情報に接しながら歩く。Oyf der yidisher gas は広義では「ユダヤ人の世界」を意味するという。

一九一九年、ユダヤ人代表も出席したヴェルサイユ平和会議はポーランドなど新たに独立した諸国に少数民族の権利を保障する条約に調印することを義務づけた。同年、ポーランドでは初の議会選挙が行われ、ユダヤ人政党もセイム（下院）と上院で議席を獲得した。一九二一年三月のポーランド憲法はすべての市民に法的平等を保障した。しかし翌一九二二年、ユダヤ人など少数民族の支持も受けた初代大統領、ガブリエル・ナルトヴィチ（一八六五〜一九二二）が選出直後に暗殺される。不穏な時代でもあったが、ユダヤ人日刊新聞「ナシュ・プシェグロント」*Nasz Przegląd*（*Our Review*）がワルシャワで創刊されるなど、イディッシュ語、ヘブライ語、ポーランド語など数多くのユダヤ系出版物が開花し、同化ユダヤ人、ブント支持者、シオニスト、正統派ユダヤ教徒など様々な傾向のユダヤ人に豊かな情報を提供した。一九二五年には「イーヴォ」(YIVO)として知られる現在のユダヤ調査研究所の前身、イディッシュ科学研究所がヴィルノ(ヴィルナ)で創設され(一九四〇年に本部をニューヨークに移す)、一九二八年にはユダヤ研究所が設立される(一九三六年に大シナゴーグのすぐ近くの建物に移り、現在のユダヤ歴史研究所として残る)。独立回復後にポーランド国家主席に就いたユゼフ・ピウスツキ(一八六七〜一九三五)は一九二六年にクーデタで強権を握るが、反ユダヤ主義には反対した。

一九三〇年頃、世界のユダヤ人人口は約一五〇〇万人、そのうち合衆国に四〇〇万人、ポーランドに約三三〇万人、ソ連に二七〇万人が居住したと推定される。ポーランド・ユダヤ人は同国全体の一〇パーセントを占め、ワルシャワでは弁護士の半数、医者の三分の一がユダヤ人だったという。ポーランド全体での大学生もユダヤ人が四分の一を占めるようになる。一九三五年にピウスツキが死亡すると反ユダヤ主義がさらに強まる。一九三六年、ユダヤ人企業のボイコットが顕著になり、一九三七年にはポーランドの大多数の大学で、ユダヤ人学生を隔離席に座らせる「ベンチ・ゲットー」が導入された。多くのユダヤ人学生がこの席に着くよりは立って抗議の意思を示した。翌一九三八年には議会が「シェヒター」(shehitah ラビの教義にもとづく儀礼屠殺)を禁止する法案を提出して騒然とする。ポーランド・ユダヤ人は経済状況が悪化するなかで様々な相互扶助組織を生みだすとともに、教育者のヤヌシュ・コルチャク（一八七八もしくは一八七九〜一九四二）、画家のヘンルィク・ベルレヴィ（一八九四〜一九六七）、詩人のユリアン・トゥヴィム（一八九四〜一九五三）、作家のブルノ・シュルツ（一八九二〜一九四二）など、ユダヤ系ポーランド人が文化・芸術・社会に大きな足跡を残した。

第二次大戦前夜の一九三九年当時、「ポーランド・ユダヤ人の四分の一は五大都市――ヴィルナ、ウッチ、クラクフ、ルヴフ、そしてポーランドの新たな首都ワルシャワに住んでいた」「半数は地方小都市（イディッシュ語でshtetlekh、ポーランド語でmiasteczka）[注2]に住み、残りの二五パーセントは中規模の地方都市に住んでいた。」(*Ibid*.,p.228)

（六）ホロコースト（一九三九年〜一九四五年）

このセクションは、ユダヤ人のホロコースト体験が「あらゆるかたちの孤立体験」（世界的孤立、社会的孤立、無関心、道徳的義務からの排除など）だったことをコンセプトの核としつつ、ユダヤ人が「最終解決」の迫る中で極限状況にいかに対処しようとしたか、迫りくる死の影のなかで示した精神的抵抗を提示しようとする。ここではまた、ワルシャワ・ゲットーが独自の性格をもちながらも、当時ポーランドにつくられた数多くのゲットーのパラダイム（典型）をなすものとして、多くのスペースがそのために提供される。文書、証言、写真によって当時のユダヤ人の状況や体験が詳しく紹介されるが、侮蔑と破壊、大量殺戮の写真の大部分が犯罪者の手によ

注2　一般に「シュテトル」shtetlとよばれる。

り撮影されたものであることに留意するよう促している。

絶滅作戦

一九四一年六月二二日の「バルバロッサ作戦」によるドイツのソ連侵攻にともない、ユダヤ人大量殺害の新たな段階が始まった。アインザッツグルッペン(注3)は同年末までに五〇万人以上のユダヤ人をポーランド東部地方で殺害したとされる。同年秋、ナチス・ドイツはポーランド総督府領内にガス室を備えた絶滅収容所の建設を決定し、一二月にはヘウムノ(注4)の絶滅収容所を稼働させ、翌年にかけて、ベウジェツ、ソビブル、トレブリンカを建設して稼働させていく。マイダネク(注5)やアウシュヴィッツ・ビルケナウ（オシフィェンチム・ブジェジンカ）でもユダヤ人の大量殺戮が進行する。一九四二年一月二〇日、ベルリン郊外のヴァンゼー湖畔でラインハルト・ハイドリヒ（一九〇四～一九四二）主宰により「ヨーロッパ・ユダヤ人問題の解決」の実行について会議が開かれたが、絶滅作戦はすでに始まっていた。一九四一年一〇月一三日、ナチス親衛隊全国指導者、ハインリヒ・ヒムラー（一九〇〇～一九四五）はルブリンの親衛隊・警察司令官のオディロ・グロボツニク（一九〇四～一九四五）に「ラインハルト作戦」Aktion Reinhard の遂行を命じていた。同作戦は総督府領のユダヤ人絶滅を目的としたもので、一九四二年三月一六日、ルブリン・ゲットーから一六〇〇人のユダヤ人がベウジェツ収容所に移送されたのに始まり、一九四三年一一月三日、マイダネクでの「収穫祭作戦」Aktion Erntefest で終わるとされる。

注3 Einsatzgruppe(n)-Einsatzkmmando ナチス親衛隊の特別行動分隊。ソ連と東方占領地の住民や政治勢力を殺害する任務をもった特別訓練集団。

注4 「絶滅の実験場」ともよばれる絶滅収容所。設置されたのはウッチの北西約七〇キロ、「ネル河畔のヘウムノ」Chełmno nad Nerem という小村で、ドイツ騎士団 Teutonic Order が拠点としたヘウムノ（トルンの北方約四〇キロ）ではない。一九四一年一二月に稼働開始。一九四二年から四三年にかけて一時停止があったが、一九四四年夏ごろまで稼働があり、一九四五年一月、ナチス占領者が破壊・放棄したとされる。犠牲者数は一五万人から最大三二万人と推定される。そのほとんどが旧ポーランドでナチス・ドイツに併合された地域のユダヤ人だった。ドイツ語では「クルムホーフ収容所」として知られる。

コルチャクと子どもたち、ウムシュラークプラッツへの行進経路

ワルシャワからトレブリンカへの「大移送作戦」でよく知られるのは、一九四二年八月五日（六日説もある）、ヤヌシュ・コルチャク（ヘンルィク・ゴルトシュミト、一八七八あるいは一八七九〜一九四二）、ステファニャ・ヴィルチィンスカ（一八八六〜一九四二）と孤児施設「ドム・シェロト」の子どもたち約二〇〇人のウムシュラークプラッツ（積替場）への行進である。ミュージアムの展示のなかに行進経路を推定・図示したものがある（図2—8）。ワルシャワ・ゲットーがどのような地理空間に在ったかについては次章で詳しく見るが、コルチャクのドム・シェロト最後の移転先となった建物は現在、文化科学宮殿の一角である子ども劇場「テアトル・ラルカ」が建つ敷地にあった。（注6）シェンナ通り一六番（シリスカ通り九番にもかかる）にあった当時の建物は、いわゆる「小ゲットー」地域の中でも南東の角のすぐそばだった。小ゲットーは最初、シェンナ通りとズウォタ通りのあいだをやや北東から南西方向にはしっていた。しかしその後の一九四一年一〇月五日、境界の壁はシェンナ通りの南側がさらにゲットーから除外されたので、一九四二年七月に「大移送」が始まっ

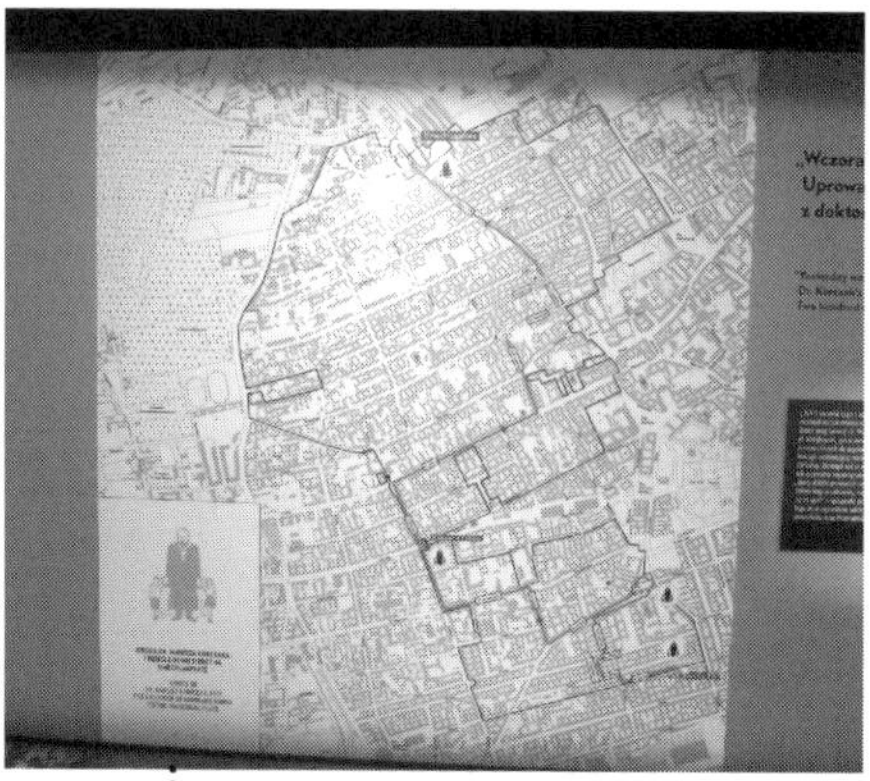

図2—8

注5　ルブリン郊外に一九四一年夏から秋にかけて、当初は主にソ連兵を収容する捕虜収容所として建設が始まり、拡大されて絶滅強制収容所となった。約五〇万人が収容され、三六万人以上（出身二八か国）がそこで死亡したとされる。ガス室が複数あったが、射殺・虐待、栄養不良などで死亡した人も多い。犠牲者の中ではポーランド人が最大比率を占め、ユダヤ人とロシア人がそれに次ぐとされる。

注6　ヤヌシュ・コルチャクのドム・シェロト（孤児たちの家）は一九一二年、当時のクロフマルナ通り九二番に新築・開設された。所長のコルチャクと主任教育者のヴィルチィンスカはその場所で、子ども議会、子ども

たときにはシェンナ通りにそって壁があり、コルチャクの孤児院の入っていた建物はまさにその壁際にあったはずだ。いまなら、コルチャクの最後の孤児院がその敷地にあった文化科学宮殿の一角、テアトル・ラルカの建物から当時のウムシュラークプラッツの地点へ行くには、シフィエントクシスカ通りからマルシャウコフスカ通りに出て北上し、サスキ公園の西側を通って、ノヴォリプキ通り、そしてザメンホフ通りを北上してスタフキ通りに出、左折して行くことになるだろう。ザメンホフ通り～スタフキ通り～ウムシュラークプラッツの壁のモニュメントへいたるルートはいま「記憶のルート」になっている。（『記憶するワルシャワ』、pp.259-286参照）

　しかし、ゲットーは当時すでに大ゲットーと小ゲットーからなっていて、ウムシュラークプラッツへ行くには大ゲットーに入らなければならず、二つのゲットーの通り道はすでにフウォドナ通りの木造陸橋しかなかった。ウムシュラークプラッツへ向かうコルチャクと子どもたちの行進を目撃した人は何人もいて、後に回想などに書きとめたものもあるし、戦後かなりの期間がたってからインタビューなどに答えたものも少なくない。それらの目撃証言は「点」ではあるが、つないで「線」にしてみると、コルチャクと子どもたちがシェンナ通り一六番の「最後のドム・シェロト」をあとにして、どの通りを歩いていったのかを推定できるのである。

　おもな目撃者には次のような人々がいて、回想記などにその記憶を記している。イレナ・センドラー（センドレロヴァ、一九一〇～二〇〇八）はワルシャワ市住宅局社会福祉部職員で、「ユダヤ人援助評議会」（ジェゴタ）の子ども対策責任者として

自身による裁判、新聞づくりなどの自治活動を基礎にした革新的な子ども教育プログラムを開始した。いまそこは「ヤクトロフスカ通り六番」と通り名・地番は変わっているが、「ヤヌシュ・コルチャク記念子どもの家」という児童施設として受け継がれている。最近そこに「資料調査センター・コルチャキャヌム（ワルシャワ歴史博物館分館）」というプレートも掲げられた。

注7　Władysław Bartoszewski i Zofia Lewinówna, People who helped the Jews, *Righteous among Nations*, p.46; *Ten jest z Ojczyzny mojej*, s.99に目撃の記述がある。『記憶するワルシャワ』p.87参照。

二五〇〇人もの子どもたちを各所に匿い保護したとされる。(注7) アディナ・ブラディ＝シュファイゲル（一九一七〜一九九三）は「ベルソン＆バウマン子ども病院」で働き、ユダヤ戦闘組織（ŻOB）のクーリエでもあった。(注8) ヴラトカ・ミード（一九二一〜二〇一二）はブントの活動家だったが、「大移送」の際に肉親が絶滅収容所に移送された。(注9) 映画「戦場のピアニスト」（*Pianista*, 2002）の主人公、ヴワディスワフ・シュピルマン（一九一一〜二〇〇〇）も原作にコルチャクと子どもたちの行進を目撃したことを記している。(注10) 戦前、ワルシャワのユダヤ教団体で働いたナフム・レンバ（一九一〇〜一九四三）はコルチャクと子どもたちが移送列車に乗り込む「最後の瞬間」にもっとも近くで言葉さえかわしたかもしれない人物で、ユダヤ人歴史家、エマヌエル・リンゲルブルム（一九〇〇〜一九四四）がそのことばを引用している。(注11)

アグニェシュカ・ヴィトコフスカ Agnieszka Witkowska の論文 Ostatnia droga mieszkańców i pracowników warszawskiego Domu Sierot（Artykuł opublikowany w piśmie *"Zagłada Żydów. Studia i materiały"*, vol.6, 2010）は多くの証言を引用しながら、コルチャクと同僚職員、子どもたちの最後の行進をめぐる当時の状況を詳細にたどった労作である。前記の人々のほかに、例えば看護師・教育者のルバ・ブルム＝ビエリツカ（一九〇五〜一九七三）がグジボフスキ広場で、ラビのカルマン・シャピロ（一八八九〜一九四三）がザメンホフ通りで目撃したとしている。

推定される行進経路は以下の通りである（五六ページ地図）。

(1)グジボフスキ広場へ　コルチャクと子どもたちは最初、その日の移送者が集合

注8　Adyna Blady Szwajger, *I Remember Nothing More*, p.50 にコルチャクらがジェラズナ通りからノヴォリプキ通りの方向に行進するのを見たとの記述がある。『記憶するワルシャワ』pp.79-80 参照。

注9　Vladka Meed, *On Both Sides of the Walls*, pp.51-52 にゲンシャ通り三番の隠れ家から目撃した記述がある。『記憶するワルシャワ』p.136 参照。

注10　Wladyslaw Szpilman, *The Pianist: The Extraordinary Story of One Man's Survival in Warsaw, 1939-45*, pp.95-96

注11　「それは鉄道車両に向かってのただの行進ではなく、虐殺に対する、整然とした無言の抗議の行進だった」——歴史家のリンゲルブルム Emanuel Ringelblum が *Kronika getta warszawskiego wrzesień*

させられたグジボフスキ広場へ向かった。そこまでの行進ルートはこう推定できる。シェンナ通り〜ソスノヴァ通り〜シリスカ通り〜コミテトヴァ通り〜パィンスカ通り〜マリヤインスカ通り〜トファルダ通り〜グジボフスキ広場。

(2)グジボフスキ広場からフウォドナ通りの木造陸橋へ　トファルダ通り〜チェプワ通り〜グジボフスカ通り〜ジェラズナ通り〜フウォドナ通りの木造陸橋。

(3)フウォドナ通りの木造陸橋からウムシュラークプラッツへ　ジェラズナ通り〜レシュノ通り〜カルメリツカ通り〜ヂェルナ通り（またはノヴォリプキ通り）〜ザメンホフ通り〜ウムシュラークプラッツ。

歩いた総距離を五〇〇〇分の一地図により推定計算してみると約四五〇〇メートル（マリヤインスカ通りとトファルダ通りの角からグジボフスキ広場のあいだは往復歩いているので、実際の距離でいうと約四二五〇メートル）となる（Barbara Engelking i Jacek Leociak, *Getto Warszawskie: Przewodnik po nieistniejącym mieście* 付録・五〇〇〇分の一地図をもとに計算）。ポーランド・ユダヤ人の歴史博物館に展示された推定経路では、最後のカルメリツカ通りからザメンホフ通りに出る部分だけはヂェルナ通りとノヴォリプキ通りの両方の可能性があるとして点線で示されている。

現在、コルチャクと子どもたちがドム・シェロトの建物から出発して歩いたシェンナ通りのその部分はすでになく、小ゲットーから大ゲットー、そしてウムシュラークプラッツへのルートを全部同じ通りでたどることはできないが、戦前と同じ通りを歩くことができる部分もある。

1939– styczeń 1943, s.606-607 で引用したその目撃者のことばはBarbara Engelking i Jacek Leociak, *Getto Warszawskie: Przewodnik po nieistniejącym mieście*, s.678; *The Warsaw Ghetto, A Guide to the Perished City*, pp.716-717 にも引用されている。『記憶するワルシャワ』pp.188-189 も参照のこと。

リンゲルブルムと彼が指導する地下アーカイブ「オネグ・シャバト」はナチス・ドイツ占領中、ポーランドにおけるユダヤ人の生活・文化について収集した貴重な資料を大きなミルク缶に入れて地中に隠した。戦後、その一部が発掘され、ユダヤ歴史研究所が「リンゲルブルム・アーカイブ」として保管している。リンゲルブルムとその家族は一九四四年三月に隠れ家を襲われ、パヴィヤク監獄に連行されて処刑された。

「アーリア地区」の目

博物館のこのセクションでは、ゲットーの壁の外、いわゆる「アーリア地区」での占領者の抑圧、ポーランド地下勢力の抵抗などが紹介されるが、ポーランド人がゲットーに囲い込まれたユダヤ人をどう見ていたかも重要な視点として提示される。そのなかでとりわけ印象的な装置として、ある展示室にしつらえられたトラムの座席と窓があり、その窓からゲットーのユダヤ人の生活を写真で見せるコーナーがある。「アーリア地区」のポーランド人の目を象徴するもので、ポーランド人がユダヤ人の過酷な運命にどのように対応したかを暗示している。同じコーナーにロンドン亡命政府のポーランド地下国家・地下抵抗組織とユダヤ人援助評議会（ジェゴタ）についての説明もある。他方、ユダヤ人のおかれた過酷な状況に対して同情と理解をもつポーランド人もいたが、過酷なナチス・ドイツ占領下で「もっとも一般的だったのは無関心と冷淡な態度だった」（Kirshenblatt-Gimblett and Polonsky, *op.cit.*, p.329）と述べている。

「死の門」へ

ホロコーストのセクションのほぼ最後、ほの暗いコーナーの奥にベウジェッツ絶滅収容所の（注12）「シャワー区域」入口に掲げられた看板がある。下の部分が朽ちて欠けているものだが、いままさに死への門をくぐる人たちへの「命令」である（図2—9）。

「厳重に注意せよ！」

注12　ラインハルト作戦遂行のために開設された絶滅収容所の一つ。一九四二年三月から同年末頃まで稼働し、約五〇万〜六〇万人がガス殺されたと推定される。

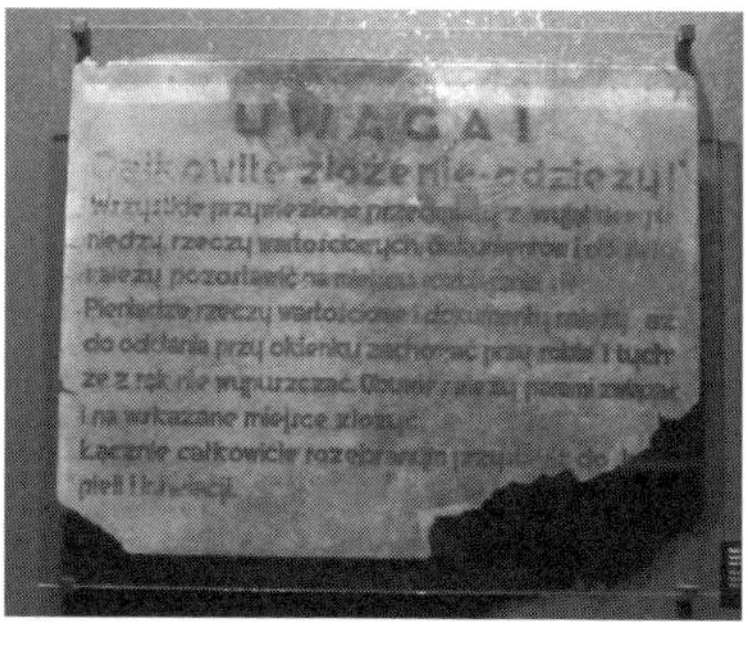

図2—9

衣服はすべてここにおいておくこと。現金、貴重品、身分証明書、靴以外の品はすべて、衣服といっしょにおいておくこと。現金、身分証明書、貴重品は窓口に預けるまではしっかり注意して自分でもっていること。靴は両方をしっかりしばって、指定された場所においておくこと。衣服を全部脱ぎ終わったら、皆でシャワーと吸入を受けるため中にはいること。」

ギャラリーの意図はこう説明されている。

「このギャラリーを通じて、われわれはホロコーストを何より犠牲者の視点から提示しようとしてきた。観覧者は『隔離』『ゲットー体験』『東方における大量虐殺』『絶滅収容所への移送（ラインハルト作戦）』『潜伏体験』など様々なステージを案内されたが、その行く先は『死・ショアへの門口』である。観覧者はそこに至る途上を犠牲者に同行して、その人々の孤立感、見捨てられた思い、不安、恐怖、絶望、苦悩に心をよせてみることはできる。犠牲者が直面した倫理感や実存的ディレンマのようなものを見ることもできるだろう。」

「しかし、われわれは最後まで犠牲者についていくことはできない。われわれはガス室の入口でそうした人々と別れねばならない。犠牲者は一人でそこに入っていき、われわれはその外側にずっととどまる。」

「われわれの見方によると、この通り抜け不可能な障壁を意識することこそが、ホロコーストを見るものとして体験できるもっとも重要な体験のひとつである。もうひとつは、ホロコーストが空白のうちに終わることを知ることである。ギャラリーには収容所解放、生存者の声、慰め、『ハッピーエンディング』を提示するスペースをおいていない。そこにあるのは、表現不可能な喪失、巨大な不在、深遠な熱望、そして決して埋めることのできない空白である。」(*Ibid*., p.345)

（七）戦後の時代（一九四四年から現在へ）

二〇世紀の両大戦間期、ポーランド・ユダヤ人は約三三〇万人、全人口の一〇分の一を占めたが、第二次大戦の結果、その九〇パーセント以上がナチスの絶滅作戦ですがたを消し、国境線も大きく変動して、ポーランドはカトリック系住民が九〇パーセント以上を占める国になった。現在もユダヤ系市民の数は多くない。にもかかわらず、この国におけるポーランド・ユダヤ人の長い歴史を記憶にとどめようとする努力がある。そこには、ユダヤ系の人々の意識のなかの「ポーランド性」とポーランド人の意識のなかの「ユダヤ性」の緊張関係が潜んでいる。戦後のユダヤ人存在についてギャラリーが提起するキーフレーズは“small numbers, big presence”である。ユダヤ人の数は少ないけれども、ポーランド人の意識におけるユダヤ人の存在は大きい、ホロコーストと戦後の国外移住の波にもかかわらず、ポーランド・ユダヤ人の歴史は終わっておらず、むしろ、小さくとも一〇〇〇年の歴史の新しい章に加わったのだということである。

ポーランド・ユダヤ人は戦後すぐ「破壊と荒廃」「孤立と死」「不安と恐怖」のなかで、「ポーランドにとどまるべきか去るべきか?」「ユダヤ人であるべきか否か?」

「母国語はイディッシュ語なのかポーランド語なのか」――など厳しい選択に直面した（*Ibid.*, p.351）。戦争終結直後、「ポーランドに残ったのは二五万から三〇万人だったが、一九四五年から四六年にかけて、約一五万人が移住し、一九四七年に残っていたのは少数だった」（*Ibid.*, p.353）。戦後処理のヤルタ協定により、ポーランドは東方領土を失ったかわりに、ドイツから西部が割譲された。国境線の変更で人口の大移動が起きた。ポーランドはヴィルノ（ヴィルナ）、ルヴフといった戦前の重要な都市を失った。

ポーランド・ユダヤ人中央委員会（CKŻP）が戦争終結直後に用意したユダヤ人登録証は当時のユダヤ人の状況を把握する重要な資料だが、展示室の壁いっぱいに貼り詰められた膨大な登録証は「私は生き残った」「私はここにいる」――との胸打つ叫びの数々である。ポーランドにとどまる理由は、家族の事情、教育、仕事の見込み、ポーランド語や文化への愛着など、去る理由は、墓場と化した地に住むことの苦痛、反ユダヤ主義に対する恐怖、共産主義政権下で生きることを避けることなどだった。戦後すぐの一九四六年七月、キェルツェでポグロムがあり、国外移住の波が起きた。シオニストとシオニズムに共感する人々はパレスティナに向かった。一九四八年にイスラエル国家が樹立される。戦後スターリニズムのポーランド政権下、「一九四九年から一九五一年にかけて、約三万人がポーランドを去るが、専門的知識があるものや労働者階級の移住は認められなかった」（*Ibid.*, p.368）。再び移住が緩和されるのは一九五六年の「雪解け」以降、一定の開放政策がとられてから

である。反ユダヤ主義に対する不安などから、「一九六〇年までに約五万人が去った。」(*Ibid.*, p.368)

一九六七年の第三次中東戦争時に煽りたてられた反ユダヤ主義のテレビ映像に慄然とする。「シオニズムを信じる者は国を去れ」――と演説するヴワディスワフ・ゴムウカ(当時、統一労働者党第一書記)。このとき、「約一万三〇〇〇人のユダヤ人が『本券の所持者はポーランド市民ではない』との「旅券」をもたされてポーランドを去った。目的地はイスラエルとされたが、実際に同国にたどり着いたのは約三〇〇〇人で、多くはスウェーデンやデンマークで政治亡命した。」(*Ibid.*,p.378)

戦時中の一九四一年七月一〇日にイェドヴァブネ(注13)で多数のユダヤ系住民が生きたまま焼き殺されるという事件が起きた。一九六〇年代にできた記念碑はそれを「ゲシュタポとナチス憲兵の仕業」としていたが、二〇〇一年にポーランド政府が新しい記念碑に取り換えた。「一九四一年七月一〇日、この場所で生きたまま焼き殺されたイェドヴァブネと近隣の男女、子ども、善良な住民たちを記念して」。だれが手を下したかは刻まれていないが、除幕の際に当時の大統領、アレクサンデル・クファシニェフスキは「ポーランド国民を代表して」その犯罪を謝罪した。だが、いまも論争は終わらない。

博物館展示の最後は今日ポーランドに生きるユダヤ系市民に問いかけられた質問である。

「あなたは自分がユダヤ人であることを常に知っていたか?」

注13　ポーランド北東部の町。ビャウィストクの北西約七〇キロ、ワルシャワからは約一六〇キロ。

「ポーランドにユダヤ人の未来はあるか?」

「ポーランドに反ユダヤ主義はあるか?」

「あなたにとって、イスラエルとは何か?」

「ユダヤ文化をつくることができるのはだれか?」

「ポーランドでユダヤ人であるとはどういうことか?」

第三章

ワルシャワ・ゲットーはどこだったのか

——境界をたどって

ワルシャワ・ゲットー（最大版図）ー戦前の通りー

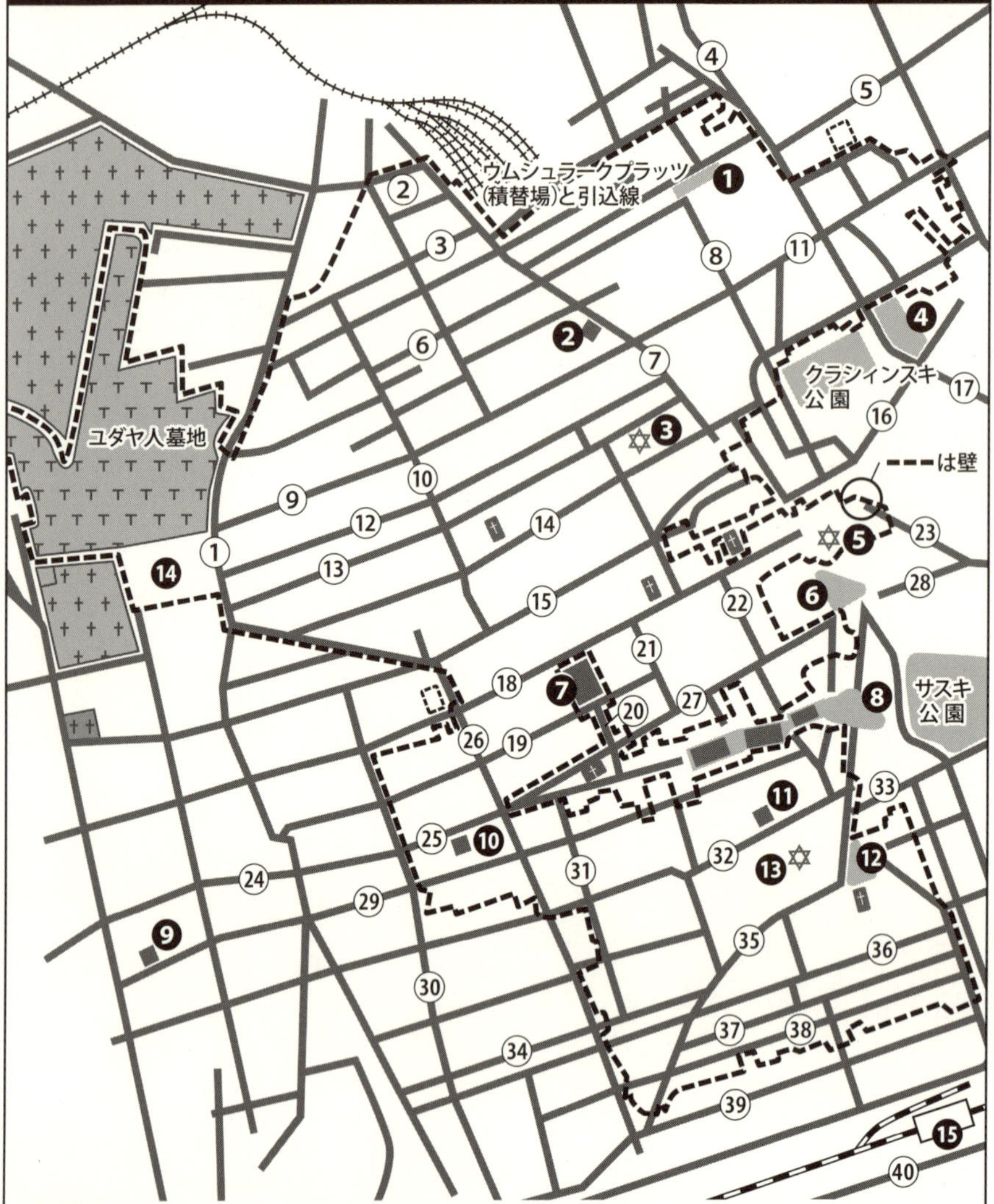

通り ①オコポヴァ ②ヂカ ③スタフキ ④ボニフラテルスカ ⑤コンヴィクトルスカ ⑥ミワ ⑦ザメンホフ ⑧ナレフキ ⑨ゲンシャ ⑩スモチャ ⑪フランチシュカィンスカ ⑫パヴィヤ ⑬ヂェルナ ⑭ノヴォリプキ ⑮ノヴォリピエ ⑯ドウゥガ ⑰ミョドヴァ ⑱レシュノ ⑲オグロドヴァ ⑳ビャワ ㉑ソルナ ㉒オルワ ㉓ビェラィンスカ ㉔ヴォルスカ ㉕フウォドナ ㉖ジェラズナ ㉗エレクトラルナ ㉘セナトルスカ ㉙クロフマルナ ㉚ヴロニャ ㉛ヴァリツフ ㉜グジボフスカ ㉝クルレフスカ ㉞プロスタ ㉟トファルダ ㊱パィンスカ ㊲シリスカ ㊳シェンナ ㊴ズウォタ ㊵イェロゾリムスキェ

スポット ❶ムラノフスキ広場 ❷ユダヤ評議会（ユーデンラート・移転後） ❸シナゴーグ ❹クラシィンスキ広場 ❺大シナゴーグ ❻銀行広場 ❼裁判所 ❽ジェラズナ・ブラマ広場 ❾ドム・シェロト（コルチャクの孤児院・移転前） ❿ドム・シェロト（コルチャクの孤児院・移転後） ⓫ユダヤ評議会（ユーデンラート・移転前） ⓬グジボフスキ広場 ⓭ノズィク・シナゴーグ ⓮スクラ運動場 ⓯ワルシャワ・グウゥヴナ駅

現在のワルシャワ地図に22箇所のモニュメント位置を示す

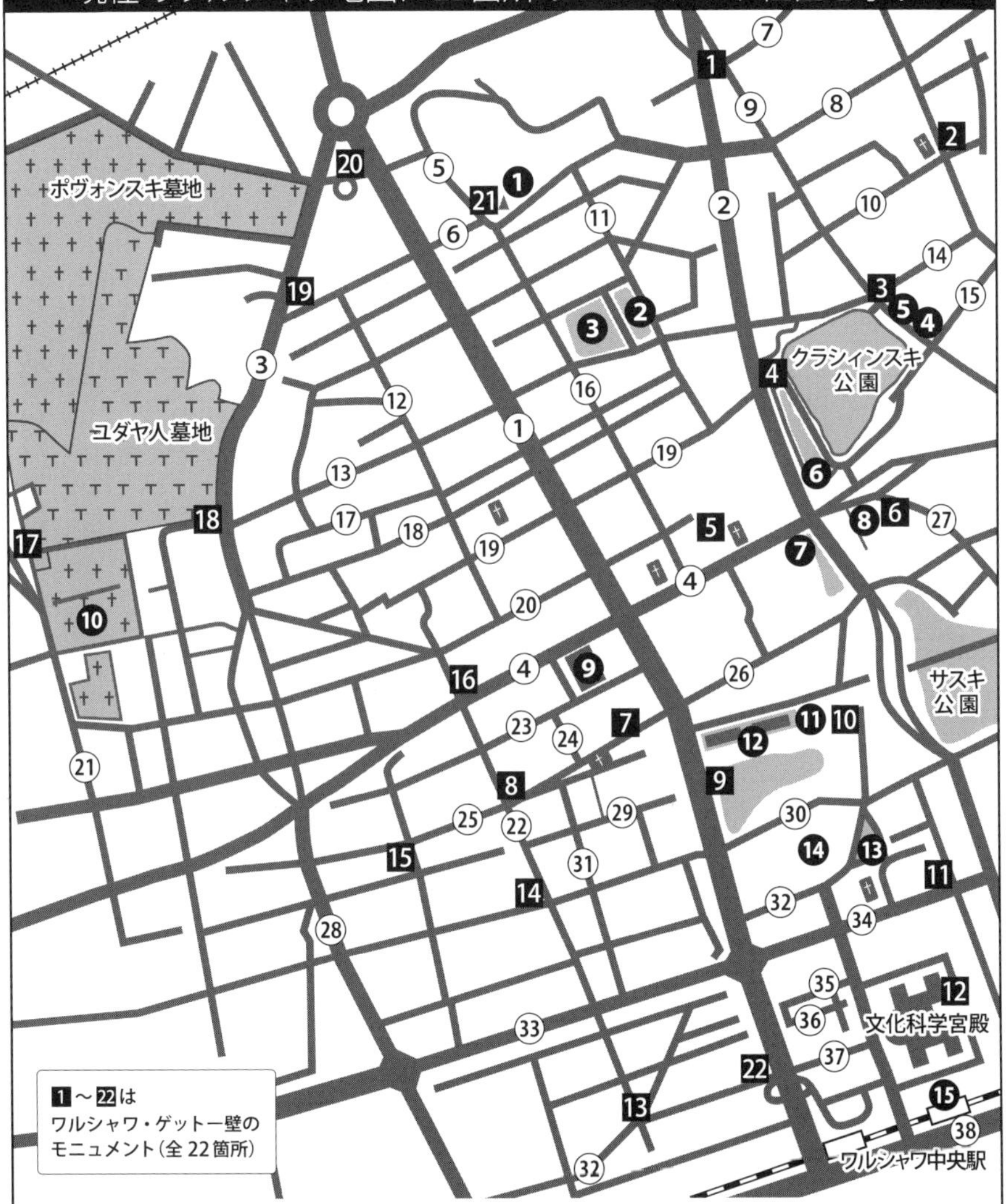

通り ①ヤン・パヴェウ二世 ②アンデルス ③オコポヴァ ④ソリダルノシチ ⑤ヂカ ⑥スタフキ ⑦ミェンヅィパルコヴァ ⑧コンヴィクトルスカ ⑨ボニフラテルスカ ⑩フランチシュカインスカ ⑪ザメンホフ ⑫スモチャ ⑬アニェレヴィチ ⑭シフィェントイェルスカ ⑮ドウゥガ　⑯カルメリツカ ⑰パヴィヤ ⑱ヂェルナ ⑲ノヴォリプキ ⑳ノヴォリピェ ㉑ムウィナルスカ ㉒ジェラズナ ㉓オグロドヴァ ㉔ビャワ ㉕フウォドナ ㉖エレクトラルナ ㉗ビェラィンスカ ㉘トヴァロヴァ ㉙クロフマルナ ㉚グジボフスカ ㉛ヴァリツフ ㉜トファルダ ㉝プロスタ ㉞シフィェントクシスカ ㉟シリスカ ㊱シェンナ ㊲ズウォタ ㊳イェロゾリムスキェ

スポット ❶ウムシュラークプラッツ記念碑　❷ゲットー英雄記念碑 ❸ポーランド・ユダヤ人の歴史博物館 ❹ワルシャワ蜂起記念碑　❺最高裁判所 ❻旧兵器庫　❼銀行広場 ❽ユダヤ歴史研究所 ❾裁判所 ❿プロテスタント墓地　⓫ルボミルスキ宮殿　⓬ミロフスキ市場　⓭グジボフスキ広場　⓮ノズィク・シナゴーグ　⓯ワルシャワ・シルドミェシチェ駅

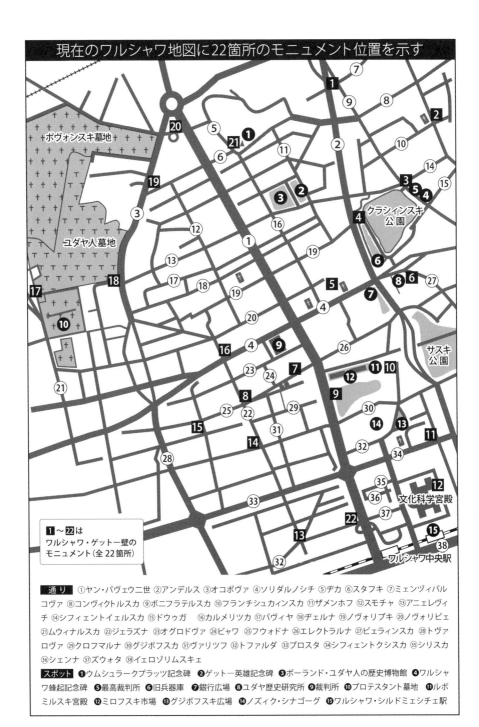

ワルシャワ・ゲットーはどこだったのか――二二箇所の境界壁モニュメント

ワルシャワには第二次大戦前、市内中心部のやや北に位置するムラヌフ地区などにユダヤ系市民が多数暮らしていたが、ナチス・ドイツによる首都占領半年後の一九四〇年四月に同地区をふくめてさらに広範囲を取り囲む壁の建設が始まった。ゲットーと称されるユダヤ人強制隔離地区の設置が正式に布告されたのはさらに半年後、同年一〇月だった。その後短時日のうちに、約一一万五〇〇〇人のポーランド系住民がゲットー指定地域からその外に再定住させられ、かわって約一四万人のユダヤ系市民が同地域内に強制移住させられた。そして、一九四〇年一一月一五日、高さ三メートルの壁とさらにその上一メートルの有刺鉄線で囲まれたゲットーは封鎖された。当時の首都総面積の三パーセント足らずの地域に約三五万人（当時のワルシャワの人口の約三〇パーセント）が押し込められた。一部屋に一〇人もの人たちが住まうこともある過密状態だった。

ポーランド・ユダヤ人の歴史博物館が建つその地は、一九四二年八月の「大移送」中に移転させられたユダヤ評議会（ユーデンラート）本部があったあたりである。（注1）戦前のザメンホフ通りとゲンシャ通りが交わったあたりで、地図上でみるとたしかに、ゲットー英雄広場も歴史博物館の建つ場所もかつてのゲットーの壁の内側に位置している。だがそこは長い壁に囲まれたかつてのゲットーの壁内側のほんの一部であって、当時ゲットー全体がワルシャワ市内の地理空間をどのように占めていたのかを把握するのはとてもむずかしい。おそらくワルシャワ市民でも、若い世代は

注1　ユダヤ評議会は移転を命じられるまでグジボフスカ通り二六番の建物にあった。現在、グジボフスカ通り二四番の高級ホテル・ラディソン・ブル・ツェントルムと隣接するあたりの位置になる。

なおのこと、自分のいる場所、歩く道が七〇年余り前のユダヤ人隔離居住区＝ゲットーの内側だったのかどうかなどとは日常気にとめる人も多くはないだろう。(注2)だが、いまワルシャワ市内を歩いてみると、一九三九年当時の首都の地図上にかつてのゲットー地域を重ねて刻み込んだモニュメントや、MUR GETTA（GHETTO WALL）と、うすく浮き出た敷石がちょうどベルリンの壁跡のように帯をなして足元に真っ直ぐのびているのを見ることがあるだろう。これは、ワルシャワ・ゲットー蜂起六五周年にあたる二〇〇八年を期して、ワルシャワのユダヤ歴史研究所Żydowski Instytut Historyczny の研究者たちが企画・立案し、ワルシャワ市の遺産保護局の全面的な財政支援を得て実現したプロジェクトである。共同制作者は同研究所のエレオノラ・ベルグマン博士と建築デザイナーのトマシュ・レツ。同研究所のヤン・ヤギェルスキ博士もプロジェクトの顧問として参画した。全長一八キロともいうゲットー封鎖時の壁（境界）があった場所のちかくに二一箇所（後に一箇所追加）の記念碑的スポットを選び、それぞれ首都中心部のうえにゲットー地域を重ねて街路や地形を細かく浮き彫りにした地図のモニュメントが設置され、そのちかくの路上にかつての境界の一部が敷石の色を変えて印されている。ゲットーの地図は一九四〇年一一月一五日に封鎖されてから、最大版図になった時のもので、その後除外されるユダヤ人墓地もふくまれている（口絵・図Ⅳ）。地図上には、モニュメントの該当地点がそれぞれピンでマークされていて、全体の地域のなかでその場所がどこにあたるかがわかるようになっている。以下、全二二個所を地図と写真でたどってみる。

注2　かつてのゲットーの壁跡はほんの一部だが、シェンナ通りとズウォタ通りの間、ヤン・パヴェウ二世大通り西側でもいまも見ることはできる（『記憶するワルシャワ』、pp.108-111 参照）。

1 ゲットーが最初に封鎖されたときの北東端で、ボニフラテルスカ通りとミェンヅィパルコヴァ通りの角にあたる。ミェンヅィパルコヴァ通りは当時存在せず、他方前記角の西にあったジョリボルスカ通りがいまはない。一九四一年一月から二月にかけて、当時のジョリボルスカ通りがゲットーから除外されて北東端の小区域が飛び地になったため、プシェビェク通り（いまはない）に小さな陸橋がつくられた(図3―1、3―2)。一九四二年七月から九月の大移送後、ゲットーの壁の外になった。この地点からボニフラテルスカ通りをやや南に下ったムラノフスカ通りとの接点にゲットーのゲートの一つがかつてあった。ゲットー蜂起のとき、ポーランド人戦闘部隊が蜂起に援護作戦を試みた。当時、プシェビェク通りは南でムラノフスカ通りと交わり、その西側にムラノフスキ広場があった。後述するように一九四三年四月一九日早朝、ゲットー戦士はナチス占領者部隊がナレフキ通りからゲットーに侵入してきたのに抵抗して蜂起が始まった。同日午後四時頃にはムラノフスキ広場で衝突が起きた。蜂起側はムラノフスカ通り七番から二一番の建物を拠点に激しく抵抗し、ドイツ占領者側はその日の壊滅を諦めざるを得なかった。このとき、ポーランド人戦闘部隊が蜂起に援護作戦を試みた。ムラノフスカ通り七番あたりに白と青のユダヤと白と赤のポーランドの二つの旗が掲げられたという。（『ワルシャワ蜂起』、p.189参照）

2 現在、新市街のフレタ通り、フランチシュカインスカ通り、コシチェル

図3―1

図3―2

ナ通り、ザクロチムスカ通りが交わるあたりが、ゲットー封鎖時の東端地点だった。トレブリンカ絶滅収容所への大移送前年の一九四一年にはゲットーの壁の外になった。フレタ通りは旧市街広場からバルバカンをぬけて新市街に入り、マリヤ・スクウォドフスカ＝キュリー夫人の生家を右手に見る通りで、フランチシュカィンスカ通りへと通じる。モニュメントには「ここは、ゲットーの北東端だった。ボニフラテルスカ通りの東、新市街は一九四一年一二月、ゲットーの外になった」とある。すぐ近くの建物と車道のあいだのせまい歩道上をゲットー壁との境界を示す帯が斜めにはしっている（図3—3、3—4）。フランチシュカィンスカ通りはフレタ通りと出会ったあとコシチェルナ通りと名を変えてヴィスワ川沿岸へと向かう。

［3］シフィエントイェルスカ通りとノヴィニャルスカ通りが交わるあたり。現在のクラシィンスキ広場の北寄り、緑色を基調にした最高裁判所の東北角のちかくである。ノヴィニャルスカ通りはボニフラテルスカ通りの東を平行してはしる。戦前・戦中、クラシィンスキ宮殿の別殿が現在の最高裁判所建物と同じように広場を跨《また》いであった。シフィエントイェルスカ通りがミョドヴァ通りからボニフラテルスカ通りとなる通りと交差するが、そのシフィエントイェルスカ通りの北側はゲットー、南側のクラシィンスキ広場、クラシィンスキ公園はゲットーの外だった（図3—5、3—6）。一九四三年四月一九日にゲットー蜂起が起きて壁の内側で銃声と火炎が上がるなか、壁の外側の公園で人々がスポーツやメリーゴーラウンドを楽しむ光景

図3—3

図3—4

はユダヤ人とポーランド人の間の心理的隔壁を象徴するものとしてよく議論になってきた。(『記憶するワルシャワ』、pp.141-144 参照)

④ ドゥガ通り五二番の旧兵器庫の建物を左側に見て、戦前・戦中にはナレフキ通りといわれた現在のボハテルフ・ゲッタ(ゲットー英雄)通りの石畳にいまも残るトラムの線路に沿って北西に歩いてみると、右手にクラシィンスキ公園が目に入り、やがてその正門を見る(図3―7)。クラシィンスキ公園の北西にあたり、ヴワディスワフ・アンデルス将軍通りがすぐそばの地点である。正門は数年前に補修されていまは穏やかな雰囲気があるが、それ以前は黒っぽく歴史の重さをとどめていて、門柱の一部に深い抉《えぐ》れが見られたり、土台近くの弾痕らしきものがより生々しくあった。近くにある記念碑の説明文にはこうある。

「かつてここにゲットーのメインゲートのひとつがあって、一九四三年四月一九日、ナチス親衛隊の部隊がワルシャワ・ユダヤ人

図3―5

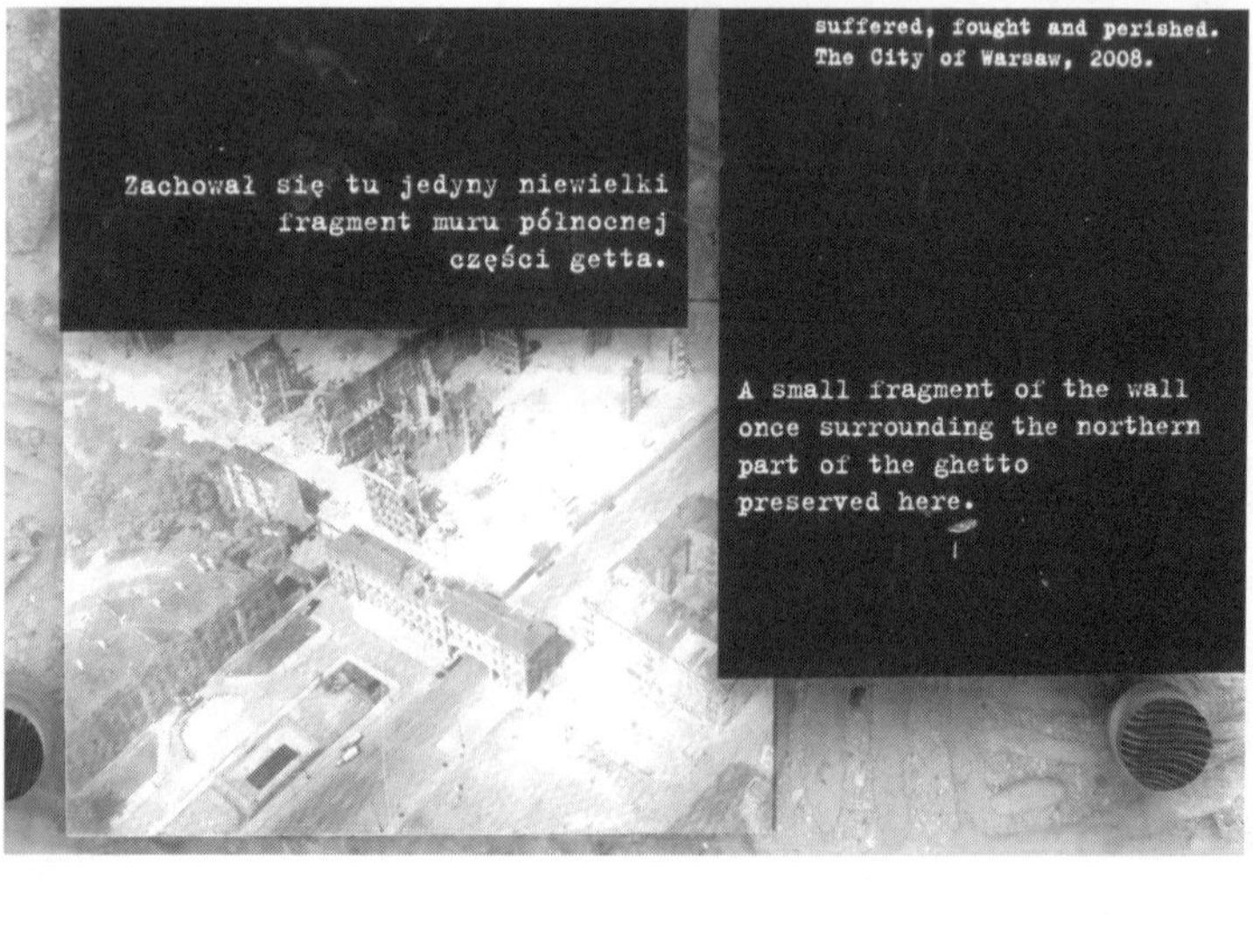

図3―6

の生き残りを殺害するために侵入してきた。ドイツ側は戦闘員と市民の抵抗に遭った。ゲットーでの戦闘は一ヵ月以上も続いた。」(図3—8、3—9)

映画「戦場のピアニスト」などにも描かれたワルシャワ・ゲットー蜂起を引き起こすナチス・ドイツの最初の行動の現場はそのちかくである。戦前、クラシィンスキ公園は現在よりも小さかったが、その西端の一部がゲットーのなかにあった。いま、公園の緑のなかをかつてのゲットーの境界を示す帯のモニュメントが一筋に伸びている。ナチス親衛隊の部隊とゲットーの戦闘員が最初の衝突を起こしたのは、その地点からもうすこし北上し、当時のナレフキ通り、ゲンシャ通り、フランチシュカィンスカ通りの交差点ちかく、現在のヴワディスワフ・アンデルス将軍通りとモルデハイ・アニェレヴィチ通りの交差点あたりだろう。戦前・戦中、ナレフキ通りはそのゲートの地点で東はシフィエントイェルスカ通りと出会い、北上してゲンシャ通りに出た。一九四三年四月一九日午前六時頃から約二時間、ゲットー蜂起側は侵入してきたドイツ占領者部隊に銃撃と火炎びんを浴びせて退却を余儀なくさせた。無残な潰走を強いられたドイツ側親衛隊指揮官、フェルディ

図3—7

図3—9

図3—8

ナント・フォン・ザンメルン＝フランケネックは即日罷免され、ワルシャワ親衛隊・警察指導者、ユルゲン・シュトロープ（一八九五～一九五一）がこれに代わり、同日正午には同地域に重火器を動員して反撃に出た。ユダヤ人蜂起側は軽火器と火炎びんで抵抗したが劣勢を強いられた。一九四二年の大移送以後、ゲートのすぐ北地域は荒廃して居住不可能となっていた。

[5] ソリダルノシチ（連帯）大通り（当時はレシュノ通り）の七六番にあるプロテスタントの福音派改革教会のちかく（図3―10）。その教会をふくめて平たいT字型に似た地域は壁の外側で、ゲットーの中腹部分に食い込むようなかたちをしていた。モニュメントには「この地域はずっとゲットーの外側だった。この飛び地にはルター派の教会とカルヴィン派の病院があって、ともにゲットーに閉じ込められた人々を様々な方法で援助した」とある。プロテスタント教会からソリダルノシチ大通りをすこし西へ歩くと聖母マリア誕生教会があるが、そちらはゲットーの壁の内側で、セヴェルィン・ポプワフスキ司祭が教会地下室からトンネルを使ってユダヤ人の子どもたちをゲットーから安全な場所に逃がしたというはなしもある（Martin Gilbert, *Holocaust Journey: Travelling in Search of the Past*, p.303、『記憶するワルシャワ』p.66）。

[6] ビェラインスカ通りとソリダルノシチ大通りの角に近い地点（図3―11）。第一章に記したポーランド銀行要塞跡、真新しく修復されたセナトル・ビルの入口の

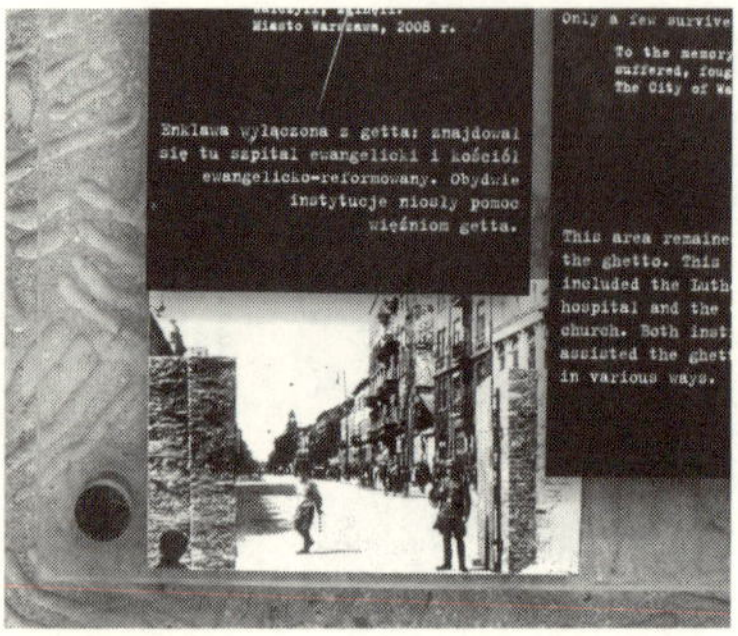

図3―10

通りをへだてた向かい側あたりにモニュメントがある。ゲットー封鎖時、中央部ですこし東に突き出ていたところ。その地域にはトウォマツキェ通りの大シナゴーグ（ヴィェルカ・シナゴガ）とユダヤ中央図書館があった。一九四二年三月二〇日、トウォマツキェ通り一帯は壁の外になった。トウォマツキェ通り七番にあった大シナゴーグは一八七五年から七八年にかけて、マルコ・レアンドロ・マルツォーニ（一八三四〜一九一九）の設計により建造されたものだが、ネオクラシック様式の優美で荘厳なすがたはもう写真、もしくは、ポーランド・ユダヤ人の歴史博物館の展示する模型でしか見られない。戦前、ワルシャワ・ユダヤ人の文化的・精神的よりどころだったが、一九四三年五月一六日にナチス親衛隊・警察司令官のユルゲン・シュトロープの命令により、ワルシャワのユダヤ人居住区を根絶したことを誇示するために爆破された。戦前はレシュノ通り、現在はソリダルノシチ大通りからトウォマツキェ通りに入ったところにあったユダヤ中央図書館はドイツ占領者が略奪財産の倉庫として使用したために破壊を免れ、現在はユダヤ歴史研究所（博物館）となっている（『記憶するワルシャワ』pp.71-72 参照）。

図3—11

7　エレクトラルナ通り五三番あたり。かつてそこから北にビャワ通りがあって、裁判所建物（現在はソリダルノシチ大通り一二七番、戦前・戦中はレシュノ通り五三／五五番）の裏側（オグロドヴァ通り）に通じていた。裁判所建物自体は当時、ゲットーの外側だったが、北西側の旧レシュノ通りの入口はゲットーの内側に位置し、南東のオグロドヴァ通り側の入口はゲットーの外側に面していて、旧ビャワ通りに通じていた。そのため、裁判所建物はナチス占領時代、ゲットーのユダヤ人と「アーリア地区」のポーランド人がその中で合法的に接触できるほぼ唯一の場所となり、その場所を通じて物品が秘密裏に持ち込まれたり、互いの連絡通信がなされたりした。ビャワ通りは戦後の一九五〇年、二〇〇メートル西側に移されたので、同名の現在の通りは裁判所建物には通じない。戦後の通りの移動により、記念プレートがあるのは現在のフウォドナ通りとエレクトラルナ通りの結節点のあたりになるが、通りが移動してその名が変わっても、その道路にはかつての通りの位置と境界が歩道の色を変えて示されている。現在は、記念プレートのある場所の北西、道路の向こうには建物があって、そこを通りぬけると裁判所建物の裏側に通じるはずである。記念プレートにはこうある（図3—12、3—13）。

「最高裁判所の建物はゲットーの外側だったので、一九四〇年一一月一六日から一九四二年半ばまでのあいだ、壁の両側の人々が会うことのできる場所だった。ビャワ通りはここにあったが、一九五〇年に二〇〇メートルほど西側に移動された。」

現在、最高裁判所はクラシィンスキ広場のワルシャワ蜂起記念碑のすぐ背後にあり、ソリダルノシチ大通り一二七番の建物はワルシャワ地方裁判所となっている。

図3—12

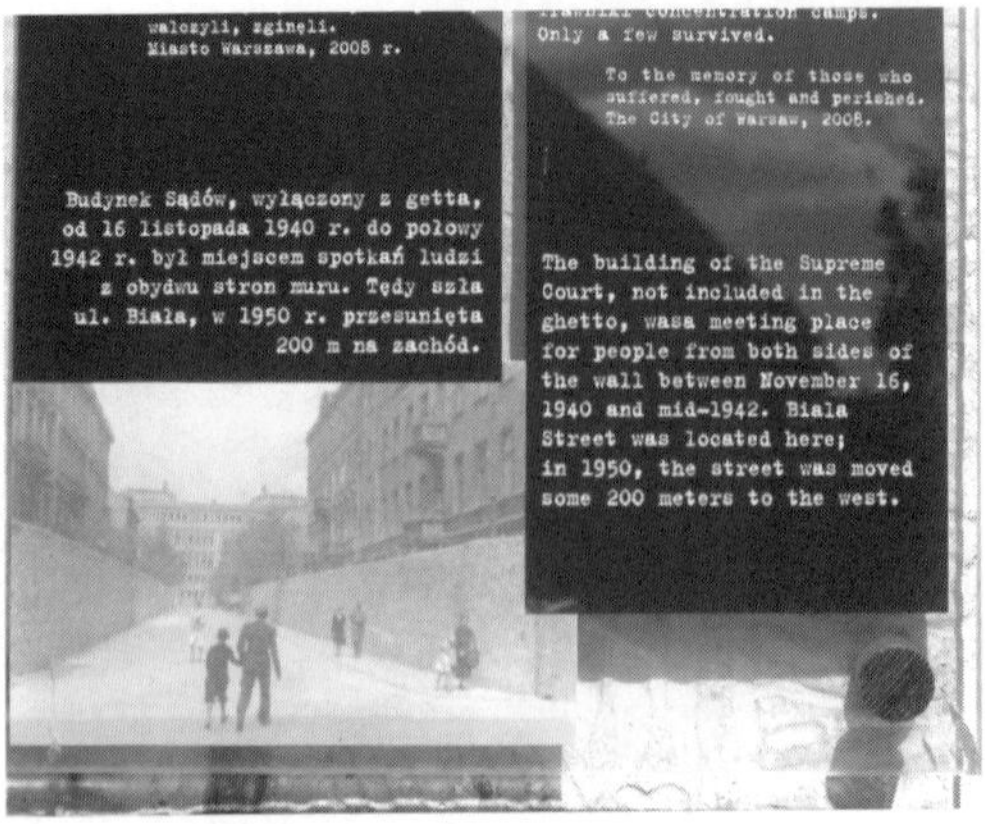

図3—13

⑧　ジェラズナ通りとフウォドナ通りが交差するあたり。一九四一年一二月、ジェラズナ通りの西側で、北は当時のレシュノ通り、南はグジボフスカ通りちかく、東はヴロニャ通りに囲まれる地域がゲットーの壁の外になり、ゲットーは北の大ゲットーと南の小ゲットーの二つになった。その結果、フウォドナ通りをはさむ二六番側と二三番側区域がゲットー壁の内側になり、一九四二年一月二六日から壁の外となる通りの頭上に木造陸橋が渡された。記念プレートの下に掲げられた当時の写真には、陸橋をひしめき合うように渡る大勢のユダヤ系市民、一方で両側を壁で挟まれた非ゲットー地域の大通りにまばらな人影、車が二、三台とトラムが写っている。さらには、そのモニュメントのすぐ右側の歩道上にはかつてのゲットー境界の一部が色調を変えて十数メートル帯状に伸びている（図3—14、3—15）。さらに近年、かつてフウォドナ通りをまたいで木造陸橋のあった両側の地点にそれぞれ二本の高いポールがたてられ、夜間には照明が点灯するようになっている。ポールの下の方には小さな「のぞき窓」がついていて、覗いてみると、当時の写真がスライドして出てくるしかけになっている。やや東より、フウォドナ通り二〇番にはユダヤ評議会（ユーデンラート）議長だったアダム・チェルニャクフ（一八八〇〜一九四二）が一九四一年末から四二年まで住んでいた建物が美しく改修されて残っている。

　一九四〇年一一月、ゲットーが封鎖されると、コルチャクのドム・シェロトの建物（クロフマルナ通り九二番）はゲットー境界の外側にあったためにゲットー

図3—14

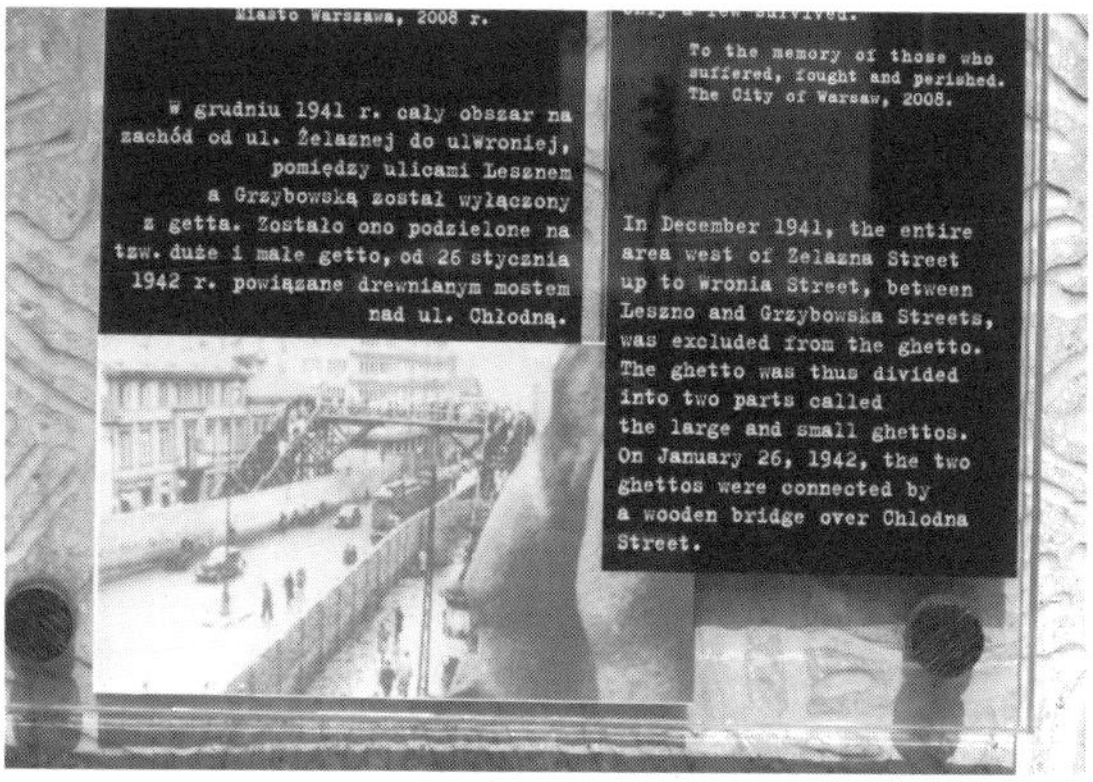

図3—15

境界内のフウォドナ通り三三番の商業学校建物に移転をよぎなくされる。かつて木造陸橋のあった地点からすこし西へ進んだ場所になる。いまその場所に当時の建物はない。やや横長の石の記念碑があるが、その商業学校の存在については記されているものの、コルチャクの孤児院のことにはふれていない（図3―16）。

「一九四四年のワルシャワ蜂起のときに破壊されたこの場所の建物のなかに、ロエスレル夫妻を記念した国立商業ギムナジウムと職業中等学校があった。経営したのは寛大な心と偉大な知性の持ち主である教育学者、シュチェパン・ボンコフスキである。一九八四年六月。」

記念碑に名のあるマリヤ・ロエスレルとユゼフ・ロエスレルはワルシャワの富裕な商人で慈善事業家だった。ロシア支配下で教育財団を創設して初等学校を開設した。ポーランドが独立を回復するとすぐに、フウォドナ通り三三番の建物に職業学校を開き、一九三二年に記念碑にある校名が採用された。最上階に半円形の構造部をもつスタイルの建築物は、ブリストル・ホテルの設計者でもあるヴワディスワフ・マルツォニ（一八四八～一九一五）によるものだった。父親はイタリア出身の高名な建築家でエウロペイスキ・ホテルの設計者、ヘンルィク・マルツォニ（一七九二～一八六三）、兄のマルコ・レアンドロ・マルツォニはトウォマツキェ通りの大シナゴーグを設計した。一九四〇年にコルチャクの孤児院がゲットーの外になったクロフマルナ通り九二番の建物からゲットー内側のフウォドナ通り三三番の建物に移ったとき、前記の商業学校が逆にクロフマルナ通り九二番の建物に移転した。

図3―16

一九四四年八月に始まったワルシャワ蜂起のとき、ワルシャワ西方からヴォラ地区に進撃してきたハインツ・ライネファート指揮下のナチス親衛隊部隊がフウォドナ通り三三番の学校建物の中庭で二〇〇〇人から三〇〇〇人の市民を処刑したとされる。そのなかにはユダヤ系市民もいて、遺体はその場所で焼かれたという。『ワルシャワ蜂起』第二章に詳述したヴォラ地区での大虐殺渦中の事件であろう。フウォドナ通りのやや北西にあるグルチェフスカ通りを西へ進むと千年首座大司教大通りとの交差点ちかくに、この大虐殺を記念する十字架と記念碑がある。十字架は以前木製だったが、二〇一二年にスチール製に替えて正式除幕された（カバー表写真）。プロジェクトを推進したのは「戦闘と受難の記憶保護評議会」とワルシャワ市である。記念碑には「一九四四年八月五日から一二日までの間に鉄道高架橋から現在の千年首座大司教大通りの陸橋にかけて、グルチェフスカ通りの両側地域でドイツ軍部隊が、約一万二〇〇〇人にのぼるヴォラ地区の男女、子どもを追いたて集めて殺戮した」とある。聖ヴォイチェフ教会をふくめ殺戮現場となった通り名がすべて刻まれ、そこに横たえられた十数個の四角い石碑にはその通りごとに刻された犠牲者の氏名・年齢で埋め尽くされている。

9　ヤン・パヴェウ二世（注3）大通りとピョトル・ヂュジェヴィェツキ大通りの角あたりで、小ゲットーの北東端の近くだった（図3—17）。戦後敷かれたヤン・パヴェウ二世大通りの東側でミロフスキ広場の南側。すぐ近くにミロフスキ市場の入口が

注3　ローマ教皇ヨハネ・パウロ二世（一九二〇〜二〇〇五）。

図3—17

ある。かつてのゲットーの中腹部分に鋭い切れ込みを入れたかっこうで大ゲットーと小ゲットーに分かつ形をした地域、ミロフスキ広場とその周辺はゲットーの壁の外だった。ヂュジェヴィェツキ大通りは戦後のもので「大通り」と名づけられるほどの大通りではないが、ゲットー封鎖時、およそそのラインに沿って壁がつくられていた。（ミロフスキ市場については『ワルシャワ蜂起』pp.103-104 参照）

10　小ゲットーのまさに北東端地点。サスキ公園の西出入口であるジェラズナ・ブラマ広場とルボミルスキ宮殿近く。前記、ヂュジェヴィェツキ大通りが真ん中を通る緑地の東端あたりにある。ルボミルスキ宮殿は一九三九年にナチス・ドイツにより破壊されて、コロネード（列柱）だけが残った。当時の写真では壁の外に同宮殿が正面を向けているが、建物は戦後再建され、一九七〇年には、かつて一八世紀に構想されたオシ・サスカに合わせて、サスキ公園に向けて約七〇度回転させられた（図3—18）。モニュメント説明文には「この地点から、ミロフスキ市場とミロフスキ兵舎を囲む細長い地域は、フウォドナ通りの重要な交通路としての役割を考えて、意図的にずっとゲットーの外側とされた」とある。戦後、ミロフスキ市場の西をヤン・パヴェウ二世大通りが縦断

図3—18

図3—19

図3—20

したが、当時はフウォドナ通りへとつながっていた。モニュメントにはトラムの走るフウォドナ通りの写真がある（図3—19、3—20）。

11　小ゲットーの東の境界でやや南の一地点、グジボフスキ広場のすこし南東にあたる。戦後西に延びたシフィエントクシスカ通りと南北をはしるマルシャウコフスカ通りの交差点の北西角、戦前はジェルナ通りと交差したあたりのボレスワフ・コントルィム（ジムヂン）少佐記念緑地帯にモニュメントがある（注4）（図3—21）。ゲットー封鎖の最初、壁は当時のジェルナ通りに沿っていたが、一九四一年三月、境界が変わり、壁は当時のバグノ通りとヴィェルカ通りに沿ってつくられた。ジェルナ通りは戦前、南に長く伸びていたが、戦後はシフィエントクシスカ通りの手前までに短縮された。

12　文化科学宮殿・デフィラト広場。ゲットーの南東端の部分にあたる。現在は文化科学宮殿のデフィラト（パレード）広場に面した側で、同宮殿の北東を構成する建物壁にモニュメントがある（図3—22）。マルシャウコフスカ通りの側

注4　ボレスワフ・コントルィム（ジムヂン）少佐（一八九八～一九五三）Bolesław Kontrym, „Żmudzin" はポーランド軍、国内軍メンバー。一九四二年九月、英国から占領下のポーランドにパラシュート降下した「チホチェムヌィ」の一人。ワルシャワ蜂起を戦うが、一九四八年に公安局に逮捕され、一九五三年にモコトゥフ刑務所で処刑された。

図3—21

図3—22

から文化科学宮殿に向かう位置にあり、前章のコルチャク最後の孤児院で言及したテアトル・ラルカのある建物の裏手の角あたりになる。文化科学宮殿が巨大なため、そのモニュメントは目につきにくいが、その下からゲットーの壁跡が屈折しながら東方向に一部表示されている。ゲットー封鎖時、壁は当時存在したヴィェルカ通りとジェルナ通り（現在ジェルナ通りのその部分はもうない）のあいだをやや北西の傾きではしっていたが、一九四一年一〇月初めには西側のヴィェルカ通りのラインに移動した。

「ドム・シェロト最後の場所」は、前述のように現在「スターリンの贈り物」と皮肉られることもある文化科学宮殿が建つ敷地にあった。一九四一年一〇月、コルチャクの孤児院はフウォドナ通り三三番の商業学校建物から、シリスカ通り九番とシェンナ通り一六番にかかる場所にあった商工業従業員協会の建物に移った。いまその場所にあるのは戦後間もなく建造された文化科学宮殿の北東側の一角をなす大きな建物で、長い伝統あるテアトル・ラルカという子ども劇場となっている。一九四〇年一一月一五日にゲットーが封鎖されたとき、そこは南端の壁のすぐ内側だった。いま、シフィェントクシスカ通りの側から南下してまっすぐ歩いて行くと左手前方に大きな建物が見えるのがその場所だが、それよりさきすぐ手前には噴水があり、その右手にはヤヌシュ・コルチャクと子どもたちの新しい記念像が目に入る（図3―23、3―24）。それは、オコポヴァ通りのユダヤ人墓地にあるコルチャクと子どもたちの像とはまったく違った雰囲気のもので、重苦しい空気は感じられな

図3―23

図3―24

い。二〇〇三年に置かれた礎石によると、記念像はシャロム財団とポーランド・コルチャク記念協会によるものである。

前方正面には巨大な文化科学宮殿がそそりたつが、左手前方にはそれもまた威厳あるギリシャ・ローマ神殿を思わせるようなテアトル・ラルカの劇場建物がある（図3—25）。戦前、その敷地にあった建物のなかに、コルチャクと子どもたちがウムシュラークプラッツに追いやられる前の最後の孤児院施設があった。テアトル・ラルカの建物入口には戦前の建物をレリーフした記念板がある。

「シェンナ通り一六番のこの場所にワルシャワ商工業従業員協会の建物（一九一二年〜一四年建築）があり、その中に戦時中、ヤヌシュ・コルチャク（ヘンルィク・ゴルトシュミト）のドム・シェロトがあった。ゲットー破壊作戦のさなか、一九四二年八月五日、コルチャクと同僚職員、子どもたちはその場所からウムシュラークプラッツへ連行され、さらにはトレブリンカの絶滅収容所に送られた。」（図3—26）

ヤヌシュ・コルチャクとステファニャ・ヴィルチィンスカ、その他の職員が約二〇〇人の子どもたちとともにドム・シェロト施設の入った建物を追い出され、ウムシュラークプラッツに向けて行進させられたのは一九四二年八月五日、水曜日のことのようである。八月六日という

図3—25

図3—26

説もあるのだが、ユダヤ評議会（ユーデンラート）議長のアダム・チェルニャクフなど、すくなからぬ回想者が当日は「ひどく暑い日」だったと書いたり証言していることから、「五日」説を採用する向きが最近はつよいようだ。同月六日の木曜日は一転やや「冷える」日になった。

また近くの記念碑にはこうある。

「ヤヌシュ・コルチャク（ヘンルィク・ゴルトシュミト、一八七八〜一九四二）。医師、作家、教師。子どもたちをいかに愛し、理解し、尊敬するかを教えた。ユダヤ人、ポーランド人の子どもたちの擁護者だった。世話する子どもたちとともにドイツが設置したトレブリンカ絶滅収容所で殺された。」

テアトル・ラルカの建物のすぐちかくの足元に目を遣ると「ここにシリスカ通りがあった」（図3—27）との浮彫り文字に気づくが、前述の文化科学宮殿を前にした噴水のすぐ手前の石畳にも小さく色を変えた部分があって「ここにパィンスカ通りがあった」とある（図3—28）。戦前・戦中にはこのあたりはシリスカ通り、シェンナ通り、パィンスカ通りがあったのだが、戦後この一帯地域には巨大な文化科学宮殿が建てられ、それらの通りはその部分がなくなり、シリスカ通りとシェンナ通りはいまエミリヤ・プラテル通り以西にのみ、パィンスカ通りはさらに西のヤン・パヴェウ二世大通り以西にのみその名を残している。

テアトル・ラルカの建物を見て思い出すのはクシシュトフ・キェシロフスキ監督（一九四一〜一九九六）の一〇編からなる映画『デカローグ』*DEKALOG* 第七話「あ

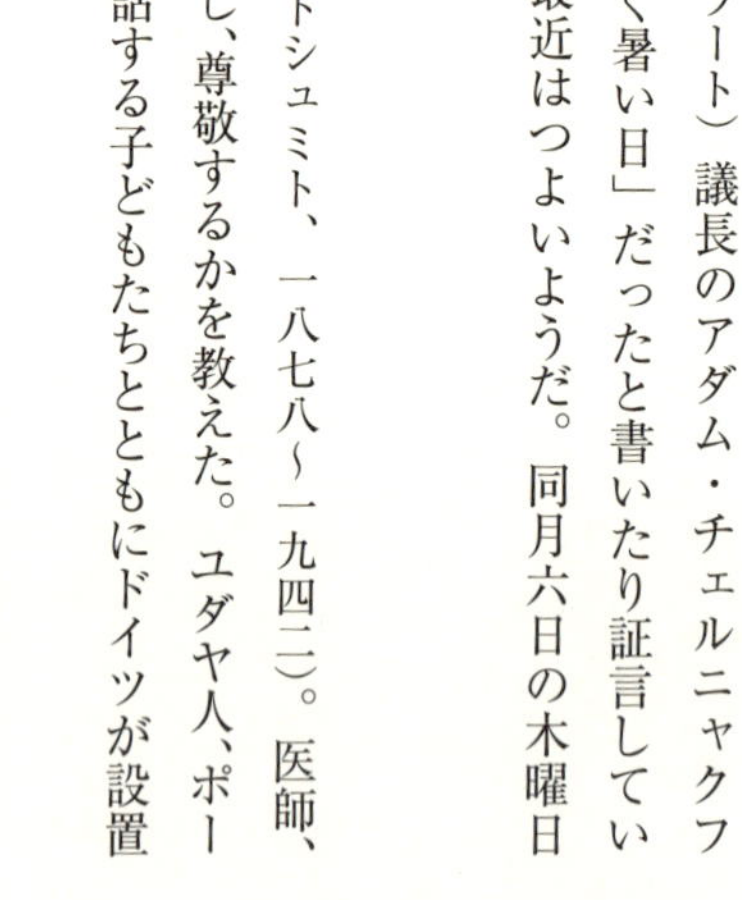

図3—27

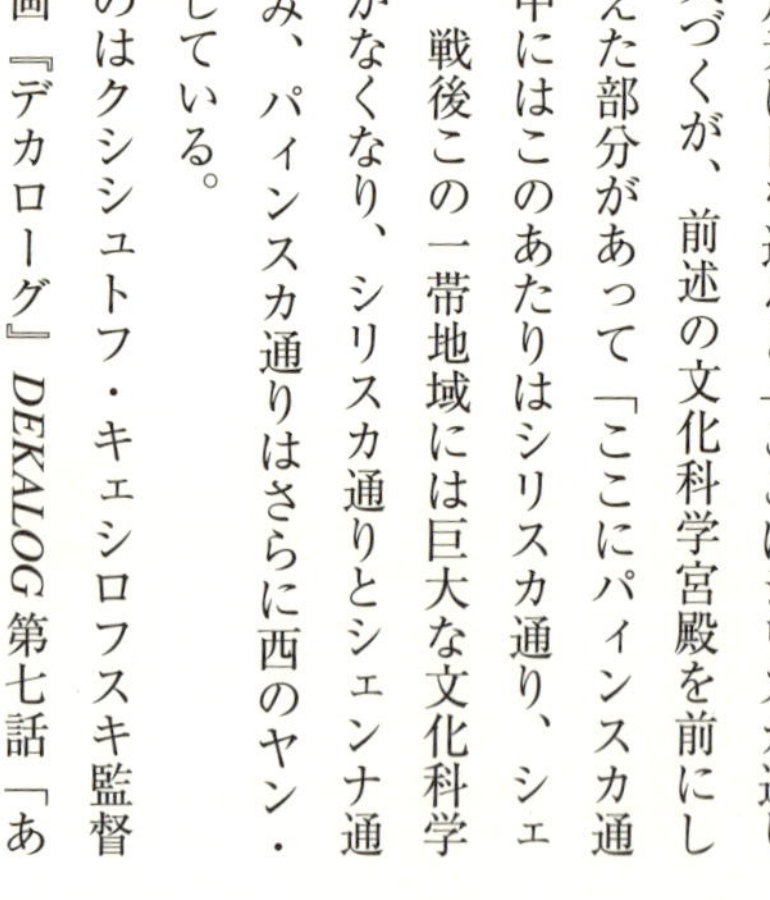

図3—28

る告白に関する物語」である。アンカは一六歳の高校生だったとき教師の子を産んだが、校長だった母親が外聞を恐れて幼い孫娘マイカを自分の子として育て溺愛する。アンカはその母親の抑圧にも耐えかねて、ある日、テアトル・ラルカで子ども劇場の催しがあったとき、自分の娘マイカを舞台後方から「誘拐」するのである。

13　ゲットーの南西角にあたる地点（図3—29）。周辺の通りは現在と変わらず、トファルダ通り、ジェラズナ通り、ズウォタ通りの三交差点のやや北に壁があった。ゲットー封鎖時の一九四〇年一一月一六日から一九四一年一月二〇日まで、そこにゲートのひとつがあった。そこからジェラズナ通りを下ればすぐにイェロゾリムスキェ大通りにでる。

14　グジボフスカ通りとジェラズナ通りが交差するあたり（図3—30）。小ゲットーでは北西部分にあたる。ゲットー封鎖時の一九四〇年一一月から一九四二年二月までゲートのひとつがあった。他のモニュメントのとは違って、赤い煉瓦壁が印象的である。やや東のヴァリツフ通り九／一一番の建物は戦前ドイツ人の工場だった建物に継ぎ足し改修したものだが、当時ゲットーの境界の役割をしていた壁の一部が残っている（『記憶するワルシャワ』pp.110-111参照）。ジェラズナ通りは当時と変わらず南北をはしる長い通りである。

図3—29

図3—30

15 フウォドナ通り四一番の建物（図3―31）。化学処理関係店舗（二〇一五年当時）の左壁にモニュメントがある。すぐ西は南北をはしるヴロニャ通りとの交差点になる。ゲットー封鎖時（ゲットーが最大だったとき）、中ほどでは最西端の地点だった。一九四一年一一月までそこにメインゲートのひとつがあり、壁はヴロニャ通りにほぼ沿うかたちで南北をはしっていたが、同年一二月、ジェラズナ通りの西側部分がゲットーの外となる。その結果、ゲットーは大ゲットーと小ゲットーに分かれ、二つをつなぐのはフウォドナ通りの木造陸橋だけになった。モニュメントはフウォドナ通りの店舗壁にある。まっすぐ東へ歩いてゆけば、かつて陸橋のあった場所（8番のモニュメント）に着く。

16 戦前はレシュノ通りの名だった現在のソリダルノシチ大通りとジェラズナ通りの交差点角にあるのは茶色のヴォラ地区庁舎。モニュメントがあるのは、その建物のジェラズナ通り側の壁である（図3―32、図3―33）。ゲットー封鎖時のときからメインゲートのひとつがあった。当時、ジェラズナ通りとレシュノ通りの交差点の北西角地、レシュ

図3―31

図3―32

図3―33

ノ通り八四番には「コレギウム」とよばれた建物があって、ユダヤ評議会（ユーデンラート）の統計部門が入っていた。当初はゲットーの外だったが、一九四一年九月にゲットーの飛び地とされたので、二階ほどの高さの連絡橋が架けられた。さらにやや北西、ジェラズナ通り一〇三番の建物にはかつてナチス親衛隊保安警察（Sipo）指揮所がおかれていた（『記憶するワルシャワ』、p.78参照）。医師でブントやユダヤ戦闘組織（ŻOB）の活動にも携わったアディナ・ブラディ＝シュファイゲル（一九一七～一九九三）はその回想で、一九四一年九月か一〇月頃、シェンナ通りにあった子ども病院の分院がレシュノ通りとジェラズナ通りの角の学校施設に設けられたとし、一九四二年の「大移送」時の「八月七日だったか、でもはっきりしない」というその日に、窓の外にコルチャクと子どもたちがジェラズナ通りからノヴォリプキ通りの方へ向かうのを目撃したと書いている（Adina Blady Szwajger, *I Remember Nothing More*, pp.39-40, 49-50、『記憶するワルシャワ』pp.79-80）。

17　ムウィナルスカ通りの赤い煉瓦壁にモニュメントがある（図3―34）。ゲットーが封鎖されたとき、オコポヴァ通りに正門があったユダヤ人墓地も壁の内側となり、墓地の壁が境界線だった。その当時のゲットーの西端にあたったのがムウィナルスカ通りのこの地点で、ユダヤ人墓地の西南角にあたる。現在、ムウィナルスカ通り六〇番の街路表示が近くの壁にある。南側にはプロテスタントのエヴァンゲリツコ・アウグスブルスキ墓地がある。

図3―34

18 オコポヴァ通り四九／五一番のユダヤ人墓地の正門（当時の正門の一部は墓地内に残されている）のちかく、墓地の壁の角を左手に曲がったところの壁にモニュメントがある（図3―35）。墓地正門のあたりから東に伸びているのはモルデハイ・アニェレヴィチ通り。市内中心から北西部のユダヤ人墓地は最初のゲットー封鎖時には壁の内側だったが、一九四一年一二月にゲットーから除外されて、墓地の東、オコポヴァ通りがゲットーの北西端境界となった。かつてゲットーのゲートのひとつがそのちかくにあった。墓地がゲットーの外側になって「アーリア地区」に組み入れられてからも、大勢のユダヤ人が埋葬された。遺体を乗せた荷車と葬列がどれほど多く、そのゲートを通ったことだろう。ユダヤ人墓地はゲットーから除外されたが、埋葬はなおそこで行われた。ユダヤ人墓地の南側に隣接した「スクラ運動場」も一九四一年一二月にゲットーから除外されたが、大勢のユダヤ人の埋葬地となった。一九四四年のワルシャワ蜂起の際にも多くの犠牲者が同地に埋葬された。

19 オコポヴァ通りとスタフキ通りの角（図3―36）。ユダヤ人墓地がゲットーから除外された後、ゲットーの北西端あたりとなった地点。一九四一年一二月にテムレル・シュフェデ製革工場の区域がゲットーから除外され、スタフキ通りとスモチャ通りの一部が境界になった。

20 ヂカ通りと戦後敷かれたヤン・パヴェウ二世大通りの交差点の南西角地にモ

図3―35

図3―36

ニュメントがある（図3—37）。ゲットーは一九四〇年一一月一五日に封鎖されたが、ユダヤ人墓地のようにその後除外された地域がある一方、若干拡大された区域もあった。ヂカ通りに沿ったこの区域は一九四二年一月から二月にかけてすこし拡大されるが、同年五月にはさらに南の一部まで除外されることになる。モニュメントのある地点はゲットーが拡大されたときに最北地点だったところである。

21　ヂカ通りと現在のスタフキ通りの交差点からやや北西に歩いたあたり。当時その北側の地域には引き込み線が何本も入りこんでいた。モニュメントからスタフキ通りを東に進めばすぐにウムシュラークプラッツの壁のモニュメントが左手にある。ヂカ通りとスタフキ通りのちかくには一九四二年からメインゲートをふくめ三つのゲートがあった。スタフキ通りはヂカ通りの西側では一部が当時とは異なっている。一九四一年一一月一五日に封鎖された後、ゲットーの境界は一部変更をみるが、一九四二年七月から九月にかけての「大移送作戦」（トレブリンカ絶滅収容所への合計三〇万人以上の大量移送）でゲットーは破壊されて大幅に縮小される。ウムシュラークプラッツ（積替場）は引き込み線とスタフキ通りのあいだの広い区域で、もとはゲットーの内外に物品を持ちこみ・持ち出すための唯一の交換場所だったが、トレブリンカ絶滅収容所行きの列車の引き込み線がちかくに敷かれ、大勢のユダヤ人が待機させられることになった。ヂカ通りとスタフキ通りの角ちかくのモニュメントには「一九四二年一月、ここ、ウムシュラークプラッツの向かい側にゲットー

図3—37

のゲートが設置された」という説明文とともに、監視兵の前を大きな袋をもってゲットーに入ってくる人々のすがたを撮った写真がある（図3―38、図3―39）。（ウムシュラークプラッツの記念碑については『記憶するワルシャワ』pp.282-284参照）

22（新設）ワルシャワのユダヤ歴史研究所が企画・立案したゲットーの記念碑的スポットは当初二一箇所だったが、その後一箇所追加された。現在はシェンナ通り五三番、当時のゲットーの南底辺部分の一角ですこし北に食い込んだ部分。ズウォタ通りの北を平行してはしるシェンナ通りの一部分が当時ゲットーの境界だった。モニュメントはシェンナ通りとヤン・パヴェウ二世大通りの交差点の西側をシェンナ通りからすこし南に入った右手の煉瓦壁にある（図3―40）。壁の奥はリツェウム（中等学校）である。説明文にはこうある。

「一九四〇年一一月一六日、シェンナ通り五三番と五五番のあいだの土地にすでにあった壁が利用されてゲットーの南の境界の一部となった。一九四一年一〇月五日、シェンナ通りの奇数番号側はゲットーから除外され、通りの真ん中に鉄条網のボーダーラインがつくられた」

二枚の写真があって、その一枚はおそらく正装にコートを着た男女の集合写真である。『記憶するワルシャワ』にゲットーの壁の残存を三箇所紹介したが（一〇八～一一一ページ）、前記説明文のある壁はそのうちの二つ目にあたる。

図3―38

図3―39

本章の最初に記したように、ワルシャワ・ゲットーは一九四〇年一一月一五日の封鎖時に最大版図を画したが、直後にユダヤ人墓地が除外され、部分的な境界変更があちこちであり、一九四一年末には大ゲットーと小ゲットーになった。一九四二年七月から九月にかけてのトレブリンカへの「大移送」のあと、旧小ゲットー地域の大部分は「アーリア地区」にくみこまれ、旧大ゲットー地域にはいわゆる「中央ゲットー」区域、ドイツ人工場区域と荒廃区域が残る。さらにその後、一九四三年一月に第二次移送に対するユダヤ系住民の抵抗があり、ついで四月に最後の大規模蜂起が勃発する。その間のゲットー地域の変動と抵抗・蜂起については『記憶するワルシャワ』も参照していただきたい。

ゲットー蜂起戦士の地下水道脱出の新しい記念碑

一九四三年五月、モルデハイ・アニェレヴィチ（一九一九～一九四三）を最高指揮官とするゲットー蜂起戦士らはミワ通り一八番の最後の司令部に追いつめられ、その多くが降伏するよりも自らの手により死を選んだ。その際にかろうじて生き残った者たちは、直前に「アーリア地区」に出て脱出ルートを探ってもどってきたスィムハ・ロテム（カジク）（カジク・ラタイゼル）（一九二四年生まれ）の案内で下水道をつたわり、現在のプロスタ通り五一番あたりのマンホールから脱出してワルシャワ中心部から北西方向のウォミャンキの村に逃れた。しかし、脱出した戦闘員らを輸送するトラックの到着が遅れたため、一部の者たちが下水道内に置き去りに

図3―40

なり、ナチス占領者に殺害されるという悲劇もおきた。（戦後の証言者らにもとづく事件の詳細は『記憶するワルシャワ』第四章「地下水道脱出」参照）

二〇一三年、ワルシャワ・ゲットー蜂起七〇周年を記念して、プロスタ通り五一番の近くで事件を記念するモニュメントが除幕された。直径が通常のマンホールの蓋くらいの下水道を形象化したものであろう、斜めに竹を切ったようなその中をのぞいて見えるのは、鉄の梯子とそれを握りしめている手首である。さらにその下にはダヴィデの星が見える（口絵・図V、図3—41）。

下水道管の周囲には大きな記念板がある（図3—42）。

「一九四三年五月一〇日、ゲットー蜂起の戦士、スィムハ・ロテム＝ラタイゼル（コード名・カジク）はここで、ユダヤ戦闘組織のメンバー約四〇人の最後のグループを、下水道を通って焼けおちるゲットーから導き出した。脱出した人々はその後、パルチザン部隊に入って武装闘争を続け、ワルシャワ蜂起でも戦った。そのなかには、戦争を生き延びてワルシャワ・ゲットーの英雄的行動の証言者となったものもいた。」

下水道管のモニュメントの両側の記念碑には、「下水道から脱出して戦争を生き延びた人々」と「下水道から脱出しながら、その後の戦闘で死亡した人々」の名前が刻まれている。

前者にあるのは以下の人々である。

ロマン・ボルンスタイン、トゥヴィヤ・ボジコフスキ（タデク）、マレク・エデルマン、

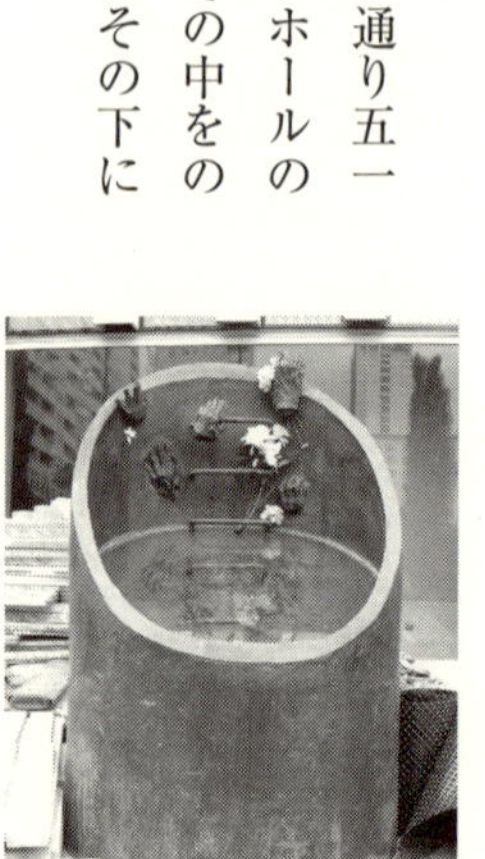

図3—41

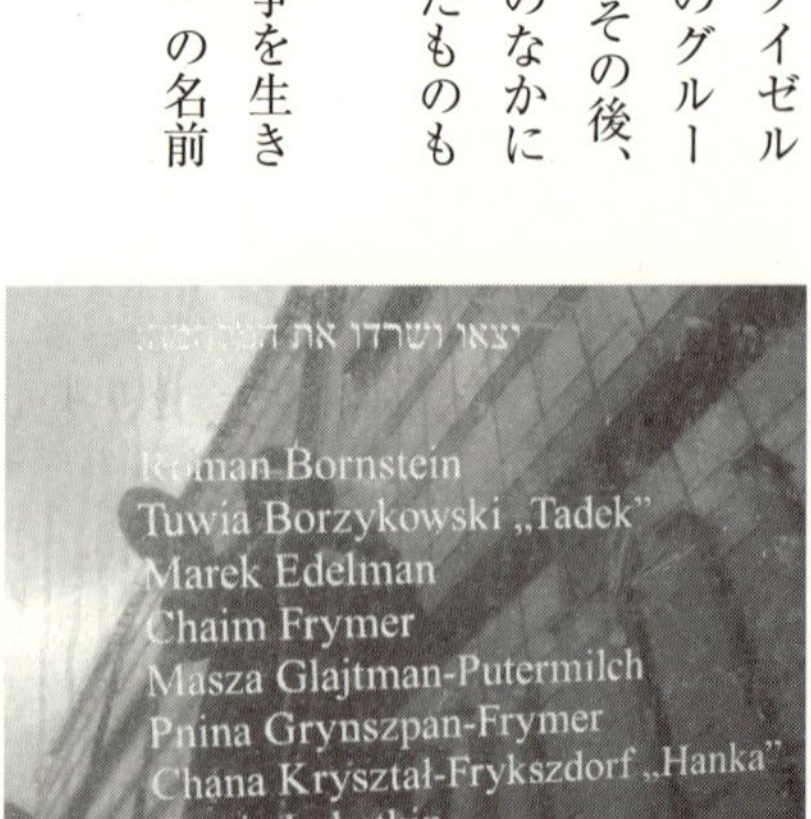

図3—42

ハイム・フルィメル、マシャ・グライトマン＝プテルミルフ、プニナ・グルィンシュパン＝フルィメル、ハナ・クルィシュタウ＝フルィクシュドルフ（ハンカ）、ツィヴィヤ・ルベトキン。

後者にあるのは以下の人々である。

トシャ・アルトマン、シュロモ・アルテルマン、ヒルシュ・ベルリインスキ、ビラク（ビェラク）、アブラシャ・ブルム、グタ・ブウォネス、エリゼル・ブウォネス（ルシェク）、ユレク・ブウォネス、ファイガ・ゴルトステイン、メルデク・グロファス、ツィポラ・グトシュタト、アデク・ヤンキェレヴィチ、ユレク・ユングハイゼル（ジョエル）、イズラエル・カナウ（ミェテク）、ヨセフ・リマン、ミハウ・ロゼンフェルト（ミハウ・ビャウィ）、アブラム・ストラク、ドフ・シュニペル、ヤネク・シュファルツフス（ヤネク・ビャウィ）、ユダ・ヴェングロヴェル（ヴェングロヴェル）。

さらには、脱出作戦の際に救出トラックに乗り込むことができずに、中にとり残された人々。

メナヘム・ビギェルマン（ベイゲルマン）、セヴェク・ドゥインスキ、イェヒエル・グルヌィ（ユル）、アドルフ・ホフベルク、レイプ・ヤシィンスキ（ヤシィンスキ）、ブロンカ・マヌラク／マネラク／マナレク、レイプル・ロストフスキ、シュラメク・シュステル、プニナ・ザンドマン。

そして、この下水道脱出作戦を組織した人々。

スィムハ・ロテム（カジク）、タデク・シェイングト、ヴワディスワフ・ガイク（クジャチェク）、ルィシェク・モセルマン、ユレク・ゾウォトフ、ヴァツェク。

スィムハ・ロテムは戦後イスラエルに移住したが、この下水道脱出記念碑が除幕されたとき、ワルシャワのこの場所を訪れたと聞く。ちょうど九〇歳だった。おそらく、ワルシャワ・ゲットー蜂起戦闘員の最後の生き残りだったろう。

このモニュメント、記念碑はゲットー蜂起七〇周年の二〇一三年四月一八日にワルシャワ市の下水事業所によりつくられたとされ、「ユダヤ人戦闘員のゲットー脱出はワルシャワの下水道労働者の援助により可能となった」として、ヴァツワフ・シレヂェフスキとチェスワフ・ヴォイチェホフスキの名も刻んでいる。事件にかかわったどのひとりをも忘れまいとする記念碑である。

第四章

トレブリンカⅡ（絶滅収容所）

トレブリンカとその周辺

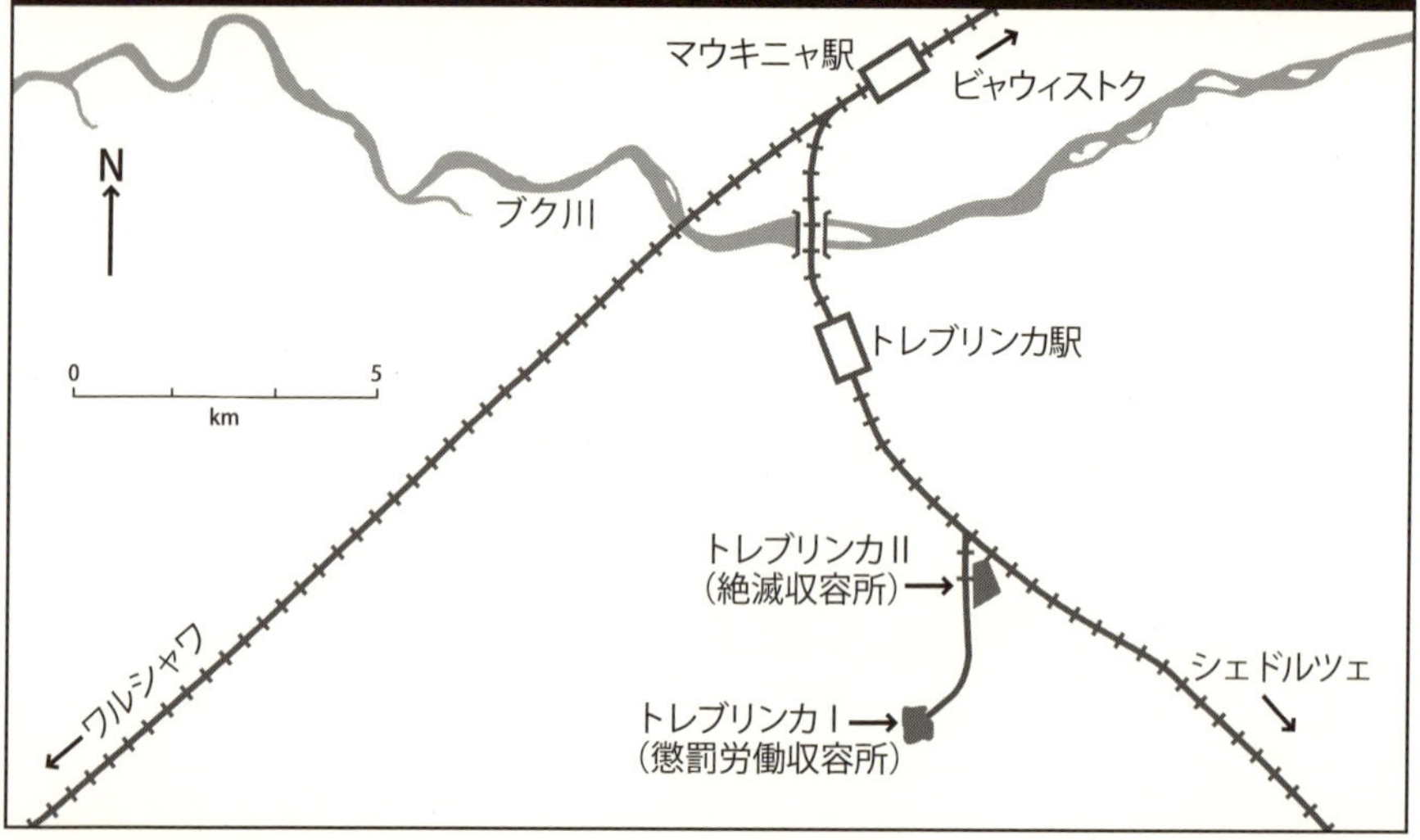

トレブリンカ　絶滅収容所と懲罰労働収容所

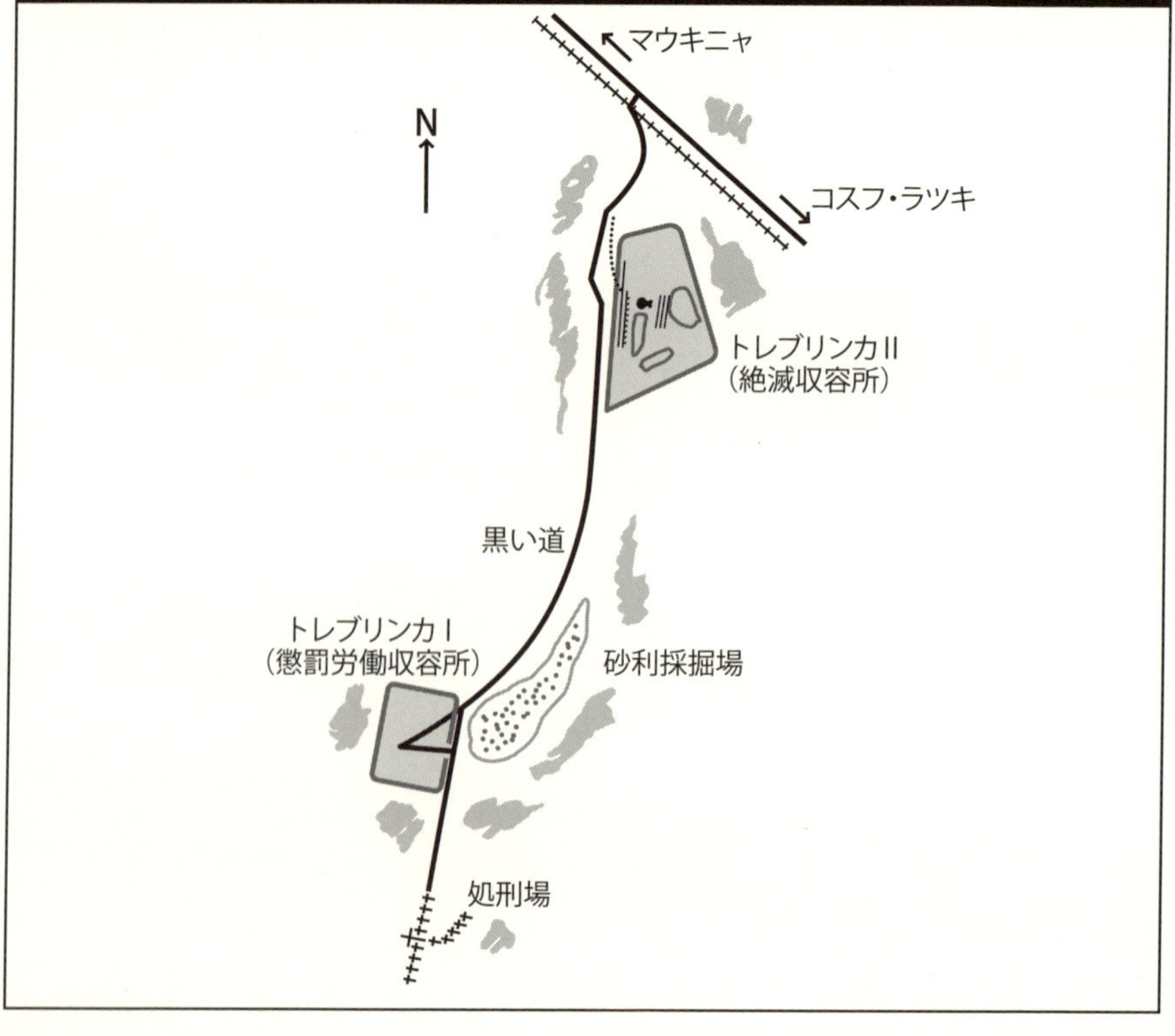

絶滅収容所（トレブリンカII）

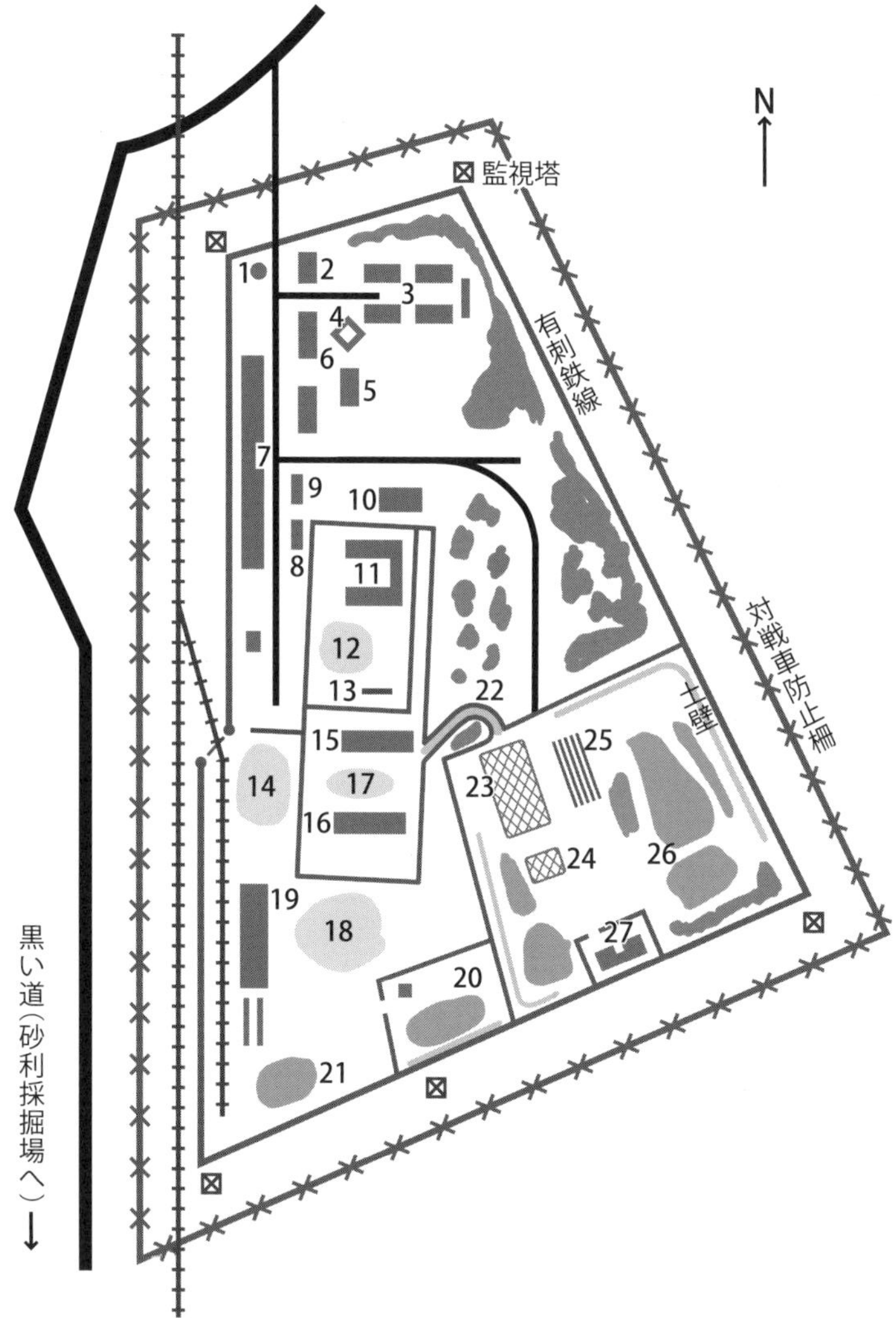

1 衛兵詰所　2 収容所本部・司令官居住所　3 ウクライナ人居住棟　4「動物園」　5 金・貴金属種分け場
6 ＳＳ用診療所・歯医者・理髪所　7 ＳＳ居住棟　8 パン工房　9 倉庫　10 厩舎・家畜小屋
11 カポ、ユダヤ人男性囚人棟　12 囚人の点呼広場　13 共同便所　14 ランパと「駅」前広場
15 女性脱衣棟　16 男性脱衣棟　17 移送広場　18 移送者所持品の仕分け広場　19 移送者所持品収納倉庫
20 ラツァレット（「野戦病院」と称する処刑場）　21 移送中死亡者の遺体投棄壕　22 チューブ（「天国への道」）
23 ガス室（新）　24 ガス室（旧）　25 遺体焼却施設　26 遺体投棄壕　27 絶滅収容所のユダヤ人囚人棟

絶滅収容所跡へ

突き上げるように高い青空の下、樹林でぐるりと囲まれた広大な空間に立つと、そこでひき起こされた出来事をいささかでも想像することさえ拒否する感性の痺れにおそわれる。その場所での出来事はたしかに人間の仕業であったにもかかわらず、ひとの想像力など微塵も相手にしてくれないのだ、とまた思う。二〇〇七年に上梓した『記憶するワルシャワ』の「まえがき」に記したように、「そこは一九四二年七月から九月にかけてワルシャワ・ゲットーのユダヤ系住民約三〇万人が『大移送作戦』のもとに貨車で移送されて間断なくガス殺された場所でありながら、当時の残存物の一切が犯罪者自身の手によって破壊されて証拠の湮滅がはかられた。いまその空間を支配しているのは、『絶滅』の計り知れない規模の大きさを知らしめているような『圧倒的な無』である」。その場所で見るのは、アウシュヴィッツ・ビルケナウ（オシフィェンチム・ブジェジンカ）絶滅強制収容所で目にするのとまったく違った光景である。アウシュヴィッツ・ビルケナウ絶滅強制収容所跡にはガス室の残骸、囚人バラックや引き込み線などがわずかながらいまも残るが、トレブリンカには中央部の重苦しいメイン・モニュメントと一万七〇〇〇個もあるというさまざまな形状の花崗岩によるシンボリックな墓碑（そのうちの二百個余りには、トレブリンカへのユダヤ人移送があった地名が刻まれている）、遺体焼却を象徴するモニュメント、コンクリートによる枕木とランパ（移送者が貨車から降り立った場所）のモニュメントがあるだけで、おぞましい過去の残存物はなにもない（口絵・図Ⅵ、Ⅶ）。しかし、第二次大戦終結直後、収容所跡地のある区域では砂地のなかに大量の灰が確認され、そのなかには人骨が混じっていたという。また別の区域からはアルミニウム、エナメル、ガラス、陶器などの台所用品、トランク、リュックサック、衣類の切れ端などが発見された。（Central Commission for Investigation of German Crimes in Poland, *German Crimes in Poland*, vol.1, p.97）

ワルシャワから、戦後の国境変動によりベラルーシにも近くなった北東の中心都市・ビャウィストクを結ぶ鉄道幹線がまっすぐにのびている。トレブリンカは、その鉄道幹線のほぼ真ん中、ワルシャワ中心部から約八〇キロにあるマウキニャからシェドルツェへ向けて四キロほど南下したあたりにある集落である。もちろんこの鉄道を利用して行くことはできるが、マウキニャからの車の便が調達しにくいため、ワルシャワから二時間近くかけて車で行くのがよい。十数年前に比べてビャウィストクへ向かう自動車道路は見違えるほどに整備されて、窓外に見る景色も変わった。かつても道路は広かったが、その道路端のところどころで近隣農民が野菜やキノコを拡げているのを見た。だが、いまはもうそうした光景はない。トレブリンカ絶滅収容所跡へ入るにはブク川を越す。十数年前はまだ戦中の名残りある木製の狭い橋梁を車で小刻みに揺すぶられながらおそるおそるゆっくりと渡ったものだが、いまは立派に整備された二車線の橋を渡る。

シェドルツェへ向かう鉄道線に沿ってさらに四キロちかく南東に下ってトレブリンカ絶滅収容所跡に着く。より正確に言うと、そこはソコウゥフ・ポドラスキ地方のコスフ・ラツキ行政区に属するヴルカ・オクロングリク村のちかくである。砂地に密生するヒースと松林がまばらな人家を遠ざけた。当時、最寄りの鉄道駅がトレブリンカだった。一九四七年七月、ポーランド議会はトレブリンカ絶滅収容所跡を恒久的に記念する法律を制定した。一九五九年から一九六三年にかけて、アダム・ハウプト、フランチシェク・ドゥシェィンコ、フランチシェク・スタルィンキェヴィチの三人が記念碑の基本デザインを完成させ、一九六四年五月一〇日にモニュメントが除幕された。

一九八三年、絶滅収容所跡、砂利採掘場、いわゆる「黒い道」（チャルナ・ドロガ）とその周辺はシェドルツェ地域博物館の分館として「トレブリンカ戦闘と受難の博物館」Muzeum Walki i Męczeństwa w Treblince（Oddział Muzeum Regionalnego w Siedlcach）となった。しかし、十数年前の二〇〇〇年当時、そこにはほんの小さな受付のボックスとささやかな写真展示があるだけだった。ひっそり静まり返った森のなかの駐車場にイスラエルからの生徒集団を乗せてきた大型バスが一、二台待機していたことが鮮明な記憶としてまだある。いまはその駐車場近くに大きくはないが、貴重な写真や展示物を見る同名のミュージアムが新設されている。最初に見るのは絶滅収容所（トレブリンカⅡ）に先立ってつくられた懲罰労働収容所（トレブリンカⅠ）設立の告示とそこで労働させられた人たちの写真である。ガラスケースには、労働収容所跡地から発掘されたスプーン、フォーク、壊れた食器、鍵、金具、有刺鉄線の一部などがある。続いて、トレブリンカのやや南東にあるコスフ・

ラツキのユダヤ人墓地から運び出されたという墓石の残骸がいくつも壁面に取り付けられている。墓石の断片は絶滅収容所と懲罰労働キャンプ（トレブリンカⅠ）をつなぐ「黒い道」で発見されたものという。ナチス占領者がユダヤ人墓地の墓石まで建設資材に利用したことは、歴史家のエマヌエル・リンゲルブルム（一九〇〇～一九四四）らも指摘しているところだ。みな墓石の断片だが、ヘブライ語による碑文の一部やユダヤ人墓石に特有の生き物のレリーフを見て取れる（図4―1）。

絶滅収容所（トレブリンカⅡ）関係の写真や遺物も少ないが、ミュージアム内の大きな透明ケースにある絶滅収容所（トレブリンカⅡ）のディオラマはその全体を俯瞰するのに役立つ。縮尺一二〇分の一で、約三・三×二・六メートルである。トレブリンカから引きこまれた鉄道線、親衛隊のバラック、ユダヤ人のゾンダーコマンド（特別労務班）のバラック、偽装した鉄道駅舎、選別の広場、移送者の荷物・衣類などの集積、「ラツァレット」（野戦病院）とよばれた処刑場、無数の遺体を投げ捨てた大きなピット、そして「天国への道」HIMMELSTRASSEと入口に書かれた「チューブ」――などが精巧につくられている。展示室に、トレブリンカ絶滅収容所の囚人で反乱にも参加して生き延びたサムエル・ヴィレンベルク（一九二三年、チェンストホヴァ生まれ）の写真があり、ビデオのモニターで彼の証言を聞くことができる。

ミュージアムを出て森の中へとすすむ。まずは、トレブリンカⅡ（絶滅収容所）（Obóz zagłady ＝ Extermination Camp）と、トレブリンカⅠ（懲罰労働収容所）（Karny

図4―1

obóz pracy = Penal Labor Camp）の分岐を示す矢印のコンクリート案内板を見る。続いて、「黒い道」からトレブリンカⅠへ続く道との分岐点にトレブリンカⅡへの案内板がある（図4―2）。絶滅収容所への道を行くとすぐに、収容所を浮き彫りにした横長のコンクリート記念碑と、その横にはポーランド語、英語、ヘブライ語などによる碑文のある四角い記念碑が六個ならぶ。

「一九四二年七月から一九四三年八月の間、この場所にナチスの絶滅収容所が在った。ポーランド、ソ連、ユーゴスラヴィア、チェコスロヴァキア、ブルガリア、オーストリア、フランス、ベルギー、ドイツ、ギリシャから連行された八〇万人以上のユダヤ人が殺害された。一九四三年八月二日、囚人たちは武装反乱を組織し、ナチスの処刑執行人たちによって残忍に鎮圧された。ここから二キロの懲罰労働キャンプでは、ナチスが一九四一年から一九四四年の間に推計一万人のポーランド人を殺害した。」

ポーランド語で「絶滅収容所」を意味する「オブス・ザグワディ」Obóz zagłady と太い浮き出し文字のある重々しいコンクリート塊の脇を通って絶滅収容所跡へ入る。すぐ目に入るのは、枕木を想起させるコンクリート・ブロックによる「ランパ」（移送者が貨車から降り立った場所）のモニュメントで、森の奥へと続いている（図4―3）。その右手には、やや縦長の石のモニュメントがいくつもまっすぐに立ち並んでいる。そこに刻まれているのはさきの入口のモニュメントにあった、ユダヤ人犠牲者を出した国々の名前である。手前から、ベルギー、ソ連、ユーゴスラヴィア、フランス、

図4―2

図4―3

チェコスロヴァキア、ポーランド、ブルガリア、ドイツ、オーストリア、ギリシャ（図４―４）。

まもなく視界が突然大きく開ける。前方正面に中央部の重苦しいメイン・モニュメントがすがたをあらわし、その周辺と右側にはおびただしい数の、形もさまざまな花崗岩の記念碑、あるいは墓標が見える（図４―５、口絵・図Ⅵ）。トレブリンカで殺された人々の多数はワルシャワ、ラドム、チェンストホヴァ、キェルツェ、シェドルツェなど旧ポーランド中央部とビャウィストク、グロドノ（現在はベラルーシ）、などの住民だったが、そのほかにドイツ、オーストリア、チェコ、ベルギーなど前記の国々のユダヤ系住民も犠牲となった（*Ibid.,* p.104）。

「ガス殺」現場とされるあたりにある中央のメイン・モニュメントの正面は数えてみると二一個の大きな四角い花崗岩を積み重ねた上にやや丸みある花崗岩を十個ほどさらに積み上げたもので、正面（西側）は遠くから見ると帽子をかぶったような形をしている。イェルサレムの嘆きの壁を想起させるものでもあるが、その上方部分には人間の顔がすべて下向きに、両の掌は天にかざすように、全体が息詰まりひしめき合うように、しかし引き裂かれたかのように彫りあげられている（図４―６）。明らかに地獄の劫火に苛まれる人々の苦し

図４―４

図４―５

図４―６

みであろうが、実際は間断のない「ガス殺」だった。モニュメントの裏側（東側）にはユダヤ教のシンボルであるメノラー（燭台）が彫られている（図4―7）。メイン・モニュメントはフランチシェク・ドゥシェインコのデザインによる。

メイン・モニュメントのすぐ左手わきには "Never Again" を英語とともに、ポーランド語、ヘブライ語、ロシア語、フランス語、ドイツ語の六ヵ国語で刻みこんだ横長のモニュメントがある（図4―8）。すぐそばには、その絶滅収容所跡で個人名が刻まれた唯一の記念碑「ヤヌシュ・コルチャクと子どもたち」がある（図4―9）。その上にはいくつもの小石が重ねおかれている。メイン・モニュメントの背後奥にあるのは遺体焼却場を想起させるシンボリックなモニュメントである。そこは矩形の窪地で、黒い玄武岩を溶かして凝固させたものでぎっしりと埋め尽くされていて、無数の遺体焼却を象徴的に表現している（口絵・図Ⅶ）。その矩形の窪地の周囲には石油ランプが十数個あり、点灯するとその場所で遺体集積のイメージが浮かび上がるようになっている。アダム・ハウプトのデザインによる。

収容所跡の面積は約二万二〇〇〇平方メートル。そこに、二つとして同じものはないと思われるほどに様々なかたち、大きさの一万七〇〇〇個もの記念墓石群

図4―7

図4―8

図4―9

が三つの区域に集められている（図4―10、図4―11）。メイン・モニュメントの周囲一帯（仮に第一区域とする）、その東に広がる一帯（第二区域）、さらにもうひとつ、南側に細長く広がる一帯（第三区域）である。そのなかの二一六個には、ユダヤ人が移送されてきたポーランドの町や村の名前が刻まれている。最初その数は一三〇個だったそうだが、一九九八年に「戦闘と受難の記憶保護ワルシャワ評議会」（ROPWiM）の財政援助を得て、現在の数になった。前述のとおり、個人名が刻まれているのは「ヤヌシュ・コルチャクと子どもたち」の記念碑だけである。その三つの区域にある墓石群で地名が刻まれているものをそれぞれいくつかあげ、イツハク・アラドの著書の巻末表に記された移送年月と移送者数をあてはめてみる。

第一区域

ビャウィストク（図4―12）、ファレニツァ、キェルツェ（図4―13）、ミェンヂジェツ・ポドラスキ、オトフォツク（図4―14）、ピョトルクフ、ラドム、ラヂミン、レンベルトゥフ（図4―15）、ヴァルシャヴァ（ワルシャワ）（図4―16）など約一二〇個。この区域のなかでひとつ特殊なものとして「ワルシャワ・ゲットーの受難者にささげる」（図4―17）としたものがある。

第二区域

チェンストホヴァ（図4―18）、グロドノ（図4―19）、ミンスク・マゾヴィェツキ、オストロヴィェツ、サンドミェシュ、シェドルツェ、トマシュフ・マゾヴィェツキ

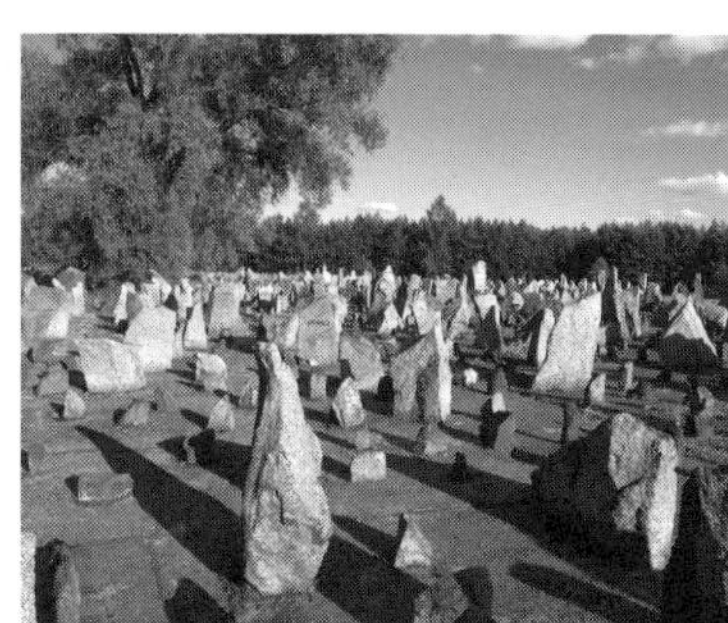
図4―10

図4―11

各地のユダヤ人移送者数

第一区域

ビャウィストク	10,000	（1943 年 2 月 9-13 日）
	7,600	（1943 年 8 月 18-19 日）
ファレニツァ	6,500	（1942 年 8 月 19-20 日）
キェルツェ	21,000	（1942 年 8 月 20-24 日）
ミェンヂジェツ・ポドラスキ	11,000	（1942 年 8 月 25-26 日）
オトフォツク	7,000	（1942 年 8 月 19-20 日）
ピョトルクフ	22,000	（1942 年 10 月 15-25 日）
ラドム	31,500	（1942 年 8 月 5-17 日、1943 年 1 月 13 日）
ラヂミン	3,000	（1942 年 8 月 19-20 日）
レンベルトゥフ	1,800	（1942 年 8 月 19-20 日）
ヴァルシャヴァ	199,500	（1942 年 7 月 22 日～ 8 月 28 日）
（著者注：ワルシャワ）	52,000	（1942 年 9 月 3-12 日）
	2,200	（1942 年 9 月 21 日）
	6,000	（1943 年 1 月 18-22 日）
	7,000	（1943 年 4 月 19 日～ 5 月 15 日）

第二区域

チェンストホヴァ	40,000	（1942 年 9 月 21 日～ 10 月 5 日）
グロドノ	1,600	（1943 年 1 月 18-22 日）
	4,400	（1943 年 2 月 14-19 日）
ミンスク・マゾヴィェツキ	6,120	（1942 年 8 月 21-22 日）
オストロヴィェツ	11,000	（1942 年 10 月 11-12 日）
サンドミェシュ	6,000	（1943 年 1 月 10 日）
シェドルツェ	11,700	（1942 年 8 月 22-24 日、9 月 26 日、11 月 30 日）
トマシュフ・マゾヴィェツキ	15,000	（1942 年 10 月 22 日～ 11 月 2 日）

第三区域

オパトゥフ	6,500	（1942 年 10 月 20 日）

（Yitzhak Arad, Table 3: Deportations to Treblinka, Table 4: Deportation of the Jews from Bialystok General District to Treblinka, *Belzec, Sobibor, Treblinka : The Operation Reinhard Death Camps*, pp.392-398 から）

図4―13

図4―12

図4―15

図4―14

図4―17

図4―16

図4―19

図4―18

など約九〇個。
第三区域（町の名が刻まれたものは少ない）
オパトゥフなど十数個。
第一区域と第三区域のあいだあたりに当時の写真が掲げられている。そのひとつは、「動物園＝ウクライナ人看守のバラック後ろにあったナチス親衛隊員用の休息場」というものである。

ラインハルト作戦（Aktion Reinhard = Operation Reinhard）

一九四二年五月、ナチス・ドイツの帝国保安本部（Reichssicherheitshauptamt or RSHA）長官、ラインハルト・ハイドリヒがチェコのレジスタンス活動家によりプラハ近くで襲撃され、六月初めに死亡した。ハイドリヒは同年一月二〇日、ベルリン郊外のヴァンゼー湖畔で「ヨーロッパ・ユダヤ人問題の最終解決」のための会議を主宰した人物である。その名をコード名とした「ラインハルト作戦」は、一九四二年から一九四三年にかけて、ナチス・ドイツ占領下のポーランド総督府領のユダヤ人を絶滅させる計画だった。トレブリンカ絶滅収容所はその計画を完遂するためにつくられた三つの絶滅収容所のうち最後に設置されたもので、ベウジェツ絶滅収容所、ソビブル絶滅収容所が稼働した直後の一九四二年春に建設が始まった。[注1]

絶滅の準備は一九四一年一〇月から一一月にかけてすでに開始されていた。作

注1　ベウジェツ村はルブリンの南東約一二五キロ、絶滅収容所は一九四一年一一月に建設が始まり、一九四二年三月に稼働を開始した。ソビブル村はルブリンの北東、ヴォダヴァの南八キロにあり、絶滅収容所は一九四二年五月に稼働を開始した。「ラインハルト作戦」により、ベウジェツ、ソビブル、トレブリンカの三つの絶滅収容所でおよそ一六〇万人のユダヤ人が殺害されたとされる。（Chris Webb & Michal Chocholatý, *The Treblinka Death Camp: History, Biographies, Remembrance*, p.7）

戦本部はルブリンにおかれ、ハインリヒ・ヒムラーにより親衛隊警察指導者（SS-und Polizeiführer）、オディロ・グロボツニク（一九〇四～一九四五）が責任者に任命された。この作戦にはドイツで安楽死計画にかかわった大勢のドイツ人が参加し、対ソ連戦争で捕虜となったウクライナ人が多数動員された。「ラインハルト作戦」は一九四三年一一月三日から四日にかけてのコード名「収穫祭作戦」（Aktion Erntefest = Operation Harvest Festival）で事実上終結するが、その間に総督府領とビャウィストクで一七〇万人から二〇〇万人のユダヤ人が殺されたといわれる（前述三つの絶滅収容所の犠牲者をふくむ）。「収穫祭作戦」ではトラフニキ収容所で八〇〇〇人から一万人、ポニャトヴァ収容所の一万五〇〇〇人のユダヤ人が射殺されたほか、マイダネクでも一万八〇〇〇人以上が射殺された。

最初の移送列車がトレブリンカに到着したのは一九四二年七月二三日で、同年一二月半ばまでおそらく毎日数千人の移送が行われた。一九四三年が明けると移送は減少した。「ポーランドにおけるドイツの犯罪調査委員会」（Central Commission, *op.cit.*, p.96）によると、同年二月か三月にハインリヒ・ヒムラーがキャンプを視察、その直後から遺体の大量焼却が始まった。八月二日に囚人が蜂起し収容所施設の一部が焼け、一一月に収容所機能は停止する。

絶滅収容所の建設

次章で詳述するが、トレブリンカにはすでに懲罰労働キャンプがあった（トレブリンカⅠ）。一九四二年五月末から六月初め、絶滅収容所（トレブリンカⅡ）の建設が始まり、懲罰労働キャンプのポーランド人、ユダヤ人四人、近隣のユダヤ人たちが収容所建設の労働に動員された。最寄りの鉄道線路からキャンプへ入る引き込み線が敷かれ、主要な施設は七月半ばにほぼ完成した。前述のように絶滅収容所跡にはいまは何も残らない。その様子を知る手がかりは、多くはないがそこを脱走して戦後まで生きのびた人々の証言である。大戦終結直後の一九四六年、「ポーランドにおけるドイツの犯罪調査委員会」は『ポーランドにおけるドイツの犯罪』をまとめたが、トレブリンカ絶滅収容所の状況とそこでの犯罪に関しては、ヤンキェル・ヴィェルニクと以下一二人の証言を立証の根拠とした。

ヘンルィク・ポスヴォルスキ、アベ・コン、アロン・チェホヴィチ、オスカル・ストラフチィンスキ、サムエル・ライズマン、アレクサンデル・クドリク、ヘイノフ・ブレネル、スタニスワフ・コン、エウゲニウシュ・トゥロフスキ、ヘンルィク・レイフマン、シヤ・ヴァルシャフスキ、レオン・フィンケルシテイン（*Ibid.*, p.95）。

このほかに、サムエル・ヴィレンベルクは一九四八年の手記をもとに、一九八六年にイスラエルで『トレブリンカの反乱』（一九八九年英語版表題 *Revolt in Treblinka*）を出版して、絶滅収容所での体験を詳しく記した。同書には収容所のスケッチや見取り図も添えられている。ヤド・ヴァシェムのホロコースト研究家、イツハク・アラドをはじめとする研究者はこうした収容所体験者の証言などをもとに当時の有様を再構成している。証言や研究書を比較すると見取り図にも微妙な違いもあるが、博物館に展示されている図面とディオラマをそれらに重ねて絶滅収容所を概観してみる。

現地ミュージアムの資料によると、収容所の敷地は一七ヘクタール、東西約四〇〇メートル、南北約六〇〇メートルの台形にちかい矩形で、二重の高い有刺鉄線で囲まれ、周囲の目から遮断された。(注2) さらに内側にも松の枝がぎっしりと絡められたフェンスがあった。キャンプの四隅には高さ八メートルほどのサーチライト付き監視塔が立ち、ウクライナ人補助兵が監視にあたった。キャンプは通常二つの区域に分けて説明されることが多いが、イツハク・アラドはより厳密に次の三つの区域に分けている。（Yitzhak Arad, *Belzec, Sobibor, Treblinka:The Operation Reinhard Death Camps*, pp.40-42）

①「居住施設」Wohnlager（ヴォーンラーガー）
②「収容施設」Auffanglager（アオフファングラーガー）
③「絶滅施設」Totenlager（トーテンラーガー）

「二つの区域」で説明する場合、「居住施設」と「収容施設」の両区域を「第一キャンプ」Camp I あるいは「下キャンプ」Lower Camp、「絶滅施設」区域を「第二キャンプ」Camp II あるいは「上キャンプ」Upper Camp ともよぶ。それぞれの区域は有刺鉄線と樹枝であつくカモフラージュした柵で隔離されていた。

「居住施設」区域はキャンプ北西部で、ナチス親衛隊とウクライナ人の居住区とされ、管理事務所、診療所、厨房、パン焼き場、店舗などのほか、武器庫・倉庫、

注2　マルセル・リュビーは「一三・五ヘクタールの歪んだ長方形」と書いている。菅野賢治訳『ナチ強制・絶滅収容所』、p.376、戦争終結直後の「ポーランドにおけるドイツの犯罪調査委員会」は「一三・四五ヘクタール」とする。*German Crimes in Poland*, p.96

厩舎、鶏・家畜小屋、「動物園」、ゴルトユーデン、[注3]ホーフユーデン[注4]など「エリート」囚人のバラックもあった。ユダヤ人囚人頭（カポ）、女性囚人のバラックは同区域内のやや南に横長の建物があり、さらに南に一般男性囚人のバラックがあった。その南側が点呼広場だった。

「収容施設」区域はキャンプ南西部で、すぐ西側に列車のプラットフォーム、三〇〇メートルほどの引き込み線があった（図4―20）。ドイツ語で「ランペ」（ポーランド語で「ランパ」）とよばれたプラットフォームは二〇〇メートルもあった。「ビャウィストク」と「ヴォウコヴィク」の間の途中駅「オーバーマイダン」を偽装した木製表示が「駅舎」にあった（図4―21）。移送されてきた人々は貨車から乱暴に引き出され、「移送広場」Transportplatz（トランスポルトプラッツ）あるいは「脱衣広場」とよばれた広場に追いたてられる。左手のバラックは女性・子どもが服を脱いで金品を「預ける」場所、右手は同じ目的の男性用バラックだった。さらに「移送広場」の南側には「仕分け広場」Sortierplatz（ゾルティーアプラッツ）があって、移送者の衣服や所持品が積み上げられて分類された。広場の西側、「ランペ」のそばの縦長のバラックは分類された所持品を収納するための倉庫だった（図4―22）。「仕分け広場」の南端にフェンスで囲まれた処

図4―20

図4―21

注3　「ゴールド・ユダヤ人」、遺体から金歯、指輪など貴重品を取り出す役割のユダヤ人。

注4　「宮廷ユダヤ人」、靴・縫製・金属職人などのユダヤ人。

刑場があり、移送されてきた人々のなかでガス室までたどり着けないと思われた高齢者や病弱者、幼児などが連行されて即銃殺された。「ラツァレット」とよばれたが、その本来の意味は「野戦病院」で、偽装された建物があって赤十字の旗が掲げられていた（図4—23）。「移送広場」では、五〇〇人～六〇〇人のユダヤ人囚人が働かされていたが、毎日一部は殺されて、労働により適した人々に替えられていた。

「絶滅施設」区域はキャンプの南東部にあたり、「広さはおよそ二〇〇メートル×二五〇メートルほどだった」（Arad, *op.cit.*, p.41）。たくさんの木の枝でカモフラージュされたフェンスで外からは完全に遮断された大量虐殺の場所で、煉瓦構造の建物のなかにガス室があった。ガス室南側には「絶滅施設」区域で働く囚人用のバラック、厨房、トイレなどがあった。キャンプが稼働した当初、ガス室は煉瓦造りの建物のなかに三機あり、後にすぐ北側の新たな建物に一〇機が増設された。それぞれ四メートル四方、高さ二・六メートルほどで、ソビブルで最初につくられたのと同型だった。建物に連結された部屋には一酸化炭素をパイプでガス室に送るディーゼル・エンジンと、キャンプ全体に電気を供給する発電機があった。ガス室の入口は高さ一・八メートル、幅九〇センチほど。広さはおよそ一六メートル四方で、一度に二〇〇～二五〇人が押し込められた。ドアは外から密閉される。内部の壁は床の半分くらいの高さまで白いタイルが張られ、天井にはシャワーヘッドとパイプが十文字に這っている。すべてシャワールームを偽装するためである。パイプは毒ガスを送るためであり、ドアが閉められると部屋は真っ暗になる。エンジンが始動して二〇～二五

図4—22

図4—23

分後、SSかウクライナ人がドアの小窓から中をのぞき、全員が窒息しているとみると、ユダヤ人四人が後方のドアから遺体を撤去する。「遺体は立っていて、ひとつの大きな肉の塊のよう」（*Ibid.*, p.86）だった。ときに、ガス室を開けるのが早すぎて生存者がおり、再度閉めることもあったという。

「絶滅施設」で収容所稼動期間を通じ大工として働き、蜂起で脱出して生き延びたヤンキェル・ヴィェルニクはガス室の大きさについて、小さいものは五メートル四方、大きいもので七メートル四方と証言した（Central Commission, *op.cit.*, p.98）。

ガス室の東側には遺体を埋める巨大な壕が三つあった（図4―24、図4―25）。大きさは五〇メートル×二五メートル、深さ一〇メートルという説がある（マルセル・リュビー著、菅野賢治訳『ナチ強制・絶滅収容所』、p.381）。当初、狭軌レールがつくられ、四人がカートを押してガス室から遺体を壕に運搬していた。しかし、一九四三年初めからガス室の東側に遺体焼却施設をつくり、幾層にも重なる遺体を強力な掘削機を使って掘り出して焼却する作戦が開始された。遺体焼却施設はコンクリート・ブロックを基盤にし、その上にレールを焼網状に組んだもので、そこで数十万の遺体が焼却処分された。その後の犯罪証拠湮滅の作業について、マルセル・リュビーはこう書く。

「こうした焼却場の正確な数は不明であるが、それが昼夜を通して燃え続けていたことは確かだ。焼却された数十万体は、数立方メートルの灰と化す。燃え残った骨は細かく砕く。最終的にこの灰は、空にしたばかりの壕のなかで砂の層と交互に

図4―24

図4―25

なるようにして埋められる。壕には、厚さ二メートルの土がかぶせられる。」（リュビー、前掲書、p.382）

ドイツ人が「天国への道」Himmelstrasse（ヒンメルシュトラーセ）とよんだ「チューブ」は「移送広場」から「絶滅施設」区域につながっていた（図4―26）。幅四・五～五メートル、長さは最初三五〇メートルあったという説もあるが、一〇〇メートルから一二五メートルに短縮されたという（Chris Webb & Michal Chocholatý, *The Treblinka Death Camp: History, Biographies, Remembrance*, p.25）。女性が脱衣して断髪されるバラックのそばからいったん東へ曲がり、つぎに南下して「絶滅施設」区域に入る。両側は高さ二メートルの木の枝がからむ有刺鉄線のフェンスがあって外部は見えない。女性の脱衣バラックの「チューブ」入口には「シャワー室へ」"Zur Badeanstalt"（ツア・バーデアンシュタルト）との表示があった（Arad, *op.cit.*, pp.42-43）。

特別労務班員だったサムエル・ヴィレンベルクは自分の目の前でガス室へ送られていった数百人の女性の髪を刈ったことがあり、ほんの短い接触だったがとくに忘れることのできない人として「二十歳くらいの」ルート・ドルフマンについて書いている。二〇一五年に出版された日本語訳を引用する。

「彼女の美しい目は、恐怖も、苦悩も一切、示していない。ただ悲嘆、無限の悲哀を表わしていた。どのくらい苦しまなければならないの？　と聞かれ、『ほんのちょっと、一瞬だよ』と答えた。重い石が彼女の心からころがり落ちたようだ。われわれ二人の目から涙が溢れた。ズーホメルが脇を通り過ぎる（ＳＳ隊員のフランツ・

図4―26

ズーホメル、金《きん》の選別、移送者をガス室へ送り込む任務を担当。一九六五年、禁固六年宣告)。彼が行ってしまうまで、二人は黙り込んだ。彼女の長い絹のような髪を切り続ける。切り終わると、ルートは腰掛けから立ち上がり、最後に長く私をみつめた。それは私および残酷で無慈悲な世界に『さようなら』と言っているようだった。ゆっくりと彼女は最期の歩みを始めた。しばらくして、ガスを出すモーターの騒音が聞こえた。裸の人々の群の中のルート、彼女の霊魂がこの世を去っていくと思った。」(近藤康子訳『トレブリンカ叛乱』pp.75-76, Samuel Willenberg, *Revolt in Treblinka*, p.65)

移送列車の到着

移送列車の編成は通常五〇～六〇両もあったとされる。キャンプから約四キロのトレブリンカ駅に到着するが、引き込み線は全車両が着けるだけの長さはなく、二〇両ずつ順次キャンプに入ってくる。機関車が貨車を押しながら汽笛を長く鳴らして、ウクライナ人看守に到着を知らせる。武器をもった親衛隊とウクライナ人がプラットフォームに出て待ち構える。貨車から移送者が引き出され、男性は右、女性と子どもは左へと分けられる。プラットフォームには大きな看板があり、ポーランド語とドイツ語でこう書かれていた。

「ワルシャワのユダヤ人諸君、注目せよ! きみたちは中継キャンプに来た。これから労働キャンプに送られる。伝染病を防ぐため、すぐに衣服と所持品を消毒せねばならない。貴金属、金、外貨は預り証と引き換えに係りに預けよ。あとで預り証と引き換えに返却される。これからの移動を続ける前に全員が身体を洗うことが求められる。」（Arad, *op.cit.*, p.83）

親衛隊員とウクライナ人補助兵は「速く」「速く」と叫び、怒号と暴力で移送者を激しく急きたてる。ユダヤ人ゾンダーコマンド（特別労務班）が移送途中で死亡した人々の遺体や汚物を貨車から取り除く。男性は女性と子どもたちから引き離される。高齢者、病弱者、幼児は「野戦病院」（ラツァレット）と称する処刑場に連行されて射殺される。男性は広場で脱衣を命じられ、女性と子どもは左側の脱衣所で脱衣させられる。同所には女性の髪を刈るユダヤ人労務者が数十人待機していて機械的に作業する。こうして男女ともに「天国への道」に誘導される。移送者のなかのごく少数がゾンダーコマンドの交代要員として選別される。

親衛隊、ウクライナ人補助兵、ユダヤ人ゾンダーコマンド（特別労務班）

収容所の管理にあたったのは三〇人ほどのドイツ人親衛隊と、その下で働く「黒の連中」ともよばれたウクライナ人が約一〇〇人（マルセル・リュビーは「一〇〇人～一四〇人」とする）だった。トレブリンカの建設責任者で事実上最初の収容所長となったのは医師でドイツでの安楽死計画「T４作戦」にもかかわったイルムフリード・エーベルル（一九一〇～一九四八）だった。一九四二年八月末、フランツ・シュタングル（一九〇八～一九七一）が間もなくこれに代わった。さらにその後を継いだのが「ラルカ」（人形）の異名をもつ残忍なクルト・フランツ（一九一四～一九九八）

である。猛犬バリーを連れてキャンプ内を歩き回り、幼児を壁に叩きつけ、囚人たちをボクシングのサンドバッグ代わりにするなど残虐行為で知られた。

一方、ユダヤ人ゾンダーコマンド（特別労務班）は数百人から一〇〇〇人までと推定されるが、「ポーランドにおけるドイツの犯罪調査委員会」は「第一キャンプに約一〇〇〇人、第二キャンプに二〇〇人から五〇〇人」（Central Commission, *op.cit.*, p.100）とした。おそらく移送状況によって変動があったのだろう。同調査委員会はさらに詳しく、「長老」Älteste der Juden の腕章をした収容所棟長（カポ）のもとに以下のような集団があったとしている。（*Ibid.*, p.100）

第一キャンプでは――

①移送列車が到着した後、貨車を清掃する集団（青い腕章）

②移送者を脱衣させる集団（赤い腕章）

③遺留品を選りわける最大集団

④移送者の遺留品から貴金属を確保する「ゴルトユーデン」（金属ユダヤ人）

⑤フェンスに木の枝を織り込んで強化する特別集団

⑥靴職人、洋服屋、金属工、肉屋など作業場で働く「ホーフユーデン」（宮廷ユダヤ人）

第二キャンプの囚人はガス室から遺体を運び出し、埋めて焼却する作業をした。

上下関係ではユダヤ人収容棟長がカポで、個々の作業現場では班長がいた。ユダヤ人特別労務班は定期的に処分の対象となり、新たな収容所労働力と入れ替えられた。

ワルシャワからの移送

ワルシャワ・ゲットーからの最初の移送は一九四二年七月二二日のことだった。その後、ナチス占領下のポーランドだけでなく、ドイツ、オーストリア、チェコスロヴァキア、フランス、ギリシャ、ユーゴスラヴィア、ソ連からユダヤ人が移送されてきた。ポーランドやドイツからは「ジプシー」（シンティ・ロマ）も移送されてきた。ほとんどの人々は排気ガスで即刻殺害された。トレブリンカ絶滅収容所の稼働期間は一年半足らずだったが、八〇万人以上がガス殺された。その大部分は総督府領とされた地域のポーランド・ユダヤ人だった。(注5)

ワルシャワ・ゲットーのユダヤ人は、一九四一年三月、ピークの四五万人に達したが（*Barbara Engelking i Jacek Loeciak, Getto warszawskie: Przewodnik po nieistniejącym mieście*, s.66; *The Warsaw Ghetto: A Guide to the Perished City*, p.49）、トレブリンカへの大移送が始まる一九四二年七月までにおよそ一〇万人が飢えや病気で死亡していたという推定もある（Kirshenblatt-Gimblett and Antony Polonsky, *Polin: 1000 Year History of Polish Jews*, p.305）。同年七月二二日午前一〇時、ワルシャワ・ゲットーからの移送担当全権で親衛隊大隊指導者、ヘルマン・ヘーフレ（一九一一～一九六二）がユダヤ評議会（ユーデンラート）事務所にやって来て、アダム・チェルニャクフ議長（一八八〇～一九四二）に対し、ユダヤ人は性別、年齢の如何を問わずすべて東方へ移住させられると通告するとともに、同日以降毎日午後四時までにウムシュラークプラッツに六〇〇〇人を移送要員として差し出すよう命じた。当初移送対象の例外

注5　アウシュヴィッツでは少なくとも二〇万人が殺害されとされるが、その七〇パーセント以上はポーランド以外のヨーロッパ・ユダヤ人であると推定される。ポーランド・ユダヤ人の歴史博物館資料の推定によると、アウシュヴィッツでの犠牲者は「少なくとも二〇万人」で、そのうちユダヤ人が約九六万人、ポーランド人が七万から七万五〇〇〇人、ロマが二万一〇〇〇人、ソ連軍捕虜が一万五〇〇〇人などとなっている。（*Polin: 1000 Year History of Polish Jews*, p.323）

と認められたのはドイツ人工場の労働者で有効な労働許可証をもつ者、ユダヤ人秩序維持奉仕隊（ユダヤ人警察のこと）、病院の患者と職員、その家族らだけだった。ドイツ占領当局は、自発的に移送に応じるものにはパン三キロとマーマレード一キロをあたえるとした。チェルニャクフは翌二三日、「SSは自分自身の手で子どもたちを殺せと要求してきた」という内容のメモを残し、ユーデンラート事務所の執務室で自殺する。

ワルシャワ・ゲットーからの最後の大規模移送は一九四二年九月二一日で、約二二〇〇人だった。そのなかには当初移送対象から除外され、ユダヤ人同胞を自らの手で送りだしたユダヤ人警察とその家族がふくまれていた。

バルバラ・エンゲルキングとヤツェク・レオチャクは大著 *Getto Warszawskie*（*The Warsaw Ghetto*）で、「ドイツ側資料によると、四六日間の大作戦の期間に、二五万三七四二人のユダヤ人が移送された。ユダヤ人側の資料によると、ゲットーの人口は三〇万人以上（そのうちゲットーで死亡したり殺害されたものが一万三〇〇人）減少し、一万一五八〇人が中継収容所に送られ、約八〇〇〇人がアーリア人地区に逃げた」（Engelking i Loeciak, *op.cit.*, s. 689; *op.cit.*, p.730）と書く。イツハク・アラドも一九四二年七月二三日から九月二一日までのあいだにほぼ同数の約二五万四〇〇〇人のユダヤ人がワルシャワ・ゲットーからトレブリンカに移送されて殺されたとする（Arad, *op.cit.*, pp.98-99）。ミコワイ・コペルニク大学（トルン）のヤツェク・アンジェイ・ムウィナルチクは、一九四二年七月二三日から同年八月二八日までの間だけでも、主にワルシャワ、ラドムのユダヤ人が三二万人も移送されて殺害されたとしている（Jacek Andrzej Młynarczyk, Niemiecki obóz zagłady dla ludności żydowskiej w Treblince, Edward Kopówka, Redakcja, *Co wiemy o Treblince?, Stan badań*, s.99）。イツハク・アラドは同期間、「ワルシャワ・ゲットーとワルシャワ地区から約二四万五〇〇〇人、ラドム地区から五万一〇〇〇人、ルブリン地区から一万六五〇〇人、合計三一万二五〇〇人が移送された」（Arad, *op.cit.*, p.87）としている。一九四三年四月一九日から一ヵ月ちかく続いたワルシャワ・ゲットー蜂起では約七〇〇〇人がトレブリンカに移送された（Kirshenblatt-Gimblett and Polonsky, *op.cit.*, p.323）とされる。マルセル・リュビーは、一九四二年七月二三日から八月二八日までの期間にワルシャワ・ゲットーからの二一万五〇〇〇人のほかに、ラドム地区から三万人、シェドルツェ地区から一万七〇〇〇人、ミンスク・マゾヴィェツキ地区から六〇〇〇人が絶滅の対象となったとしている（リュビー、前掲書、p.382）。

収容所施設の効率化とガス室増設

一九四二年七月一九日、ハインリヒ・ヒムラーが「総督府領のユダヤ人の再定住を一九四二年末までに完了させよ」との命令を下す（Yizhak Arad, Israel Gutman, and Abraham Margaliot, eds., *Documents on the Holocaust*, p.275）。当時、ベウジェツ、ソビブルの絶滅収容所がすでに稼働していたが、トレブリンカへの移送者も八月半ばまでの数週間は毎日五〇〇〇人から七〇〇〇人だったのが、それ以降は一万から一万二〇〇〇人にものぼるようになった。

ガス室の処理能力を高め、移送したユダヤ人をより効率的に殺害するうえで指導的役割を果たしたのは、クリスティアン・ヴィルト（一八八五～一九四四）らドイツで「安楽死計画」Aktion T4（T４作戦）を実践した親衛隊指導者たちだった。ヴィルトはベウジェツ、ソビブル、トレブリンカ絶滅収容所の監督官だった。一九四二年八月にトレブリンカに来て収容所の運営秩序の回復とガス室の増設など殺害メカニズムの効率化にテコ入れをはかった。一九四二年九月初め、エーベルルにかわって、ソビブル絶滅収容所長だったフランツ・シュタングルが所長に就任した。その副官が親衛隊上級小隊指導者、クルト・フランツだった。シュタングルもフランツもともにドイツでの「安楽死計画」に関係していた。ヴィルトとシュタングルは八月末から約一週間移送を中止し、「移送広場」の膨大な遺体を片付けさせ、移送者を効率的に受け入れてガス室で「処理」するシステムをつくった。九月四日早朝、ワルシャワ・ゲットーからの移送が再開された。プラットフォームでユダヤ人四人の一団が待っていて、移送中に死亡した人々の遺体をいっせいに運び出した。列車からガス室に歩いて行けない人々は壕に連れて行って即殺害された。遺体を捨てる大きな壕が数ヵ所用意された。

新しいガス室の建設を任されたのは、安楽死計画「T４作戦」のガス室建造にかかわった親衛隊下級小隊指導者、エルヴィン・ランベルト（一九〇九～一九七六）である。ヤツェク・アンジェイ・ムウィナルチクは「ガス室が何機稼働していたかについては、生き延びたユダヤ人たちは一致して一〇機見たとするが、絶滅係の多くは六機だけだったとする。新設のガス室は以前のよりも大きくて、それぞれに一〇〇〇人から一二〇〇人も押しこめることができた」（Edward Kopówka, Redakcja, *op.cit.*, s.99）と書いている。サムエル・ヴィレンベルクはヤンキェル・ヴィェルニクのはなしとして、ガス室は一三機稼働していて、ロシア製の古い戦車のモーターが使用され、各焼却炉で二五〇〇の遺体を処理していたとしている（Willenberg, *op.cit.*, p.124）。ヴィェルニクは、後述する一九四三年八月の蜂起で収容所からの脱出に成功し、戦後まで生き延びた数十人のなかで「絶滅施設」区域について証言できた稀な人物で、自身がガス室増設にもたずさわった。

ユダヤ人の抵抗・脱出の試み

一九四三年八月二日、絶滅作業に従事させられていたユダヤ人囚人が武器を奪って反乱を起こした。蜂起を主導したのはごく少人数の地下指導組織だったが、当時約八五〇人いたゾンダーコマンド（特別労務班）たちの多数が混乱のなか脱走を試みた。しかし、実際に収容所からの脱出に成功したのは最大数を推定しても二〇〇人ほど。さらに大戦終結まで生きのびたのはそのなかの一〇〇人足らず、最近の研究では七〇人くらいではないかと言われる。この反乱後、収容所は廃止されることになり、同年一一月にはすべての建物・施設は破壊された。ウクライナ人がその地に家を建て、キャンプ地一帯は耕され、ルピナスが植えられてかつてのすがたはほぼ完全に消えた。ウクライナ人の建物も連合軍の到着直前に焼き払われた。

少人数の地下組織が武装反乱を計画するより半年ほど前から小さな抵抗や逃亡事件がおきていた。ワルシャワ・ゲットーからの大移送が開始された直後、一九四二年八月から九月にかけて、移送目的は労働キャンプへの移動ではなく皆殺しだという情報やうわさが流れだし、移送途中の貨車から脱走を試みる者がでてきた。たいていの場合射殺されたが、すでに「小ゲットー」となっていたワルシャワ・ゲットーに逃げ戻った者も少なくない。皆殺しについての情報はゲットーのユダヤ人抵抗組織にもとどき、トレブリンカでの「絶滅」を確信させた。

トレブリンカ絶滅収容所における最初の抵抗の例としてあげられる事件は「一九四二年九月一〇日、あるいは一一日」(Arad, *op.cit.*, p.98)に起きたとされる。二ヵ月近くに及んだワルシャワ・ゲットーからの移送がほぼ完了に近い状況の頃だった。夜の点呼の時、整列したユダヤ人四人のなかの一人が飛び出して、親衛隊上級小隊指導者、マックス・ビエラの背中をナイフで刺して死に至らしめた。男はメイエル・ベルリネルというアルゼンチン市民のユダヤ人だった。妻・娘とワルシャワに来ていて、トレブリンカに移送されてきた。二人は即ガス室に送られたが、彼は選別で特別労務班に振り向けられた。事件に組織的背景はなかったが、トレブリンカでの最初の抵抗としてキャンプの親衛隊には衝撃をあたえた。ベルリネルは事件現場で即射殺された。同年一二月三一日夜、五人のグループがそれまで掘っていたトンネルからの脱走計画を実行した。四人は捕らえられて射殺・処刑されたが、ラザル・シャルソンはワルシャワ・ゲットーにもどり、一九四三年四月のゲットー蜂起を戦った。
（Webb & Chocholatý, *op.cit.*, p.248）

一九四三年初め、ワルシャワからの大量移送はすでに終わり、「ラインハルト作戦」による総督府領のユダヤ人絶滅計画はなお進行中ではあったが、ビャウィストクなど他地域からの移送も断続的となり、トレブリンカへの移送は大幅に減少した。移送が終わると殺されるのは自分たちだという疑念と恐怖がユダヤ人囚人のあいだにひろがった。同年二月、スターリングラード近郊でドイツ軍が降伏したが、ソ連軍とドイツ軍の戦況情報も収容所内に届くようになった。もはや個人的な脱走の試みではなく大規模で組織的な反乱が必要だという考えが強まった。当時、収容所側のドイツ人とウクライナ人合わせて約一五〇人に対し、ユダヤ人側は約一〇〇〇人で、数の上での優位も計画に希望をもたせた。

地下組織の結成

一九四三年二月末から三月初めの頃、武装反乱を目指して小さな地下抵抗組織が結成された。どのような人物がかかわったのかについて情報は断片的できわめて少なく、姓名の片方が分からないなど不明な例もある。しかも、結成当初の主なメンバーのほとんどは反乱を組織しながら決行の日を待たずに、あるいは決行のときに死亡している。（注6）

限られた資料のなかでとくに存在感の大きな人物はユリアン（イリヤ）・ホロ

注6　ミハル・ホホラティはクリス・ウェッブとの共著に、トレブリンカを生き延びたなかのサムエル・ヴィレンベルク、エリアフ・ロゼンベルク、カルマン・テイグマンとのインタビューを載せている。そのほか、収容所を脱出した約一〇〇人（このなかには蜂起以前に脱出したり、蜂起で脱出しながらも直後に死亡した人もふくまれる）、収容所で死亡した約三〇〇人について略歴を書きこんでいる（この中にはヤヌシュ・コルチャクやステファニャ・ヴィルチィンスカなどもあるが、名前だけのものも数多くある）。

ンジツキ医師であろう。ワルシャワの耳鼻咽喉専門医師で元ポーランド軍大尉。一八八五年生まれなので五七歳くらいだった。収容所のクリニックで親衛隊員やウクライナ人補助兵を診ていた。クリニックが「ゴルトユーデン」のバラックのそばにあったため、彼らから武器購入やウクライナ人への賄賂に使う金を集めることができた。一九四三年四月、大金を所持しているところを収容所副所長のクルト・フランツ（ラルカ）に見つかり、拷問で口を割らされまいと日頃から常備していた青酸カリで自殺した。サムエル・ヴィレンベルクはたまたま事件現場のすぐそばに居合わせ、それが収容所地下活動に触れた最初の体験だったと書いている。（Webb & Chocholatý, *op.cit.*, p.264; Willenberg, *op.cit.*, pp.136-138)

　アルフレト・ガレフスキもヴィレンベルクの回想に多く語られていて人物像をいくぶん想像できる。生年は不詳。ウッチの裕福な同化ユダヤ人家庭出身のエンジニアで、ワルシャワでは「孤児保護協会本部」（CENTOS「ツェントス」）に勤めていた。トレブリンカではカポの隊長の地位につけられたが、地下組織の活動と反乱の計画・実行に深くかかわった。蜂起の時、キャンプから逃亡するが直後に服毒自殺したとつたえられる。ヴィレンベルクによると、ガレフスキは頑健でドイツ語をうまく話した。簡易便所を増やすなど囚人の生活に気を配った。ヴィレンベルクを移送者の遺留品選別作業から引き抜いて「偽装隊」(注7)の仕事につけてくれた。（Webb & Chocholatý, *op.cit.*, p.236; Willenberg, *op.cit.*, p.21)

　ベンジャミン・ラコフスキもカポだった。ガレフスキがチフスに罹ったとき、カ

注7　収容所の有刺鉄線を補強したりするので、収容所から出て森の中で作業することができた。

からトレブリンカに移送された。彼女はガス室で殺されたが、彼は「ホーフユーデン」に選別され、縫製場などで働いていた。クルト・フランツの凶暴な犬・バリーの世話係もしたとされる。地下組織で活発に活動し、蜂起時に死亡したとされる。親衛隊居住区域の「動物園」の屋根でドイツ側に銃撃を浴びせていたとの目撃証言がある。チェコスロヴァキア初代大統領のトマーシュ・マサリクとは関係がない。（*Ibid.*, p.286）

ヤンキェル（ヤコブ）・ヴィェルニクは一八八七年あるいは一八八九年、現在のブレスト生まれ。絶滅収容所で一年ちかくを過ごし、しかも「上キャンプ」（「絶滅施設」区域）と「下キャンプ」（「居住施設」区域＋「収容施設」区域）の両方について目撃証言できた稀有な人物である。一九〇四年にブントに参加して逮捕され、シベリアに送られたこともある。ワルシャワに定住して建設業者になる。ワルシャワ・ゲットーからの「大移送」作戦開始からちょうど一ヵ月後の一九四二年八月二三日、ワルシャワから移送された。親衛隊から大工作業の能力を買われ、二つのキャンプを行き来することがしばしばあった。一九四二年秋にはガス室の増設にもかかわり、収容所ゲートづくりなどもさせられた。反乱のとき肩を撃たれたが脱出に成功してワルシャワに行き着き、ユダヤ人地下組織に入り、さらに共産党系の人民軍（AL）のメンバーとなった。

このほかに、以下のような人々が、時期は前後しながらも抵抗組織にかかわった。
モシェ・ルブリング　一九〇二年生まれで「ゴルトユーデン」。

モニエク　「ホーフユーデン」のカポ、ワルシャワ出身の若者であること以外不詳。
ゼヴ（ズヴィ）・クルラント　ワルシャワ出身、「ラツァレット」監視のカポで五〇歳くらい。
ヴワデク・ザルツベルク　ワルシャワ出身の若者で縫製場のチーフ。
ルデク・ルブレニツキ　倉庫や燃料庫の係だったため、蜂起時に武器の調達や収容所へ火を放つなどの行動で重要な役割を果たした。
ヴァルラバインチク（ヴォウォヴァインチク）　ワルシャワ出身の若者。蜂起の日、大金を所持した囚人がいることに不穏な空気を察知した親衛隊指導者のクルト・キュットナーを撃ち、その銃声で蜂起が計画よりも一時間早く開始されてしまった。

蜂起の準備

地下抵抗組織は当初一〇人から一五人程度で、秘密保持のためにあえて組織拡大を追求せず、武器の調達に力を注いだ。一九四三年三月、ブロッホとフリードマンが「絶滅区域」に配置換えされ、翌月にホロンジツキ医師が死亡した。「下キャンプ」の地下組織には打撃だったが蜂起の準備は続けられた。ある日、武器庫の鍵が壊れ、錠前職人の囚人が修繕したときスペアをつくった。地下組織は武器庫から手榴弾二箱を運びだすのに成功したが雷管が別に保管されていたため、もとに戻さねばならなかった。蜂起の計画は延期され、活動の中心だったカポ隊長（代理）のラコフスキも資金調達が発覚して逮捕され、「ラツァレット」で殺された。

ヴィレンベルクも回想記から推測すると「死の収容所」とよんだ「絶滅施設」区域に足を踏み入れたことはなかったようだ。一九四三年五月か六月頃と推察されるが、建築職人として親衛隊に信頼を得ていたヴィェルニクが「下キャンプ」での作業から「絶滅区域」の「上キャンプ」にもどってみると、遺体焼却作業が以前にもまして大規模に行われていた。「絶滅区域」の若い囚人たちのあいだに焦躁感が強まっていた。だが、ヴィェルニクは書いている。「われわれは『下キャンプ』の囚人たちをぬきにしては行動しないと決めていた。それは自殺行為になるのに等しいからだ。われわれは絶滅区域では事実上小集団にすぎず、戦闘できる状況になかったからだ。」（*Jankiel Wiernik, Rok w Treblince: A Year in Treblinka*, p.77）

蜂起計画

一九四三年七月後半、「絶滅施設」区域の作業は終りに近づいていた。新たな移送は目に見えて少なくなった。キャンプの壕が掘り返され、遺体は次々に焼却された。大きな穴に土が埋められ、大量殺戮の証拠を消し去るために樹木が植えられた。囚人たちも「終りが近い」ことを感じ取っていた。

ヴィェルニクは「上キャンプ」の状況を「下キャンプ」に知らせるとともに、蜂起開始時期を即時決定すべきだとの「絶滅施設」区域側組織の判断をつたえた。しかし、「下キャンプ」側地下組織の反応はあいまいだった。「上キャンプ」側地下組織では「下キャンプ」との協調なしにでも蜂起するとの声が強まり、緊張が高まった。「絶滅施設」区域の地下組織はついにヴィェルニクを通じて「下キャンプ」側に「最後通告」を送った。「蜂起期日を即刻決定しないならば、しかも、八月初めまでに蜂起しないならば、絶滅施設区域は単独で行動を起こす」（Arad, *op.cit.*, p.281）と。

「下キャンプ」の囚人も減少し始めていた。「絶滅施設」区域単独の蜂起が失敗するのは自明で、囚人は全員殺されると考えられた。ガレフスキをはじめ「下キャンプ」の地下組織は収容所の終焉を覚り、七月三〇日（土曜日）あるいは三一日（日曜日）についに「八月二日の月曜日午後に蜂起する」と決断する。ヴィェルニクはこの決定を「上キャンプ」側に知らせたが、蜂起開始時刻はまだ明確でなかった。蜂起を午後日中の労働時間に開始するとされたのは、夜間は囚人たちがバラックに閉じ込められ、親衛隊やウクライナ人の監視も厳しかったためである。最終的に蜂起時刻は通常のキャンプ労働が終わる前の午後四時三〇分に設定された。蜂起は親衛隊を急襲して武器庫から武器を奪うことから始まり、キャンプを制圧して火を放ち、森の中へ逃亡することになっていた。囚人の大多数は地下組織メンバーではなく、蜂起の計画は実際に蜂起が起きるまで知らされなかった。

イツハク・アラドは蜂起計画を以下のように三段階に整理している。

（1）14時30分～16時30分　密かに武器庫から武器を運び出し、戦闘員に分配する。この行動を察知したドイツ人がいれば殺害する。

（2）16時30分～17時30分　キャンプを奪取して破壊する。手榴弾を爆発させて蜂起開始を知らせる。キャンプ本部を襲撃する。電話線を切断する。建物に火を放つ。親衛隊、ウクライナ人を殺害する。ガス室を破壊する。
（3）キャンプを離れて森の中へ逃げる。詳細は決められていないが、キャンプを破壊したあと、奪取した武器をもって森の中へ逃げ、やがて夜陰に紛れる。（*Ibid.*, pp.283-284）

地下組織の最後の会合が八月一日に開かれて、蜂起計画は承認された。その会議に出席していたサムエル・ライズマンはこう書き残している。

「何十万人もの愛する同胞の遺体を焼いた炎のそばで夜遅く、組織委員会が開かれ、われわれは翌日の八月二日に蜂起することを全員一致で承認した。メンバーで最高齢、白髪のゼヴ・コルラ《ママ》ントは目に涙を浮かべていたが、彼のもとでユダヤ人の名誉のために血の最後の一滴まで戦うという誓約がなされた。出席者は全員、恐るべきドイツ人のサディズムが生み出したものを一掃し、トレブリンカに終焉をもたらすという決定にかかわったことの大きな責任を感じていた。」（*Ibid.*, p.284）

しかし、蜂起前夜、「絶滅施設」区域の地下組織はこの正確な「蜂起開始時刻」をまだ知らなかった。

蜂起決行

一九四三年八月二日。蜂起日を知っていたのは地下組織メンバーだけだったが、多くの囚人たちが蜂起を予期していたという。ナイフや斧などの武器、収容所に放火するためのガソリン缶などが準備されていた。当日の朝、ヴィェルニクと他の三人が建設工事を口実にして「上キャンプ」（「絶滅施設」区域）から「下キャンプ」にやって来たとき、蜂起開始は午後四時半だと知らされた。「下キャンプ」では地下組織指導者が要所に配置された。とくに暑い日だった。午後、クルト・フランツは親衛隊員四人とウクライナ人一六人を伴ってブク川へ水浴に出かけたので、収容所の警護は手薄になった。武器庫から武器が運び出されて隠された。収容所への放火を準備するため、木造のバラック、倉庫、工場にガソリンが吹きかけられた。ヴィェルニクが「絶滅施設」区域にもどったのは正午頃で、ブロッホら「上キャンプ」組織指導者は蜂起開始時刻を確認した。

蜂起開始への準備はそこまでは順調だった。しかし、午後三時半、予期せぬ出来事が起きた。「下キャンプ」司令官で親衛隊上級小隊指導者クルト・キュットナー（キーヴェ）（一九〇七～一九六四）が囚人バラックに現れた。通常労働時間中、バラック内に囚人がいることは許されていないのにかかわらず、大勢が残っていて不審に思ったのだった。バラック「ナンバー2」のカポで内通者とも疑われていたクバがキュットナーに何事か告げ口した。キュットナーは、逃亡にそなえて「大金」を所持していた若者を見つけて連行しようとした。蜂起計画の発覚を恐れて、ヴァルラバインチクがキュットナーに発砲した。おそらく四時少し前で、この銃声が蜂起開始の合図となってしまった。武器の分配は完了していなかった。混乱の中、蜂起は始まり、蜂起指導者のガレフスキにももはや統制はできなかった。ルデク・ルブレニツキらはガソリン収納庫に火を放って爆発・炎上させたが、ウクライナ人看守に射殺された。「仕分け広場」でもウクライナ人と撃ち合いになった。内通者のクバは射殺された。ドイツ人とウクライナ人は不意打ちを食らったが、すぐさま反撃に転じた。数百人の囚人たちは大混乱に陥った。地下組織のメンバーはわずかな武器でウクライナ人看守に発砲した。だが、反乱側の武器弾薬はすぐに尽きてしまった。

午後四時直前、「下キャンプ」での予期せぬ銃声が「絶滅施設」区域でも聞かれ、さらに銃声と手榴弾の爆発音が続いた。「上キャンプ」の地下組織指導者だったブロッホは最初の銃声を聞いたとき、蜂起開始が早まったのかと訝《いぶか》ったが、銃声が続いたので作戦開始を決断した。蜂起した囚人たちはシャベルやピッチフォークなど粗末な「武器」を手に、ウクライナ人看守を襲撃してライフル銃などを奪った。「絶滅施設」区域は一時制圧され、木造の建物には火が放たれた。囚人たちの多くは「絶滅施設」区域南側の柵を目指し、斧でフェンスを破って脱出・逃亡をはかった。しかし、二重柵外側の有刺鉄線付きの対戦車障壁を突破するのは困難で、監視塔からの銃撃にさらされた。「下キャンプ」からも囚人たちが逃げてきた。ブロッホ、フリードマンら地下組織指導者はユダヤ人囚人が可能な限り脱出するのを掩護《えんご》しながら斃《たお》れた。

収容所の電話線は計画通りに切断できなかった。キャンプ親衛隊司令部の要請により、マウキニャ、ソコウゥフ・ポドラスキ、コスフ・ラツキ、オストルフ・マゾヴィエツキなど近隣から増援部隊が駆けつけ、逃亡者の追跡・探索を開始した。ミュージアムの資料によると、蜂起当日、トレブリンカにいた八四〇人の囚人のうち脱出に成功したのは二〇〇人で、戦後まで生き延びたのはそのうち一〇〇人足らずだった(Muzeum Walki i Męczeństwa w Treblince, *Plan Kamieni Symbolicznych*)。蜂起時、脱出に失敗した人々はその場で射殺されたり、捕えられたりした。一時的にキャンプを脱出したものの逃げ込んだ森の中で追跡部隊に射殺されたり、捕らえられた人々も多い。ヤツェク・アンジェイ・ムウィナルチクも「蜂起のときにいた八四〇人の収容者のうち、四〇〇人が逃亡し、そのうち七〇人が生き延びた」(Kopówka, Redakcja, *op.cit.*, s.100)としている。

キャンプ制圧は失敗した。地下組織の指導者は「下キャンプ」「上キャンプ」ともに全員死亡した。ガレフスキはキャンプの外に脱出し、その後の追跡で他の囚人を掩護したが、最後には自ら服毒自殺したともいわれる。ブロッホはウクライナ人との銃撃戦で死亡したと推定される。(注8) ドイツ人親衛隊の負傷者はキュットナー、ウクライナ人の死傷者は一〇人足らずとされる。蜂起側に奪われた武器弾薬もきわめて少なかった。

生き延びた人々

トレブリンカ絶滅収容所と反乱を生き抜き、戦後その体験を発表・公刊した人々に、ヤンキェル・ヴィェルニク、スタニスワフ・コン、サムエル・ヴィレンベルク、リヒャルト・グラザル(ゴルトシュミト)、エリアフ・ロゼンベルク、サムエル・ライズマンらがいる。

注8 ソビブルの絶滅収容所では同年一〇月一四日に囚人が反乱を起こし、蜂起指導者のアレクサンデル・ペヘルスキー Alexander Pechersky、レオン・レイブ・フェルトヘンドラー Leon (Lejb) Feldhendler らが戦後まで生き延びた。

ヴィレンベルクは一九二三年、チェンストホヴァ生まれ。一九四二年一〇月、オパトゥフのゲットーからトレブリンカに送られた。蜂起で逃亡するとき脚を撃たれたが、森をぬけてシェドルツェにたどり着き、鉄道でレンベルトゥフ、ワルシャワへもどって両親にも再会した。一九四四年八月のワルシャワ蜂起では共産党系の人民軍（AL）に参加して戦った。一九四八年の手稿をもとにした絶滅収容所体験記 *Revolt in Treblinka* は一九八六年にイスラエルでヘブライ語により出版され、その後各国語に翻訳出版されている。イスラエルに移住し、トレブリンカ絶滅収容所の蜂起を生き延びた「最後の一人」の生存者となった。

コンは一九〇九年、ウゥチの近くで生まれた。元ポーランド軍兵士で一九三九年のワルシャワ防衛戦も戦った。一九四二年一〇月、チェンストホヴァのゲットーからトレブリンカに移送された。収容所では移送者の遺留品仕分け作業にまわされた。蜂起時に脱出に成功し、体験記は一九四五年にユダヤ系新聞の *Dos Naje Lebn*（*The New Life*）に掲載された。

前述したヤンキェル・ヴィェルニクは一九四三年の蜂起を準備する過程で、収容所内の二つの区域の地下組織をつなぐ貴重な役割を果たした。蜂起では負傷しながらも貨物列車に潜入してワルシャワに逃れ潜伏した。一九四四年初め、ユダヤ民族委員会のアドルフ・ベルマン（一九〇六～一九七八）、ブントのレオン・フェイネル（一八八六～一九四五）の援助で絶滅収容所での体験を『トレブリンカでの一年』*Rok w Treblince*（*A Year in Treblinka*）としてまとめ、ユダヤ人援助評議会（ジェゴタ）

のフェルディナント・アルチィンスキの尽力により二〇〇〇部が印刷・配布された。文書はその後、マイクロフィルム化されてロンドンのポーランド亡命政府にも送られた。ポーランド亡命政府のクーリエだったヤン・カルスキ（ヤン・コジェレフスキ）は一九四二年秋にすでにユダヤ人大虐殺について欧米諸国指導者に警鐘を鳴らしていたが、ヴィェルニクの報告文書は決定的な証拠となりえたはずである。ヴィェルニクは戦後、一九四七年に占領下ワルシャワ管区指導者、ルードウィヒ・フィッシャー（一九〇五〜一九四七）の戦争犯罪裁判で、一九六一年にはイェルサレムでのアドルフ・アイヒマン裁判でも証言台に立った。一九六四年五月一〇日、トレブリンカ絶滅収容所でのモニュメント除幕の記念式典にも参加している。一九七二年歿。

ロゼンベルクは一九二四年、ワルシャワ生まれ。ヴィェルニクと同様、「上キャンプ」（絶滅区域）で働き、蜂起から戦後を生き延び、一九四七年にポーランド語で体験記を書いた。一九六一年、イェルサレムでのアイヒマン裁判で証言にも立った。「上キャンプ」の最後の生き残りだったが、二〇一〇年に死亡した。

一方、親衛隊側のクリスティアン・ヴィルトは一九四四年五月、イタリアでパルチザンに殺された。イルムフリード・エーベルルは一九四八年に逮捕された後独房で自殺した。クルト・フランツは無期懲役を宣告されるが、一九九三年に釈放された。フランツ・シュタングルはイタリアやブラジルに逃れたが一九七〇年にドイツに強制送還されて終身禁固刑を受け翌年死亡した。一九四三年八月の囚人蜂起のとき負傷したクルト・キュットナーは戦後逮捕されたが裁判開始前に死亡した。

犠牲者数

ホロコースト、あるいはヨーロッパ・ユダヤ人問題の「最終解決」のなかの最大規模の殺戮だった「ラインハルト作戦」は一九四二年三月から一九四三年一一月の「収穫祭作戦」まで一年半以上も続いた。同作戦終結当時、旧ポーランド領土のナチス・ドイツ総督府領内のユダヤ人はほとんどすべてが殺されつつあり、アウシュヴィッツ・ビルケナウ絶滅収容所がフル稼働していて殺戮計画の要求を満たしていた。ユダヤ人の犠牲者数を正確に把握するのは不可能なことだが、イツハク・アラドは「ラインハルト作戦」の結果、「およそ一七〇万人」（Arad, *op.cit.*, p.379）ものユダヤ人が殺されたとする。トレブリンカにおけるユダヤ人犠牲者数に関しては、「ポーランドにおけるドイツの犯罪調査委員会」が大戦終結直後の一九四六年、貨車一両に平均一〇〇人と仮定する移送列車の運行状況などから、「少なくとも七三万一六〇〇人」と算定した（Central Commission, *op.cit.*, p.104）。ラウル・ヒルバーグは大著『ヨーロッパ・ユダヤ人の絶滅』第二版（一九八五年）で「最大七五万人」としていたが、第三版（二〇〇三年）では「最大八〇万人」（Raul Hilberg, *The Destruction of the European Jews*, third edition, vol.3, p.1320）と修正している。現地トレブリンカの博物館も「八〇万人」としている。ヴィトルト・フロストフスキはJ・マルシャウェクの図表により、トレブリンカ、約八五万人、ベウジェツ、約五〇万人、ソビブル、約一四万人、アウシュヴィッツ、約一一〇万人という数字を示している。この数字で注目すべきは、アウシュヴィッツ・ビルケナウでは犠牲者の七五パーセントちかくが旧ポーランド領以外のユダヤ人なのに対して、トレブリンカとベウジェツでは旧ポーランド領内のユダヤ人が約九五パーセント、ソビブルでも半数近くを占めるということである。(Witold Chrostowski, *Extermination Camp Treblinka*, p.107)

第五章

トレブリンカⅠ（懲罰労働収容所）

懲罰労働収容所（トレブリンカI）

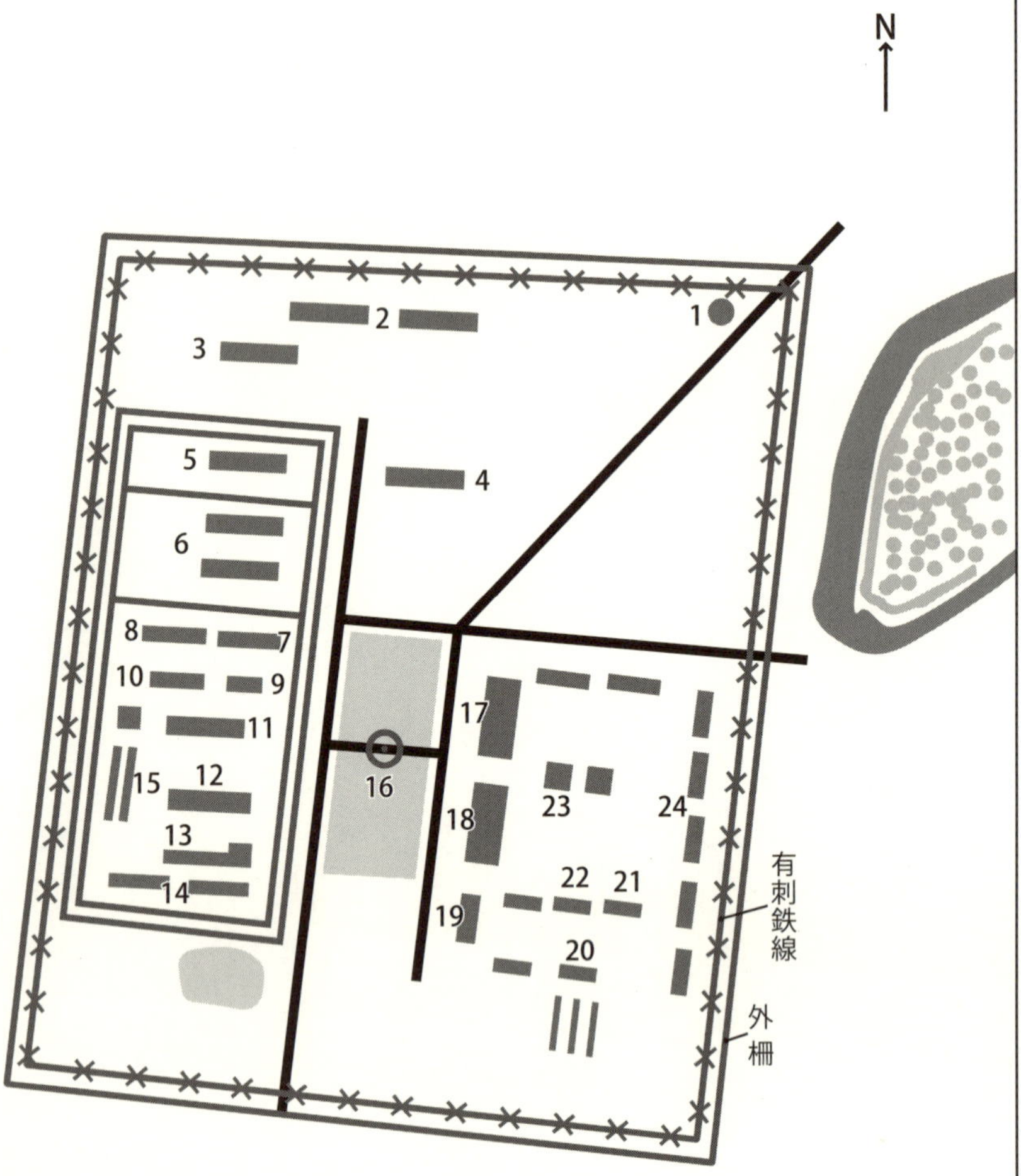

1 衛兵詰所　2 ウクライナ人居住棟　3 仕分け場　4 診療所　5 ポーランド人女性収容棟
6 ポーランド人男性収容棟　7 倉庫　8 ユダヤ人家族棟　9 病人棟　10 ユダヤ人女性棟　11 作業場
12 ユダヤ人男性棟　13 発電・修理場　14 作業場　15 厨房　16 旗竿・点呼広場　17 収容所本部
18 司令官・ドイツ人宿泊施設　19 被服倉庫　20 汚水浄化槽
21 家畜小屋　22 パン工房　23 懲罰壕　24 倉庫

前章に記したように一九四一年夏、トレブリンカ絶滅収容所がつくられる一年ほど前のこと、そこからさらに二キロほど南の砂利採掘場のすぐそばに「懲罰労働収容所」が設けられた。敷地は絶滅収容所よりもやや小さかったようだがそう変わらず、やはり一七ヘクタールほどの広さだったという。そこに収容されて労働に駆り出されたのはおもにワルシャワから連行されたポーランド人やユダヤ人だった。過酷な労働や飢餓により多くが死亡したが、常時一〇〇〇人から二〇〇〇人が砂利採掘場やマウキニャ駅近くの工事現場、ブク川の灌漑作業に動員された。この懲罰労働収容所は、絶滅収容所が一九四三年八月二日の囚人蜂起の後、同年末に稼働しなくなったあとも一九四四年七月まで存在し、延べ約二万人の囚人が拘束されて労働に酷使され、大半が過酷な労働環境で死亡したり、あるいは射殺されたりした。

絶滅収容所（トレブリンカII）に関しては前述したように、ヤンキェル・ヴィェルニクやサムエル・ヴィレンベルクなど数少ないながらも蜂起が起きた時脱走に成功して生き延びて報告や回想を書いたものがある。しかし、懲罰労働収容所に関する証言は絶滅収容所についてのものにくらべてもはるかに少ない。その数少ない証言をいくつか紹介しているのはクリス・ウェッブとミハル・ホホラティの著書である。貴重な証言を引用する。

リヒャルト・グラザルはトレブリンカ絶滅収容所の囚人だったが、懲罰労働収容所を訪れたことがあった。彼は戦後のインタビューでこのときの体験を思い起こした。

「あまり知られていないことがある。トレブリンカ絶滅収容所からそう遠くないところに（……）もう一つのトレブリンカ収容所があった。それは強制労働収容所だった。小さいキャンプで、石切り場にすぎなかった。」

「一度、同僚のコマンドといっしょにトレブリンカに砂利と石を運ぶので連れて行かれたことがあったので、そこがどんなだったか分かった。そこは普通の強制収容所だった。ナチス・ドイツの連中がこの労働収容所の存在でもって、絶滅収容所の存在をカモフラージュしていたと考えることができるだろう。」（Chris Webb & Michal Chocholatý, *The Treblinka Death Camp: History, Biographies, Remembrance*, pp.14-15）

トレブリンカ絶滅収容所の蜂起に参加して脱出に成功し、一九四四年のワルシャワ蜂起でも戦い、戦後も生き延びて最後の一人の生存証言者となったサムエル・ヴィレンベルクの回想録にもトレブリンカIについての記述がある。彼は絶滅収容所の「下キャンプ」で、移送者が残す大量の遺留品の仕分け作業や収容所フェンスの強化作業（偽装隊とよばれた）などに駆り出されたが、著書に以下のような一節がある。

「『われわれの』鉄道駅の近くにはポーランド人の労働収容所《キャンプ》があった。『トレブリンカI』である。この施設は行政上の違反を冒したポーランド人用のものとされていた。農業生産の割当てを満たさないとか怠慢、食料品への投機などである。ドイツ側はこういう人々を二、三カ月拘禁してから釈放した。」

「ドイツ兵は時々、移送者から数十人のユダヤ人を連れ出し、列車や徒歩でウクライナ兵の監視下、『トレブリンカI』へ送った。ポーランド人とユダヤ人は別々の作業に送られる。」（サムエル・ヴィレンベルク著、近藤康子訳『トレブリンカ叛乱』、p.106; Samuel Willenberg, *Revolt in Treblinka*, p.90）

イスラエル・ツィムリフはその回想のなかで、労働収容所に着いた時のことを書いている。

「われわれの車がトレブリンカ労働収容所で止まった。看守を伴った背の高い親衛隊員がやってきて、キャンプへ連れて行かれた。入口の上に当たり障りない感じの『トレブリンカ労働収容所』Arbeitslager Treblinka という看板があった。二重の有刺鉄線とキャンプの四隅にやや高くなった展望台があるのを見て、私は大変なことになったと思った。われわれは三人並びの隊列をつくらされ、『森』へ送るぞと脅かされながら、金や貴重品を出すように命じられた。森で処刑が行われているのだなと思った。ほとんどみんなが身につけているものをすべて差出し、私も六〇〇ズウォティを手放した。われわれはひどく喉が渇いていて、立っていられないほどだった。やっとのこと、黒っぽいコーヒーと水がもってこられた。（……）」

「各自にパンが二〇〇グラム、マーマレードと砂糖がスプーン半分配られた。夕方、他の者といっしょに整列して点呼を受けた。親衛隊メンバーが人数を数え、それからバラックのなかに入った。それはかなり横長のバラックで、両側に二段の寝棚が並んでいて、上と下に寝られるようになっていた。床はアスファルトだった。」（Webb & Chocholatý, *op.cit.*, p.15）

ヤン・スウコフスキは、懲罰労働収容所の囚人が絶滅収容所の建設に動員されたことを証言している。ポーランド人の煉瓦積み職人だったが、ドイツ当局の強制労働を逃れたために、一九四二年五月一九日に労働収容所に送られた。絶滅収容所建設のために働いた後、一九四二年夏に釈放された。これは通常二ヵ月から六ヵ月続くという典型的な拘束条件によるものだった。囚人たちはその後、釈放されるか強制収容所送りになるかのいずれかだった。スウコフスキが拘束されて絶滅収容所建設のために働いた数週間の期間中にユダヤ人が収容所に到着し始めた。彼は収容所の看守たちがこうしたユダヤ人に対して野蛮で殺人的な行為をはたらくのを目撃したという。

「ドイツ人は労働しているユダヤ人を銃で撃ったり、棍棒で殴打して殺害した。親衛隊のメンバーが、木の根を掘り返す作業をしていたユダヤ人たちを倒れかかる樹木の下まで歩かせてその下に押しつぶされるのを二度見たことがある。どちらの場合も、数人（二人か三人か、あるいは四人）のユダヤ人が殺された。親衛隊メンバーが、酔っていたかしらふだったかわからないが、バラックに押し入って、中にいたユダヤ人たちを撃ち続けたこともよくあった。」(*Ibid.*, p.14)

「黒い道」と砂利採掘場

トレブリンカ戦闘と受難の博物館には一九四一年一一月一五日付の労働収容所設置に関する公報のほか、スプーン、フォーク、陶器の欠片、鍵、ペンチのような工具、有刺鉄線の断片など、わずかではあるが懲罰労働収容所跡からの出土品が展示されている。また、そこで働いたり処刑されたりした人たちの写真が何枚かある。自宅の庭なのか、花を抱いて微笑むクルィスティナ・グラボフスカ、バラックの前の賃金労働者たち、肖像写真はマリアン・コブィリィンスキ、ゲノヴェファ・ウゥチャク、アントニ・トムチュク……。

そしてそのうちの一枚、ある少女の写真にとくにひきつけられる。ハニャ・ザレスカ。一九三〇年生まれなので、わずか一四歳だったはずである。「射殺」――とある。トレブリンカⅠ（懲罰労働収容所）のちかくの処刑場で射殺されたのだ。でも、どうしてそのような少女までが、という疑問がわく。彼女のモニュメントが現地にあるはずなので、前述したトレブリンカⅠとトレブリンカⅡの分岐点にもどり、その懲罰労働収容所跡へ向かう。

「黒い道」（チャルナ・ドロガ）とよばれるのは、トレブリンカⅡ（絶滅収容所）跡にある「ランパ」モニュメントの西側を平行するように北から南へとさらに続く道である。高くて濃い樹林にはさまれた幅約数メートル、真っ直ぐにつづく砂利の一本道。約二キロ進むと視界が大きく開け、左手に周囲を樹林で囲まれた巨大な「揺《す》り鉢」にも似た窪地を見る。それがかつての砂利採掘場跡である（図5―1）。「奴隷労働の砂利採掘場跡」を示す記念碑があり、パネルには以下のように記されている。

「強制労働収容所の囚人たちが働いた場所。一時期、その収容所にいた数百人の犠牲者が過酷な肉体労働を強制された。彼らのしごとは小さな蒸気機関車が引っ張

図5―1

る狭軌道の荷車に砂利を積みこむことだった。ランパに着くと、砂利は傾いた荷車から『幅広』の台車に積み替えられた。採掘場は囚人たちが一日一二時間以上も強制労働させられた作業場だった。疲弊と看守のテロにより、その多くが死亡した。」

懲罰労働収容所跡は道路の右手である（図5―2）。トレブリンカⅡの敷地とそう変わらないスペースがあったのではないかと推定される矩形の区域である。収容所の図面横の説明文にはこうある。

「強制労働収容所は一九四一年夏、操業中の砂利採掘場の近くにつくられた。収容所の敷地は約一七ヘクタール。収容所に拘禁されたのは、初めポーランド人だったが、後にワルシャワ地区のユダヤ人だった。収容所には平均して一〇〇〇人から二〇〇〇人いて、全員が空腹とテロに苦しんだ。囚人たちは砂利採掘場や収容所の作業場で働いただけでなく、マウキニャの鉄道駅でも働いた。また、ブク川渓谷の耕地化作業についたものもあった。延べ人数で約二万人の囚人がその収容所にいた。その半分近くが死亡し、あとの半分は処刑されるか、他の収容所に移送された。強制労働収容所は一九四四年七月に取り壊され、収容所に残ったものは処刑されるか、釈放された。収容所管理長は親衛隊本中隊指導者、テオドール・ヴァン・エウペンだった。」

図5―2

一九三九年九月、ドイツ軍はポーランドに侵攻すると、ソコウゥフ・ポドラスキ郡のマリシェヴォ、ポニャトヴォ、ヴルカ・オクロングリクという三つの小村で囲まれる三角地域も占領した。ドイツ占領者は予想されるソ連軍の攻撃に対する防備強化のため、その地域にあった砂利採掘場を確保し、砂利採掘場で働く労働力を必要とした。一九四一年夏の終わり頃、郡長で親衛隊大隊指導者、エルンスト・グラムスが懲罰労働収容所をつくり、親衛隊本中隊指導者、テオドール・ヴァン・エウペンを収容所管理長とした。翌年設置される絶滅収容所とは別のもので、「トレブリンカ労働収容所」Arbeitslager Treblinka（トレブリンカI）とよばれた。ドイツ当局は一九四一年一二月一六日付『ワルシャワ地区公報』（*Amtsblatt für den Distrikt Warschau*）に載せたように、さまざまな告知を出して、ワルシャワ地区親衛隊指導者、ワルシャワ地区総督のルードウィヒ・フィッシャーの管轄下にトレブリンカ労働収容所が設立されたことを知らせた（図5—3）。当初、収容所に送られてきたのは、ドイツ占領者の命じる農産物提供の割当てに応じない農民、強制労働を免れようとした人々、反ドイツ活動にかかわった人たちだった。

「懲罰労働収容所」跡地

砂利採掘場跡を左手に見、さらに奥の処刑場に続く道をはさんで右手に「懲罰労働収容所」跡地への案内板がある。その脇の道を西方向に進み、収容所の敷地跡に入ってゆく。収容所の広さは約一七ヘクタールだったと推定されている。二メートル以上の有刺鉄線の柵で囲まれ、複数の監視塔があったという。全体は囚人専用の

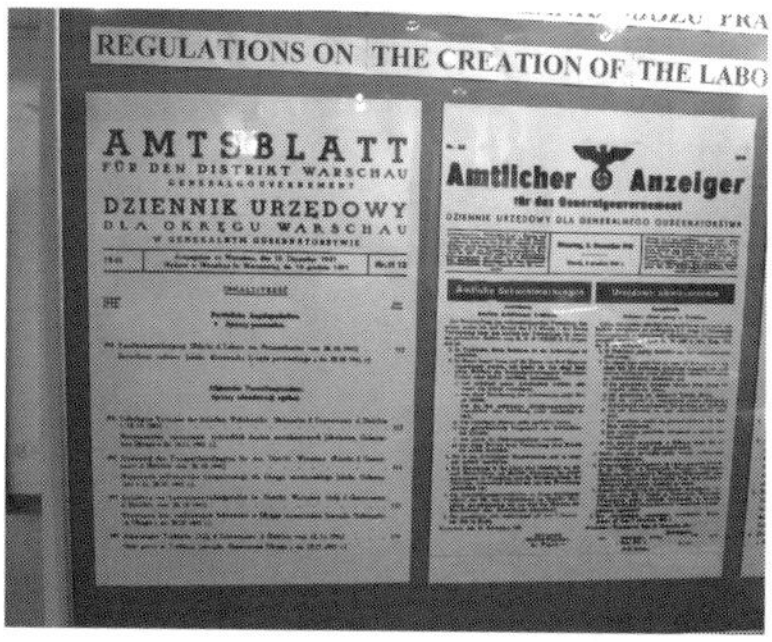

図5—3

区域と、ドイツ人およびウクライナ人要員の居住区域・管理施設の区域の二つに分かれていた。当時の構造物は何も残ってはおらず、一面が草地のところどころにかつてそこに何があったのかを示す木製の表示が立っているだけである（図5—4）。まず左手には「倉庫」「食堂」の木製表示。まっすぐに進むと左手にかつての「点呼広場」跡があり、さらに進むと遠く周辺を樹林に囲まれて広々とした草地を見わたす。そこにかつての構造物の基礎らしきものがいくつか残り、境界は明示されてはいないが、以下のような木製表示が区域ごとに立つ。

「発電所・修理工場」（図5—5）「理髪所」「ユダヤ人男性用バラック」（図5—6）「作業場」「ユダヤ人女性用バラック」「ポーランド人男性用バラック」「ポーランド人女性用バラック」「トイレ」——など。このほか敷地内の南の一角には「収容所長・ドイツ人宿泊施設」「馬小屋」「診療所」の表示もある。

トレブリンカⅠ（懲罰労働収容所）について書いたものはきわめてすくない。だが、トレブリンカⅡ（絶滅収容所）が一九四三年八月二日の収容者たちによる反乱の後、ドイツ占領者によって早くから犯罪の痕跡が十分な時間をかけて消し去られていったのに対し、トレブリンカⅠはその後も一九四四年まで存続していたためか、かつ

図5—4

図5—5

図5—6

ての収容所の文字通り痕跡ではあるが、前記のように数少ないながら建物の基礎の一部がいまも残っている。トレブリンカ戦闘と受難の博物館の考古学者、ヨアンナ・ザスウォナは最新の調査報告でこう書いている。

「懲罰労働収容所の地域には四五箇所に構造物があったが、そのうち二八箇所にその残存が今日までみられる。その一九箇所を目録にした。その内訳は、鉄筋コンクリート製によるもの一三箇所、コンクリート製のランパ一箇所（ランパ）、赤煉瓦による三箇所（水溜二箇所、パン工房か乳製品製造場）、煉瓦製の二箇所（ラッァレット、囚人用懲罰房）である。」（Joanna Zasłona, Stan zachowania obiektów betonowych i murowanych na terenie obozu pracy w Treblince, Edward Kopówka, Redakcja, *Co wiemy o Treblince?, Stan badań*, s.217）

トレブリンカ戦闘と受難の博物館館長のエドヴァルト・コプフカは同じ報告書で同地に存在したと推測される建物などについて記している。

「収容所の北の方には仕分け工場があって、一〇〇人ほどのポーランド人女性が働いていた。南の方には囚人が耕作して収容所スタッフが利用していた野菜農園があった。ホルツプラッツ（材木広場）は材木を最初に加工する場所だった。その後、薪に切られて束にまとめられた。その近くには大工や仕立て屋の工房があった。後者で毛皮など衣類がつくられた。」

「収容所のべつの場所には収容所の管理施設があって、そこに収容所の事務所があり、収容所長とそのドイツ人スタッフがいた。その場所には下水施設があり、電気も通っていた。」

「一九四一年当時の収容所では、ポーランド人とユダヤ人の区域は分かれていなかった。その状況は一九四二年に変わった。一九四二年七月から、ユダヤ人の収容者、大部分は修理工、熟練工だったが、急に増加した。新しく移送されてきた人々は全員がそれぞれの職業に応じて分けられた。特殊技能が何もない者や収容所の条件で働けない者は最も過酷な労働に従事させられた。」

「衛生状態が劣悪でバラックも過密だったのでシラミが侵襲して伝染病、多くはチフスなどの感染症が発生した。病気で収容所の死亡率は高まった。疥癬《かいせん》にかかる収容者も大勢いた。」(Edward Kopówka, Karny obz pracy w Treblince, Edward Kopówka, *op.cit.*, s.60-62)

懲罰労働収容所の収容者の数は最低一〇〇〇人、最高推定数は研究者のあいだでも一二〇〇人から二〇〇〇人とかなりの幅がある。ポーランド人とユダヤ人の内訳の詳細は不明である。うち数百人が砂利採掘場で働き、別の一団はマウキニャ駅で貨車の積み込み作業などに駆り出された。女性囚人はキャンプに付属する農園で働かされ、収容所の工場で働くユダヤ人の熟練職人グループもいたとも言われる。毎日午前五時頃起床し、六時には全員集合させられた。粗末な朝食の後、強制労働は午前七時に始まり、午後四時か六時頃まで続いた。午後七時に夜の点呼があり、収容者はバラックに閉じ込められた。午後一〇時以降はバラックの外へ出るのを禁じられた。一日中続く過酷な労働の最中、虐待され、殴られ、拷問され、些細な事件で射殺されたりした。毎日正午にほんの短時間休息があるだけだった。ウェッブとホホラティは収容者の食事についてこう書いている。

「収容所の規定食は、朝が水っぽいスープ半リットルか代用コーヒー、昼は同じスープ一リットル、夜は砂糖なしの代用コーヒーがカップ一杯と黒パンが二〇デカグラムだった。何の栄養にもならないこのような食事で、囚人たちは病気にかかって死んでいった。収容所中に伝染病が広がり、大変な死亡率になった。」（Webb & Chocholatý, *op.cit.*, p.16）

警備看守の一人、アレクセイ・コルグシュキンはルブリンの東、トラフニキの労働収容所訓練施設から来た人物だった。一九八〇年九月、ソ連邦（当時）のルィビンスク市でトレブリンカ労働収容所の構成としごとについて次のような文章を出した。

「私が働いた労働キャンプの入口のちかくに防柵と監視塔があった。囚人が閉じ込められていた部分は収容所全体からは隔離されていた。囚人区域は二重の有刺鉄線の柵で囲まれていて、二つの柵の間には巡回区域があった。この管理区域はそこを通った者の足跡が残されるように地ならしがされていた。キャンプ全体は有刺鉄線の柵で囲まれていて、その中には衣類保管などいくつか建物があり、倉庫や家畜小屋などもあった。」

「囚人区域は三つの部分に分けられた。一つは厨房、ストーブ、縫製場などがある部分。ユダヤ職人の囚人が、ユダヤ人の仕立て屋、床屋、ストーブ職人、運転手などとそこに住んでいた。彼らは民間人の服装をしていて、私服を着ていた。二つ目の部分には強制労働に使われたユダヤ人が住んでいた。彼らは縞の制服を着ていて、木靴を穿いていた。こうしたユダヤ人のなかに何か専門をもつ熟練労働者がいたかどうかは分からない。彼らは砂利採掘場へ送られて、そこで砂利を運搬した。彼らはまた、森に連れていかれて木の切り株を取り除く作業をさせられた。砂利採掘場の砂利はマウキニャ駅の方向に送られた。」

「キャンプの三つ目の部分にはポーランド人の囚人がいた。大概、ポーランド人はキャンプで補助的なしごとに使われていた。彼らはユダヤ人の熟練労働者と同じようにふつうの民間人の服を着ていた。彼らの食べ物が他の囚人の食べ物と同じ水準のものだったかどうかは分からない。」

「看守人はいくつかの部門、小隊、部隊に分けられていた。キャンプの管理はドイツ人だけで運営された。ドイツ人は監督管理の地位を占有していた。看守人はそれぞれ一二人から一五人から成る四つの部門に分けられた。看守人はキャンプの保安のほかに、囚人たちの隊列を労働現場に連れて行き、作業中彼らを見張ることもした。」

「労働現場に行く途中誰が囚人たちを射殺したかは知らない。私自身も、囚人たちの隊列を砂利採掘場に連れて行き、木の切り株除去作業、その他のしごとで森に連れて行ったし、彼らの労働現場にはだいたいどこへでも行った。また、囚人の一団をマウキニャ鉄道駅にも連れて行った。彼らはそこで積み下ろし作業をした。」

(*Ibid.*, pp.12-14)

親衛隊の収容所管理体制

懲罰労働収容所長は親衛隊本中隊指導者のテオドール・ヴァン・エウペンで、副官は下級中隊指導者のカロル・グスタフ・プレイフだった。その下に親衛隊下級中隊指導者で看守長のヘルベルト・シュトゥンペら、二〇人程度の親衛隊が約一〇〇人のウクライナ人看守を統率していた。親衛隊下級中隊指導者のフランツ・シュヴァルツは別名を"Kat"（"Executioner" = 死刑執行人）といって、恐るべき残虐性で悪名をとどろかせていたという。

元囚人のイスラエル・ツィムリフが回想のなかで、懲罰労働収容所の主要なメンバーたちの特徴について語っている。

「収容所全体のトップはまるで男爵か封建領主のような親衛隊本中隊指導者［テオドール・ヴァン・エウペン］で、オストルフ・マゾヴィェツキに本拠地をもっていた。彼はユダヤ人たちと直接接することなどほとんどなく、ただトレブリンカ収容所に責任をもっているだけだった。（……）」

「収容所長は親衛隊下級中隊指導者のプレフィ《ママ》という男だった。狂ったような悪漢で、あらゆる機会をとらえて人々を射殺するのをこの上ない楽しみにしていた。手持ちの機関銃で点呼に集合したユダヤ人集団を狙い撃ちして自分ひとりで大勢を虐殺することがよくあった。（……）」

「収容所の労働管理長は親衛隊下級中隊指導者のアインブッフという男で、『白手袋の悪漢』の異名で知られていた。並はずれた記憶力のもちぬしで、人々をよく憶えていて、他の連中のように面倒を引き起こすことはないが、特定の者たちを贔屓し、ユダヤ人の密告者を自分の周りにかかえていた。（……）」

「看守長は親衛隊小隊《ママ》指導者のシュトゥンペという男だった。いつも鞭を持ち歩いていて、だれかれなく、看守であっても、その頭を鞭打ちするのを楽しみにしていた。“Tempo, tempo, cali, cali!”『速くしろ』『速くしろ』と叫びながら、囚人たちをより厳しく労働に駆り立てるのがとくに好きだった。このため、看守たちの間では『カリ』というあだ名がついていた。」

「親衛隊小隊指導者のリンデは管理官で（……）その副官のハーゲンはしばらくしてワルシャワに行ってしまった。彼はよく収容所にやってきては酒もりをしていた。酔っぱらうと、ユダヤ人をいたぶっては、少なくとも十人余りを殺したりした。（……）」

「工場の監督官は親衛隊小隊指導者のランズで、ボクシング好きだった。その屈辱的な人のあつかいは表現しようのないくらいひどいものだった。彼は自分の配下の者を虐待することはなかったが、悲しいかな、目をつけられたものはだれでも虐待された。」

「ヴェルハンは家畜小屋と農園の責任者で、配下の人々はまともにあつかった。」

「最後に、マウキニャで働いていた〈囚人〉グループの長で、収容所の悪名高い手下がいた。親衛隊小隊《ママ》指導者のシュヴァルツ〈職業は肉屋だと言われていた〉だ。（……）この男は人をいたぶり、拷問し、殺害してはサディスティックな満足感にひたっていた。彼はふつう、棍棒、ハンマー、あるいは他の鈍器を使って人を殺した。マウキニャは収容所全体の労働現場でも最悪の場所だった。毎日、彼が拷問して死に到らしめた人たちの遺体が十数体もマウキニャから運んでこられた。」（*Ibid.*. p.17）

エドヴァルト・コプフカは収容者の管理と処罰に関してこう書いている。

「収容者が一人逃亡すると、その逃亡者のグループから少なくとも一〇人が選ばれて処刑された。そのため、大勢の逃亡は起こらなかった。収容所にいるのは通常三ヵ月から六ヵ月で、収容者の家族の住所は管理事務所に登録されていた。」（Kopówka, *op.cit.*, s.60-62）

処刑場へ

懲罰労働収容所跡を出て、さらに五〇〇メートルほど南へ歩くと、そこが処刑場跡である。案内板にはこうある。

「処刑場は最初、飢餓、疲弊、病気などで死亡した人々が埋められた強制労働収容所の埋葬地だった。後に、強制労働収容所の囚人だけでなく、ソコウゥフ・ポドラスキのゲシュタポ監獄とワルシャワのパヴィヤク監獄(注)の犠牲者がここで処刑された。」（図5—7）

注　パヴィヤク監獄は一八三五年に開設された。ロシア支配下で多数の政治囚が拘禁され、ナチス・ドイツ占領下でも延べで約一〇万人が収監・拷問され、うち三万七〇〇〇人が虐殺されたとされる。

図5—7

最奥にある記念碑は何を意味するのかどれも四本の溝が縦にはしる大きな石を積み重ねたもので、その右手には細い木製の十字架が立つ。さらにその右手脇には小さな十字架の墓標がいくつも立ち並んでいる（図5―8）。さらに二〇一四年に建てられたばかりの「シンティ・ロマ」の記念碑がある。

「第二次大戦中、懲罰労働収容所と絶滅収容所でドイツ占領者により殺害されたシンティ・ロマを記念する」「犠牲者の悲しみと苦しみが、何千人もの罪なき人々の遺灰を隠す大地を覆った」「われらはあなたがたの受難の死に頭をたれる」――ポーランド・ロマ同盟、戦闘と受難の記憶保護評議会シュチェチン本部（図5―9）。

図5―8

図5―9

処刑場の案内板にあるように、そこは懲罰労働収容所の囚人だけでなく、第二次大戦末期にナチス・ドイツ占領下の強制収容所や刑務所などの閉鎖により転送されてきた人々の処刑場だった。シンティ・ロマの犠牲者もおそらくそのような事情によりその場所で殺害されたのだろう。

　そして小さな十字架の墓標の数々の中にミュージアムで見た写真を嵌《は》め込んだハニャ・ザレスカのシンボリックな墓標を見る（図5―10）。戦後まで生き延びた姉バルバラによると、少女は一九三〇年四月三〇日、ミンスク・マゾヴィェツキ郡シェンニツァに生まれた。六人の姉妹兄弟の末っ子だった。九歳のとき第二次大戦が始まったが、その二年前から一家は前記の案内板にもあるソコウゥフ・ポドラスキに住んでいた。四人姉妹のなかで二歳上のテレニヤととくに仲がよかったが、一九四一年三月、その姉を病気で亡くしたのに続き、半年後には母親まで病死し、大きな精神的打撃を受けた。

　一九四三年から翌年にかけて、父親や姉妹兄弟はおそらく地下運動とのかかわりにより、ゲシュタポに逮捕されたり、追及を受けたりしたため身を隠さねばならなかった。自宅にはハニャと八歳年長のバルバラだけが残された。一九四四年七月、自宅はドイツ占領者に接収され、二人は逮捕されて、ソコウゥフの刑務所に投獄された。ハニャが一四歳、バルバラは二二歳だった。刑務所では投獄者の死刑宣告のうわさも耳にした。ソコウゥフの刑務所には二〇日ほどいた。周囲の状況が急変したようだった。ソ連赤軍が迫り来るなかドイツ軍の一部が撤退し始めたのか、刑務所施設はすべて廃止され、重刑を宣告された者は殺されることになった。二人は別の収容所にトラックで移送された。どこへ向かうのか分からなかった。バルバラは

図5―10

後年、コスフ・ラツキを通ったようだと書いている。

そしてその行き先はトレブリンカだった。前章に記したように、絶滅収容所（トレブリンカⅡ）は前年八月の囚人たちの反乱後、機能はすでに停止状態だった。姉バルバラの回想は懲罰労働収容所の最後について後述する他の証言者や研究者の記述と期日や人数などで相違するところもあるが、妹ハニャとの別れは痛苦に満ちたものである。一九四四年「八月《マ》一日《マ》」、ドイツ人は浮足立っていた。収容所を閉鎖するため、最後となる整列・点呼が行われた。収容所司令官が後始末に残留する一九人の名前を発表した。最初に呼ばれたのがハニャだった。姉のバルバラはハニャと離れまいとすぐ飛び出して、妹を別の隊列に引き込もうとしたが、看守たちに力ずくで引き離された。混乱が起き、周囲からは看守を怒らせると皆殺しにされると制され、収容所を退去させられる囚人たちの群れとともに押し流されてしまった。バルバラの記憶には断絶がある。気がつくと知らない農家の堅い長いすに寝かされ、乾いた手織りの布がかけてあった。収容所から出て三日後、彼女はトレブリンカの南東、ソコウゥフ・ポドラスキのやや北のソブニェという小さな町にあった両親の知人一家にいた。ハニャがどうなったのか彼女には分からない。周りの人たちがハニャはどうなったのと尋ねたのに何も答えようがなかったことしか憶えていない。（Barbara Bednarska z domu Zaleska, siostra Hani, Muzeum Walki i Męczeństwa w Treblince, http://www.treblinka-muzeum.eu 二〇一六年五月一〇日閲覧）

懲罰労働収容所の最後

エドヴァルト・コプフカは懲罰労働収容所の最後のとき、そこには女性・子どももふくめて約五五〇人のユダヤ人がいたとしてこう書いている。

「収容所の最終的な取り壊しは一九四四年七月二三日午後六時頃に始まった。ポーランド人の収容者は全員がバラックに閉じ込められ、ユダヤ人はバラックから出て広場に横になるように命じられた。事前に選ばれた一七人のほか、他のユダヤ人囚人は全員処刑された。ポーランド人は、政治活動を疑われたものが全員処刑された。その後、収容所スタッフがファイルをすべて破棄し、バラックに火が放たれた。」(Kopówka, *op.cit.*, s.61-62) コプフカはまたこのとき、女性・子どもをふくむ約二〇人のポーランド人も射殺され、そのなかに「当時一四歳だったアンナ・ザレスカ」がいたとしている (*Ibid.*, s.60)。

マルセル・リュビーは「この懲戒キャンプは、絶滅収容所とはまったくの別組織として一九四四年七月二十三日まで機能し続けた。V・グロスマンによると、キャンプの生活条件は強制収容所のそれと大差ないものであったが、組織的殺害が行われるようなことはなかったという」（マルセル・リュビー著、菅野賢治訳、『ナチ強制・絶滅収容所』、p.376）と書いている。ヴァシリー・グロスマンは元ソ連軍従軍記者で、一九四四年九月にトレブリンカに来て現地を目撃したとされる。

収容所の看守だったアレクセイ・ニコラエヴィチ・コルグシュキンの小隊は一九四四年八月《ママ》、収容所が取り壊された日にパトロールの勤務についていたが、以下のように述べている。

「囚人区域を警護するため、われわれのそばに補助のパトロールが配置された。（……）午前、保安体制が強化された。八時か九時頃、囚人たちがバラックから連れ出されてきた。彼らはドイツ人に先導されて広場に集まり、パトロールについていない看守たちもこれに参加した。」

「全員が集合すると、五人ごとに殴打されながらグラウンドに追いやられた。看守たちは囚人を数えていきながら、彼らを立たせてズボンを膝まで引き下ろさせて逃げられないようにし、穴を掘らせて全員射殺した。（……）その穴全部でだいたい五〇〇人から六〇〇人が処刑された。死を宣告された人たちを数えたわけではないので、その数字はだいたいのものだ。私の記憶にあるのは、次の日、その穴のところに歩いて行くと、どれも遺体と泥でいっぱいになっていたことだ。ドイツ人と看守たちは収容所が取り壊されたあと、ソ連軍がすでにトレブリンカに向かってきていたので、いっしょに逃亡した。」（Webb & Chocholatý, *op.cit.*, p.18）

「ポーランドにおけるドイツの犯罪調査委員会」は絶滅収容所跡の調査とともに懲罰労働収容所跡の調査も実施した。その調査の結果、懲罰労働収容所の〇・五キロ以内の範囲に、遺体を複数埋めた場所が少なくとも四十箇所あり、六五〇〇人の囚人の遺体があったことが判明したとし、収容所が存在した期間を通じ、少なくとも一万人がそのゲートをくぐったとしている。（*Ibid.*, p.18）

第六章

ティコチン——ユダヤ人絶滅の町

ティコチンとウォプホヴォの森、ビャウィストク管区のトレブリンカ移送の町

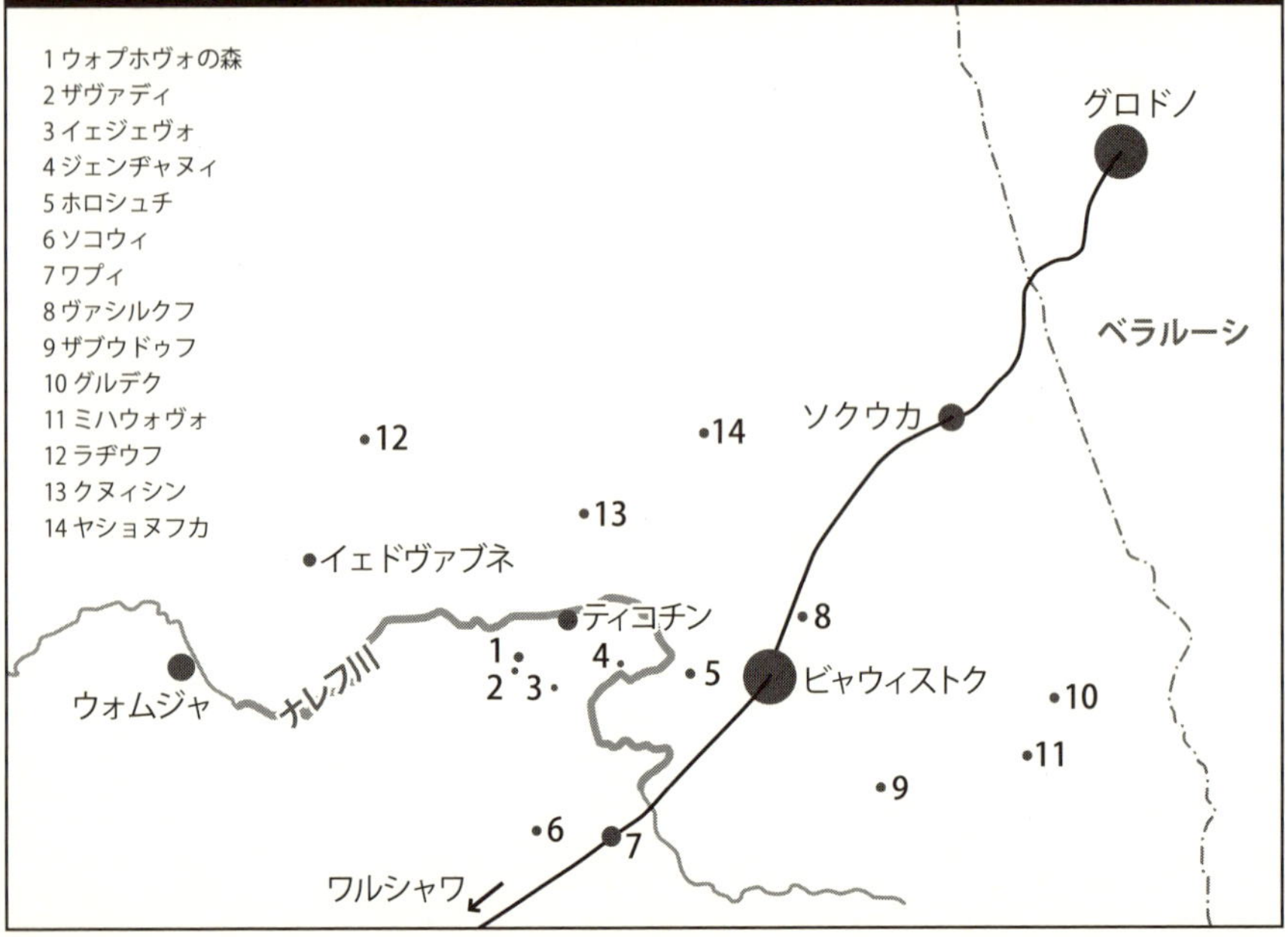

ティコチンの町

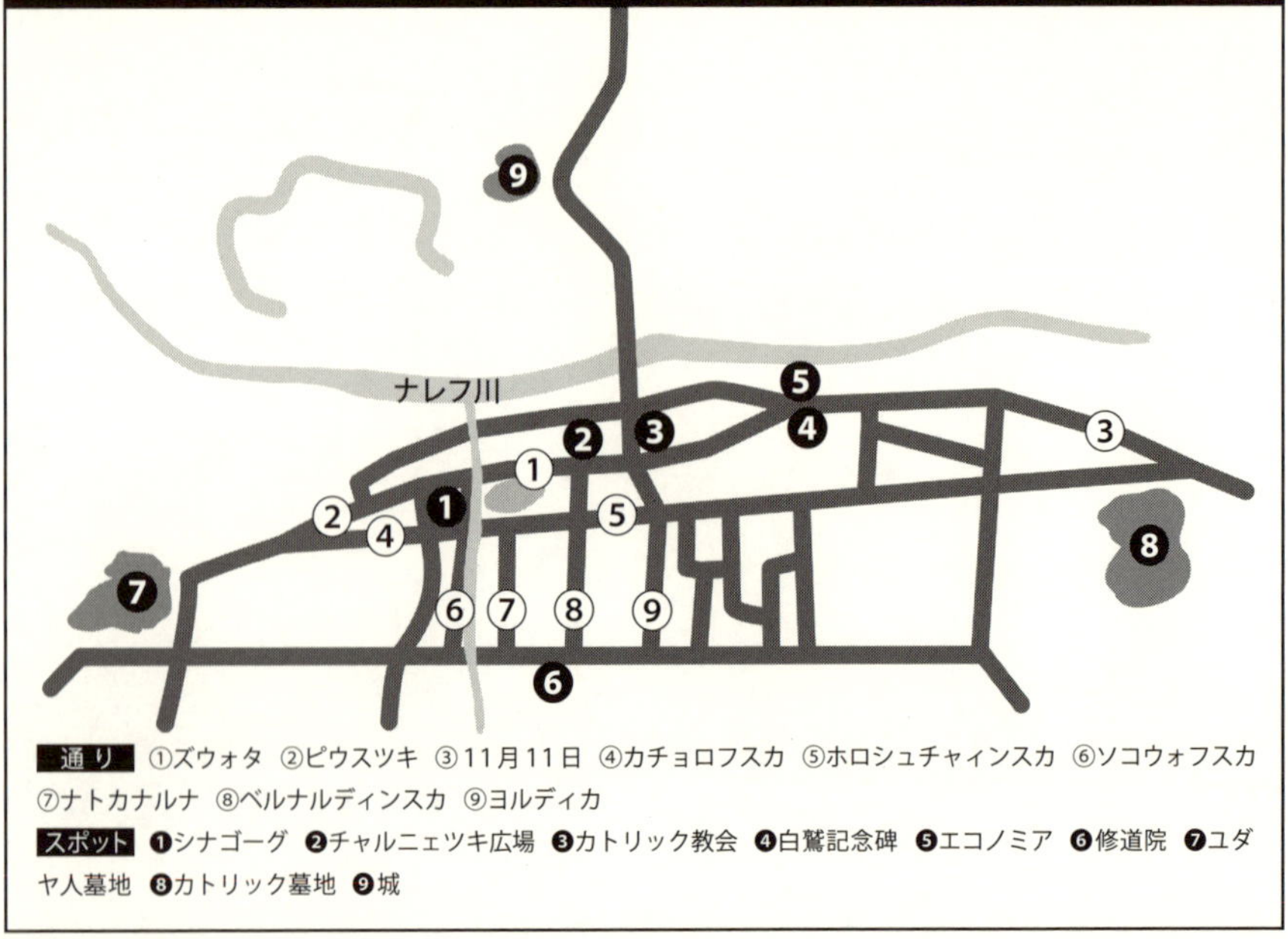

通り ①ズウォタ ②ピウスツキ ③11月11日 ④カチョロフスカ ⑤ホロシュチャィンスカ ⑥ソコウォフスカ ⑦ナトカナルナ ⑧ベルナルディンスカ ⑨ヨルディカ

スポット ❶シナゴーグ ❷チャルニエツキ広場 ❸カトリック教会 ❹白鷲記念碑 ❺エコノミア ❻修道院 ❼ユダヤ人墓地 ❽カトリック墓地 ❾城

トレブリンカからさらに北東一〇〇キロほどのあたりに、かつてユダヤ系住民とカトリックのポーランド人を主とする非ユダヤ系住民がそれぞれ一五〇〇人から二五〇〇人ほどのあいだで住みわけ共存していた小さな古い町がナレフ川の近くにある。ビャウィストクの西方二八キロあたりで、戦前のポーランド領でいえば、さらに北東にはグロドノ（現在はベラルーシ領、Hrodna）がある。

ビャウィストク

ビャウィストクの名はトレブリンカ絶滅収容所跡の数ある墓標群に刻まれたなかのひとつに見ることができる（写真、第四章参照）。一九世紀に繊維産業が発展した都市で、ユダヤ系住民は第一次世界大戦直前には約六万二〇〇〇人で都市人口の約七〇パーセントちかくを占め、その後比率はやや下がるものの、両大戦間期には五〇パーセントを越していた。一九三九年九月一五日にいったんナチス・ドイツに占領されたが一週間後には独ソ間の秘密取り決めにより東方から進入してきたソ連に支配権が移管された。しかし、一九四一年六月の独ソ戦開始直後の同月二七日に再びドイツ占領下に入った。「赤い金曜日」とよばれたその日だけでも二〇〇〇人ものユダヤ系住民が焼き殺されたり銃殺されたりし、さらに二週間にわたって数千人が処刑されたとされる。すぐにゲットーがつくられ、ビャウィストク近郊のユダヤ系住民もふくむ五万人が壁の中に閉じ込められた。（Yisrael Gutman, *et al.* eds., *Encyclopedia of the Holocaust*, p.210）イツハク・アラドが表に掲げる数字によると、その後、一九四三年二月九日から一三日にかけて、射殺された二〇〇〇人のほかに一万人、同年八月一八日と一九日にはゲットーが破壊されて七六〇〇人ものユダヤ人がトレブリンカに移送されて殺された（他の主な移送先はマイダネク）。さらにその間、一九四二年一一月から一二月にかけて、ビャウィストク周辺の町や村からも九三〇〇人以上のユダヤ人がトレブリンカへ移送されて殺された。それらは、クヌィシン（一三〇〇人）、グルデク（一三八〇人）、ワプィ（四五〇人）、ホロシュチ（四四〇人）、ミハウォヴォ（七五〇人）、ソコウィ（八五〇人）、ヴァシルクフ（一一八〇人）、ザブウドゥフ（一四〇〇人）、さらにやや南東にあたるクレシュチェレ（四〇〇人）、ミレイチィツェ（一〇〇〇人）だった。（Yitzhak Arad, *Belzec, Sobibor, Treblinka: The Operation Reinhard Death Camps*, p.396）これらの名はすべてトレブリンカの墓標にひとつひとつ刻まれている。（ティコチン、ビャウィストク周辺の地図）

　だが、同じようにビャウィストク管区内の町でもティコチンのユダヤ人の運命は違った。それよりさき、一九四一年八月二五日から二六日にかけ、ポーランド人と摩擦がありながらも共存して、当時町の半数を占めていたユダヤ系住民のほぼ全員がナチス占領者によって町の市場広場に集められ、そう遠くないウォプホヴォの森に連行されて全員が銃殺・処刑されたのである。それゆえ、トレブリンカ絶滅収容所跡の墓標のなかにティコチンの名はない。

ティコチン

ティコチンの人口は現在一八〇〇人ほど。ユダヤ系住民は一九世紀半ばのピーク時には三五〇〇人ちかく（全住民の約七〇パーセント）いたが、その後漸減して一九三九年には一五〇〇人（同前約五〇パーセント）となった。一九四二年八月、そのユダヤ人がほとんど殺されてしまったのだが、旧ユダヤ人居住区のシナゴーグは博物館として保存され、かつてのユダヤ人の屋敷もきれいに補修されてレストランなどになり、形だけを残している。

ティコチンの名が歴史に登場するのは遠く一三世紀のことで、この地域ではもっとも古い町のひとつである。一四二五年にヤヌシュ一世マゾヴィェツキ侯により町として認められた。一五世紀、リトアニア大公国に編入され、大貴族であるゴシュタウタス（Goštautas）家の所領となった。現地発行の資料によるとその後の町の成り行きは次のとおりである。

一五四二年にゴシュタウタス（ポーランド語名・ガシュトウト）家の継承者が途絶え、ティコチンはポーランド国王であるズィグムント二世アウグスト（一五二〇～一五七二）の所領となった。国王は一五世紀に建てられた城をルネサンス様式に増改築して国王書庫をおき、宝物庫や武器貯蔵庫をつくった。その後、造幣局もおかれ、ナレフ川沿岸は商業の拠点となった。一六世紀半ばには人口がおよそ二五〇〇人に達し、多くの宿場や食堂がたちならんでいたという。しかし、一七世紀には戦乱と疫病で町は衰退した。一六五五年、スウェーデンの侵略（「大洪水《ポトプ》」）でティコチンは占拠されてひどく破壊された。一六六一年、王国のヘトマン（軍司令官）のステファン・チャルニェツキ（一五九九～一六六五）が祖国防衛戦争での働きの褒賞としてこの地を賜り、その娘との結婚によってブラニツキ家の手に移った。（Adam Rudawski, *Spacerkiem po Tykocinie*, s.11-12）一七四一年の大火災の後、ヤン・クレメンス・ブラニツキが聖三位一体教会を建設するなど町を再建したが、衰退傾向を止めることはできなかった。

ポーランド・リトアニア共和国が三分割された一七九五年頃、ブラニツキ家のイサベラ・ブラニツカがこの町をプロイセン政府に売却した。一八〇七年、ティルジット条約 Treaty of Tilsit によってワルシャワ公国に、一八一五年にはロシア領「ポーランド（会議）王国」に帰属した。「一九世紀半ば、ティコチンの人口は五〇〇〇人ちかくなっていて、ユダヤ系が約三五〇〇人（七〇パーセント）だった。」（Virtual Shtetl, http://www.sztetl.org.pl）しかし経済的には衰退の一途で世紀末には他の地へ流出がすすんだ。

ユダヤ人の来歴

ティコチンへのユダヤ人来歴については一五二二年、ヴィレィンスキ郡とトロツキ郡の総督だったオルブラフト・ガシュトウト（一四七〇～一五三九）がグロドノから最初の一〇人を居住させたのに始まるというのが定説である。「ビャウィストクのユダヤ人についての初めての言及は一七世紀半ば」（Gutman, *et al.* eds., *op.cit.*, p.210）といわれるから、それよりも一〇〇年ほど早いことになる。グロドノ（現在はベラルーシ領）から来たユダヤ人たちは市場広場西のカチョロヴァ地区に住み、シナゴーグや墓地をつくった。一五六九年の「ルブリンの合同」によって誕生するポーランド・リトアニア共和国には大きなユダヤ人社会がいくつも生まれ、かなりの自治を享受した。独自の裁判制度をもち、宗教行為・行事がしばられることはなかった。ユダヤ人の代表者が徴税だけでなく商売、衛生、教育などをとりしきった。ティコチンのユダヤ人も町の司法管轄から除外されて保護されるなど大貴族から一定の特権をえて経済的発展をみた。市場広場に露店をだすことから始まり、地元の市場で商売するだけでなく、当時のヨーロッパの商業中心地だったヴィルノ（ヴィルナ）、ポズナンなどにも商業活動をひろげ、さらにはグダィンスク、ヴロツワフ、クルレヴィェツなどとの経済的接触にもおよんでいく。

「一五七一年、ティコチンのユダヤ人は五九家族で、全住民の一五パーセントだった」（Rudawski, *op.cit.*, s.6-7）とされる。一五七六年には国王ステファン・バトルィ（一五三三〜一五八六）により、王国全域での商業活動が認可された。商売は塩、スパイス、織物などで、金融業も営んだ。彼らの居住したカチョロヴァ地区はユダヤ人の経済・文化センターとなり、高名なラビも住んだ。

一七世紀、ポーランド国王により、ティコチンのユダヤ人の自由と特権はさらに拡大認可された。一六二一年、ティコチンは行政上も独立した町となり、一六四二年にはカチョロヴァ地区にバロック様式の新しいシナゴーグが建てられた。一七、一八世紀の頃、ティコチンのシナゴーグはクラクフのシナゴーグに次ぐ大きさのものだったという。一六六〇年のスウェーデンによる侵略で町は大きな被害を受けたが間もなく復興された。ティコチンはポドラシェ、マゾヴィア東北部では最もゆたかな町になり、ユダヤ教の神権政治機構である「カハル」（Qahal, or Kahał）が近隣地域の小カハルもたばねて重要な役割を果たした。

一八世紀前半、ティコチンでもポーランド人とリトアニア・ユダヤ人のあいだで争いが頻発した。ポーランドの三分割時代、一七九五年から一八〇七年はプロイセン統治下、その後ロシア支配下に入るが、ティコチンの経済的地位はビャウィストクに奪われて衰退の道をたどる。「一八世紀末、ティコチン周辺地域共同体のユダヤ人もティコチンの『カハル』から独立し始める。」（*Ibid.*, s.6-7）前述のようにユダヤ人人口も一九世紀半ばに約三五〇〇人（全住民の七〇パーセント）に達するが、その後漸減する。

ユダヤ系住民の虐殺

二〇世紀の両大戦間期、ティコチンの人口は三〇〇〇人から四〇〇〇人と推定され、ユダヤ人は第二次世界大戦前、その約半数を占めていた。町は一九一八年からビャウィストク管区となるが、かつての経済的隆盛をとりもどすことはなかった。一九三九年九月、モロトフ・リッベントロップ秘密協定により、ポーランドがドイツとソ連に侵略され、独ソ国境協定で、ナチス占領下からソ連の占領下（ベラルーシ・

ソヴィエト社会主義共和国）に入った。しかし、一九四一年六月の「バルバロッサ作戦」で独ソ戦が始まり、町は再びナチス・ドイツの支配下に入る。ドイツ国防軍のあとに入ってきたのがアインザッツグルッペンである。ドイツ占領者はドイツ系住民の有力者を市長にすえて、大勢のユダヤ人をソ連・NKVD（内務人民委員部）の「協力者」とした名簿をつくらせたという。占領者はまた、ティコチンと近隣のポーランド人住民を扇動して、ユダヤ人の財産を略奪させた。

そうしたなか、ヴォルフガング・ブルカー指揮下のナチス親衛隊部隊が一九四一年八月二五日と二六日の両日、ちかくのウォプホヴォの森でティコチンに居住するユダヤ人の大多数を殺害した。八月二五日のその日、ナチス・ドイツ占領者はティコチンのユダヤ系住民全員に対してチェルヴォヌィ・ブルへの「再定住」のためと偽って中央広場に集まるよう命令した。ユダヤ系住民の大多数がこの命令に従い、およそ一七〇〇人が広場からイェジェヴォ、ザヴァディという近隣の小さな町を経由し、ウォプホヴォの森へ連行されて男性も女性も子どもも年寄りも射殺された。男性は徒歩で、女性や子ども、高齢者はトラックで運ばれた。「虐殺への行進」の先頭を行かされたのは親衛隊に挟まれたオーケストラで、陽気な曲を演奏させられたという。ザヴァディのすぐちかくの森にはすでに大きくて深い穴が用意されていた。この間、逃亡したものもあったが、ごく少数だった。ポーランド・ユダヤ人の歴史博物館のウェブサイトによると約一四〇〇人が殺害され、一五〇〇人がビャウィストク・ゲットーに移送され、その多数はトレブリンカに送られたとされる。

（Virtual Shtetl, http://www.sztetl.org.pl　二〇一六年五月一〇日閲覧）最終的に生き延びたひとはわずか十数人とされ、戦後イスラエルに移住した。さらにそのなかの幾人かはティコチンにもどってみたが、当時の反ユダヤ主義の風潮のなか、ポーランド人ナショナリストの攻撃対象となり、やむなくパレスティナに移住したともいう。戦後、一九五〇年にティコチンは多数の住民を失ったため、市としての資格を失ったが、ポーランドの政治体制変革の後の一九九三年に市制を回復した。

ズウォタ通りから

道路が整備されたとはいえ、ティコチンへはワルシャワ中央部から一七〇キロちかくはあるだろう。車では三時間ほどかかる。前述のとおりいまでは人口が二〇〇〇人にも満たない静かな町で、日中も人は疎《まば》らである。市街はナレフ川の南側にひろがる。東西を走るメインストリートは一一月一一日通りからズウォタ通りへつながる通り、南北を走るのは東から、ヨルディカ通り、ベルナルディンスカ通り、ナトカナルナ通り、ソコウォフスカ通りである。ズウォタ通りの南側に市場広場があるがそのあたりがかつて、西側のユダヤ系住民と東側のカトリック系住民の「住みわけの」の境だったのだろう。ソコウォフスカ通りのすぐ西側、かつてのユダヤ人地区・カチョロヴォにシナゴーグ（シナゴガ・ヴィェルカ）がある（図6―1）。一六四二年に後期ルネサンス・バロック調様式で建築された。現在ポーランドでも最もよく保存維持されているシナゴーグのひとつと聞く。もとは木造だったが、戦

図6―1

後の一九六五年に火災に遭い、一九七〇年代に改修復された。いまは道をおいて西側のタルムード館とビャウィストク・ポドラスキ博物館の分館・ティコチン博物館 Muzeum w Tykocinie（Muzeum Podlaskie w Białymstoku）を構成している。シナゴーグにはヘブライ語による祈祷文、彩色のみごとなフレスコ画、ユダヤ教律法であるトーラーの巻物を収める装飾ゆたかな聖櫃、トーラーの朗読が行われる会堂中央のビーマーなどがあり、ティコチン・ユダヤ人の歴史を濃密に感じることのできる貴重な場所と言える（口絵・図Ⅷ）。ナチス・ドイツ占領時期、シナゴーグは一部破壊されたが、倉庫としても使用された。

シナゴーグからユゼフ・ピウスツキ通りを西側に行けばユダヤ人墓地にいたる。反対にシナゴーグのあたりからかつてのポーランド人居住区を見ると、ズウォタ通りのその光景はすくなくとも二〇世紀初めとほとんど変わっていない（図6―2、6―3）。シナゴーグのあるかつてのユダヤ人居住区、ピウスツキ通りからソコウォフスカ通りとのT字路を進んで東側のズウォタ通りを歩いてかつてのポーランド人居住区に向かう。ティコチンはかつてポーランド人やユダヤ人だけでなく、その他多くの民族・宗教が混在・共存した町だったという。タタール、オランダ、リトアニア、ルーシにルーツを持つ人びと、ユダヤ教、カトリック教徒だけでなく、正教徒、新教徒、合同教会、イスラム教などが混在していた。エスペラント語を発明したルドヴィク・ザメンホフ（一八五九〜一九一七）はビャウィストクの生まれだが、父のマルコ・ザメンホフ（一八三七〜一九〇七）が生まれたのはティコチンで、そ

図6―2

図6―3

の記念プレートがある（図6―4）。正教徒ルーシ人は一五世紀から一六世紀にやってきて通りに宿場を多く開き、オランダ人は一七世紀から一八世紀にやってきて、ナレフ川の治水を改良し、洪水の危険を除去した。だがかつての「民族のるつぼ」はもうない。ポーランド文化への同化とカトリックへの改宗がすすみ、主要な言語はポーランド語になっていった。（Rudawski, *op.cit.*, s.10-11）

ズウォタ通りを東へ真っ直ぐに歩いてゆくと、ステファン・チャルニェツキの立像のあるチャルニェツキ広場に出る（図6―5）。ステファン・チャルニェツキ（一五九九～一六六五）はポーランド・リトアニア共和国の小貴族から大貴族マグナートへ、一六五七年からは王国軍トップの一員であるヘトマン、ルテニヤ総督、死の前年一六六四年七月にはキエフ群長まで昇りつめた人物である。軍司令官としての活躍は目覚ましく、コサックの指導者、ボフダン・フミェルニツキ（フメルニツキー）の乱（一六四八年）、ポーランド・ロシア戦争（一六五四～一六五五、一六五九～一六六七）、ポーランド・スウェーデン戦争（「大洪水」）（一六五五～一六六〇）などで大きな功績をあげた。とくにスウェーデンの侵略に対する農民や地域住民によるゲリラ戦争を鼓舞して、スウェーデン軍の撤退に大きく貢献したとされる。フミェルニツキの乱に関しては一六五一年六月、一〇万人のコサックとタタールに五万六〇〇〇人のポーランド軍（総指揮、ヤン二世カジミェシュ国王、一六〇九～一六七二）が激突したヴォルヒニャのベレステチュコ村での戦闘での勝利にも貢献した。チャルニェツキの名はポーランド国歌（ドンブロフスキのマズルカ）の歌詞に

図6―4

図6―5

もあらわれている。チャルニェツキ像は一七六一年の建造である。

チャルニェツキ広場のさきには堂々たるバロック様式のカトリック聖三位一体教会がある（図6―6）。一七四一年にブラニツキの委嘱により建造が始まって一七五〇年に献堂がなり、比較的近年に修復された。教会ちかくのベルナール会修道院は現在、カトリック教会のセミナリー（神学校）になっている。カトリック教会の荘麗なすがたはワルシャワのいくつもの名だたる教会にも比肩しうるもので、カチョロヴォ地区のシナゴーグとともにティコチンで見るべきものの双璧と言える。

教会の脇、一一月一一日通りをさらに東へ歩いてゆくと、ポーランドの国章にもある白鷲の記念碑にであう（図6―7）。丸い石をいくつも組み込んだ背の高い記念碑の上には大きな鷲の像がある。下の方にまん丸の記念板が三つある。ひとつは、ポーランドの最高勲章である「白鷲勲章」制定の由来である。

「白鷲勲章は一七〇五年一一月一日に国王アウグスト二世によりティコチン城で制定された。」（図6―8）

国王アウグスト二世（一六七〇〜一七三三）はスウェーデンに対する北方戦争の際にティコチンの城

図6―6

図6―8

図6―7

に滞在していた。
　別の丸い記念版にはルヴフ（現在、ウクライナのリヴィウ）生まれの社会主義詩人、ボレスワフ・チェルヴィェンスキ（一八五一〜一八八八）の詩「メメント」の一節が刻まれている。
「この聖なるシンボル／このわれらの白鷲／なにより栄光のために創造された。」（図6—9）
　そしてもう一つは、一八三〇年から三一年にかけての一一月蜂起のときに書かれた愛国歌「ヴァルシャヴィャンカ」の一節である。原詩はフランス人詩人、カジミール・ドラヴィーニュによるもので、亡命詩人のカロル・シェンキェヴィチによりポーランド語に訳された。
「飛翔べ、わが鷲よ、たかく飛翔べ／栄光、ポーランド、世界のために！／生き残るものは解放されよう」（図6—10）
「ヴァルシャヴィャンカ」は一九四四年のワルシャワ蜂起のとき、蜂起軍のラジオ放送「稲妻」（ブウィスカヴィツァ）から毎放送時に流されて市民を力づけた。いまも一九四四年蜂起の記念式典ではいつも耳にする美しい曲である。作曲はカロル・クルピィンスキ。現在ポーランド・ワルシャワで「ヴァルシャヴィャンカ」といえば一般に一八三一年のこの曲を指すが、一九〇五年の革命運動の頃に労働者に愛唱されたまったくべつの「ヴァルシャヴィャンカ」もある。日本では「暴虐の雲、光を蔽い／敵の嵐は荒れ狂う」（訳詞・鹿地亘《かじわたる》）で始まる所謂「ワルシャワ労働歌」で

図6—9

図6—10

ある。シベリアに送られた社会主義詩人が一八八〇年前後にツィタデラ一〇号棟で書いたものにメロディがつけられたという説がある（工藤幸雄『ワルシャワ物語』pp.169-171）。ちなみに前記「メメント」を書いた詩人、ボレスワフ・チェルヴィェンスキが作詞した「赤旗」Czerwony Sztandar も一八八三年、ポーランド労働者階級の賛歌となった。

ポーランド人住民の強制移送

筆者がその町を訪れた二〇一四年はちょうど、カトリック系住民多数がナチス占領者によって強制収容所に送られた事件の七〇周年にあたり、カトリック教会向い側の広場で「動かぬ証言・証拠」という写真展示を見た（図6—11、6—12）。企画したのはビャウィストク・ポドラスキ博物館の分館であるティコチン博物館である。

事件は一九四四年五月末に起きた。第二次大戦開始前に人口の約半数を占めていたユダヤ系住民のほとんどが三年近く前にウォプホヴァの森で処刑され、カトリック系ポーランド人を主とする非ユダヤ系住民が残っていた。同年五月二五日、ビャウィストク・ワルシャワ幹線路上のジェンギャヌィとイェジェヴォの間でティコチン駐在ドイツ人憲兵、フィリプ・シュファイガーが襲撃された。ビャウィストク管区のナチス警察保安部隊司令官はその報復として同月二六日、合計一五〇〇人（そのうち四〇〇人がティコチンの住民）の逮捕を命じた。翌五月二七日朝四時、ドイツ人憲兵はすべての家から住民を追い出し、「身分証の点検」を口実にチャルニェツ

図6—11

図6—12

キ広場に集めた。その後、大型トラックによる住民の移送作戦が夕刻まで数時間おきに行われた。街に残ったのは老人と小さな子どもたちだけになった。移送された約四〇〇人のティコチン住民は最初にビャウィストクに拘束され、二日後には貨物列車でナチス・ドイツ占領下の各地の強制・労働収容所に送られた。女性たちはまずラーフェンスブリュックへ送られ、その多くはまたそこからザクセンハウゼン・オラニエンブルク、ベルゲン・ベルゼンに移送されて強制労働に駆り立てられた。男性たちはグロス・ロゼンに移送されて、岩石採掘場で労働させられた。

ウォプホヴォの森

ユダヤ系市民が連行されて処刑されたウォプホヴォの森はティコチンから六〜七キロほどの地点である。高くそそり立つ樹林に両側をはさまれて小道を歩いてゆくと、やがて森のなかのこじんまりした広場のようなスペースがあって、目の前にいくつかの記念碑があらわれる。一番さきに目につく大きな石の記念碑にはダヴィデの星が埋め込まれていて、浮き出し文字にはこうある。

「一九四一年にナチスにより殺害されたティコチンと近隣のユダヤ人が眠る。その犯罪の六〇周年に」（図6—13）

また、べつの縦長の四角い記念碑にはこうある。

「一九四一年から四三年に残忍にもナチス集団により虐殺された

図6—13

図6—14

三〇〇〇人のポーランド市民がここに眠る」（図6—14）

つぎのような記念板もある。

「叔父のシェブセイ（シャブタイ）・ピェカレヴィチを記念して。彼はドイツがビャウィストクを蹂躙した日、ビャウィストクの広場で約二〇〇〇人のユダヤ人とともに射殺された。シャブタイの妻レアは息子のモシェとゲット（ビャウィストク・ゲットー で生まれたためそう名付けられた）とともにアウシュヴィッツに送られて殺された」

ビャウィストクがティコチンの東約二八キロにあり、かつてゲットーがつくられ、一九四三年二月九日から一三日にかけて一万人のユダヤ人がトレブリンカへ移送され、同年八月一八日から一九日にかけてゲットーが破壊されたという歴史的背景がそこにある。その場所の墓標のかたちの記念碑はそれぞれ、青と白のイスラエル国旗がかけられていたり、同じ色で編みつくられたダヴィデの星が立てかけられたりしている。イスラエル国家のアイデンティティによってその場所を染めてしまうかのような雰囲気に共感するには抵抗があるが、ユダヤ人犠牲者の遺族たちがこのような地方の森の中のこんなに小さなスポットにまで足を運んで来ていることには深い感慨を覚える。

証言

ティコチンでの大量殺戮を逃れたごくわずかな人たちの証言はある。ユダヤ歴史博物館にも証言が収められたメナヘム・トゥレクによると、事件の一〇日ほどまえの八月一六日、数人のゲシュタポがやってきて大勢の若者を動員し、ちかくの森に大きくて深い穴をいくつか掘らせた。八月二四日（日曜日）午後六時、ティコチンの住民は病人や身体障害のあるものを除いて全員が翌二五日朝六時に広場に集合せよとの命令がドラムで知らされた。翌朝、広場ではドイツ人が町中から集まったユダヤ人住民の名前を一人ずつチェックした。登録は人々を欺くためのただのみせかけですぐに終わった。広場がいっぱいになり、ゲシュタポは鞭をもった地元警官にも手伝わせて広場を封鎖し、住民たちをグループ分けした。ドイツ人の怒号がとびかった。危険を察知して逃亡しようとするものもあった。

午前七時頃、大勢のゲシュタポを載せた七台のトラックが到着した。若者や歩ける人たちは四列に整列させられた。広場の端から端まで続く長い列になった。材木商人のヤクプ・ハロシュハ、その義理の息子で皮革商人のモシェ・ジャク、仕立屋のダニエル・ダイチャなど町の中心人物が列の先頭に立たせられた。彼らはシオニズムの讃美歌といわれる「ハティクヴァ」Hatikvah を歌わされながら追いたてられた。高齢者と子どもづれの母親はトラックに乗せられた。列から遅れて射殺される人もあった。ポーランド人の警官が鞭をふるって行列を急がせた。人々はティコチンの南、イェジェヴォを通ってザヴァディの村に着いて学校建物に拘束された。全員が到着すると、すぐ近くのウォプホヴォの森へ死の行進が始まった。ユダヤ人たちはチェルヴォヌィ・ブルのゲットーに向かうと思わされていた。（Virtual Shtetl, http://www.sztetl.org.pl　二〇一六年五月一〇日閲覧）

前述したカチョロヴァ地区のシナゴーグ（シナゴガ・ヴィエルカ）のなかに、ウォプホヴォでの虐殺を奇跡的に逃れたあともナチスの絶滅収容所送りになりながら、戦中・戦後を生き抜いたアブラハム・カピツァを記念するプレートと数枚の写真が飾られている（図6―15）。

記念プレートにはこうある。

「ティコチンのユダヤ人絶滅を逃れた／ティコチンの名誉市民／『死と戦う若者』の著者／われらの偉大な友人／ユダヤ暦五七六四年の新年祭ロシュ・ハシャナ前日（二〇〇三年九月二六日）、イスラエルのヘルツル歿」

前章でふれたポーランド・ユダヤ人の歴史博物館のウェブサイトには、アブラハム・カピツァの妻マシャが夫の生い立ちから奇跡的な脱出行について語ったインタビューがアップされている。

アブラハム・カピツァは一九二六年、ティコチンのユダヤ人家庭に生まれた。父親は農業と市場の仲買などをしていた。一九三九年九月一日、ドイツがポーランドに侵攻し、二週間後には東からソ連も侵攻してきて、ティコチンは一九四一年六月までソ連の支配下にあった。その二年間、ティコチンのユダヤ

図6―15

人にとって戦争は遠いところのできごとだった。ユダヤ人の若者たちは政治的にも活発で、村行政の重要なポストについた。ユダヤ人社会には「ロシア人は救世主」で、一種の「ユーフォリア」(幸福感)が広まっていたという。しかし、一九四一年六月二二日、独ソ戦が始まってその幻想は砕ける。同月末、ドイツ軍部隊がティコチンに入ってきた。反ユダヤ主義が噴出し、ユダヤ人の共産主義活動家の名前がナチス占領者に通報された。ユダヤ人の商店が破壊され、ポーランド人によるユダヤ人一家殺害事件などもおきた。

同年八月二四日、日曜日の夕刻だった。町内のふれ役だったヤブウォンスキが「ユダヤ人は全員、明日六時きっかりに市場広場に集まれ」と言って通りや広場を歩き回った。翌日、広場はユダヤ人家族でいっぱいになった。アブラハムの父は息子に「家にもどって金品が盗まれないようにしろ」「すぐに帰れ」と言った。とにかく父の言いつけ通り、友人のモシェ・カヴカとともに広場をはなれた。アブラハムもモシェも二度と家族に会うことはなかった。広場に集められたユダヤ人は全員、ちかくのウォプホヴォの森に連行された。アブラハムの両親と五人の兄弟姉妹も殺された。

アブラハムとモシェは虐殺を逃れてティコチンの北東、クヌィシン村に着き、アブラハムの祖母の家で数ヵ月を過ごした。一一月、クヌィシンでユダヤ人のトレブリンカ移送が始まった。アブラハム、叔母のテイベル(母の妹)らとクヌィシンのさらに北東一七キロほどのヤショヌフカに隠れ家を見つけた。アブラハムは皮革工場で働いた。一九四二年の冬が明けるころ、ドイツ軍が入ってきて、またユダヤ人を広場に集めた。彼は逃亡をはかったが、ポーランド人に通報されて広場に連行された。集められた人々はさらにクヌィシン駅に連行された。トレブリンカ移送を恐れた若者たちは列車車両から飛び降りて逃走した。アブラハムも叔母らと脱出してビャウィストクへ行った。ゲットーでは親戚の何人かに再会した。間もなく、ビャウィストク・ゲットーの二万人をトレブリンカに移送する作戦が始まった。一九四三年八月一三日、最後の作戦が決行されて、アブラハムはルブリン近郊の中継収容所に送られたあと、ベウジェッツ絶滅収容所に送られた。そこで約一年間、大工作業をして生きのびた。

一九四四年七月、アウシュヴィッツ強制収容所に移送され、数週間後にはブナ・モノヴィッツ収容所で働き、さらにその後ソスノヴィェツ（アウシュヴィッツのやや北）のキャンプへ送られた。一九四五年初め、ドイツ国内への「死の行進」が始まった。途中大勢の囚人が死亡した。アブラハムら生き残ったものは列車でオーストリアのマウトハウゼン収容所へ連行された。同年五月五日、マウトハウゼン収容所は米軍に解放された。アブラハムは一九歳だった。ポーランドへもどってみたが、ポーランド人の反ユダヤ主義が広がっていた。ティコチンのユダヤ人のかげはすでに消えていた。

アブラハムはその後、ホロコーストを生き残った人たちとブダペスト、ザルツブルクにわたり、ユダヤ人移民組織の活動家に出会う。一九四六年、ドイツのヴァインデスハイム難民キャンプでマシャ・ロクシンと知り合う。彼女は八人家族でそのほかにも大勢の親類があったが全員がホロコーストの犠牲となっていた。マシャだけはベラルーシの森の中でポーランド人に匿われて生きのびることができた。アブラハムとマシャは一九四八年に結婚し、イスラエルに移住した。彼は二〇〇三年に死亡した。（Virtual Shtetl, http://www.sztetl.org.pl 二〇一六年五月一〇日閲覧）

第七章

パルミルィ——カンピノスの森の記憶

カンピノスの森

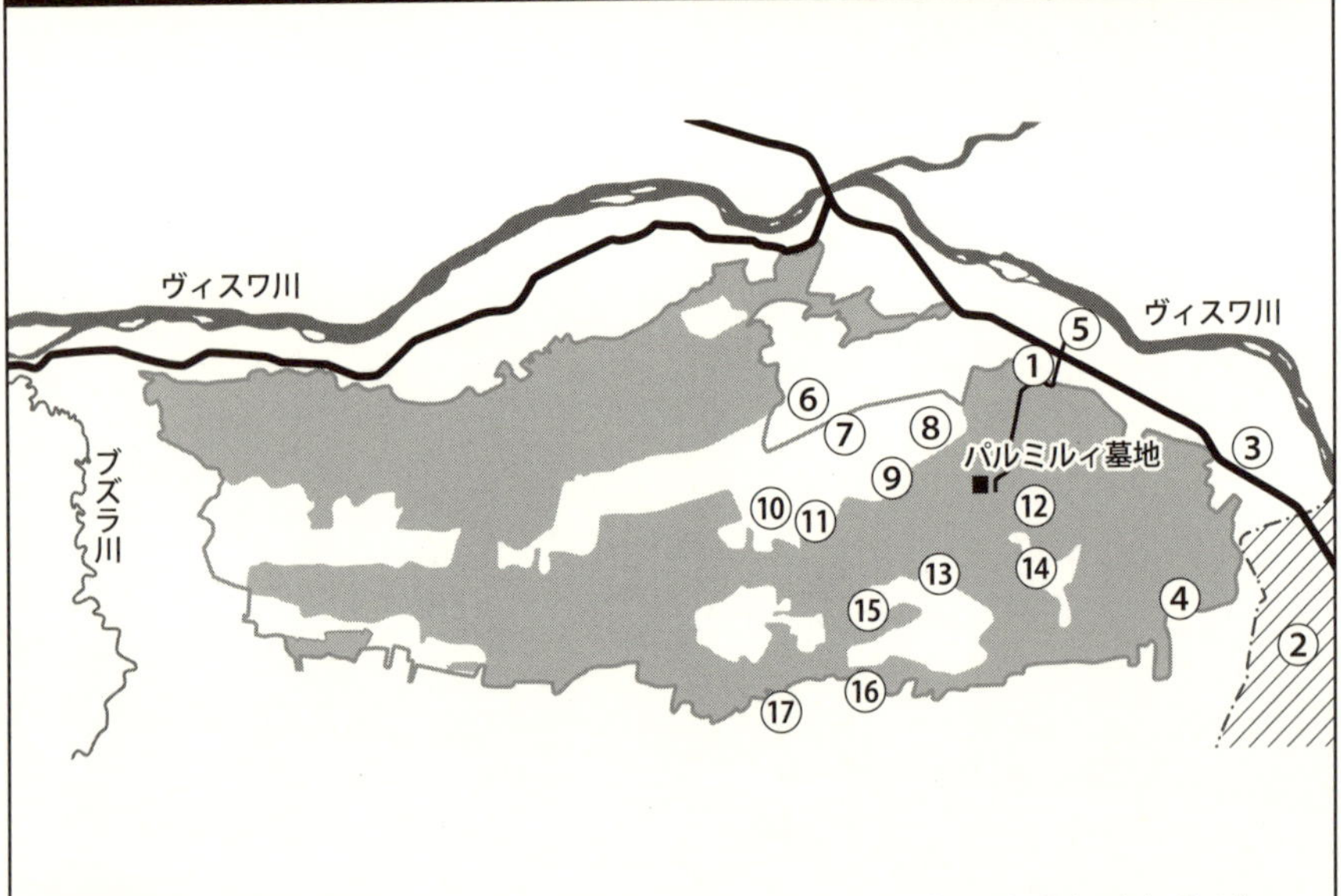

地名 ①パルミルィ ②ワルシャワ（ビェラヌィ）（ベモヴォ） ③ウォミャンキ ④ラスキ ⑤ウォムナ ⑥ソヴィャ・ヴォラ ⑦ブジョズフカ ⑧ヤヌヴェク ⑨トルスカフカ ⑩キシチンネ ⑪ヴィェルシェ ⑫ポチェハ ⑬ザボルフ・レシヌィ ⑭トルスカフ ⑮ワヴィ ⑯ザボルフ ⑰ザボルヴェク

ワルシャワ「死の円環」関連地

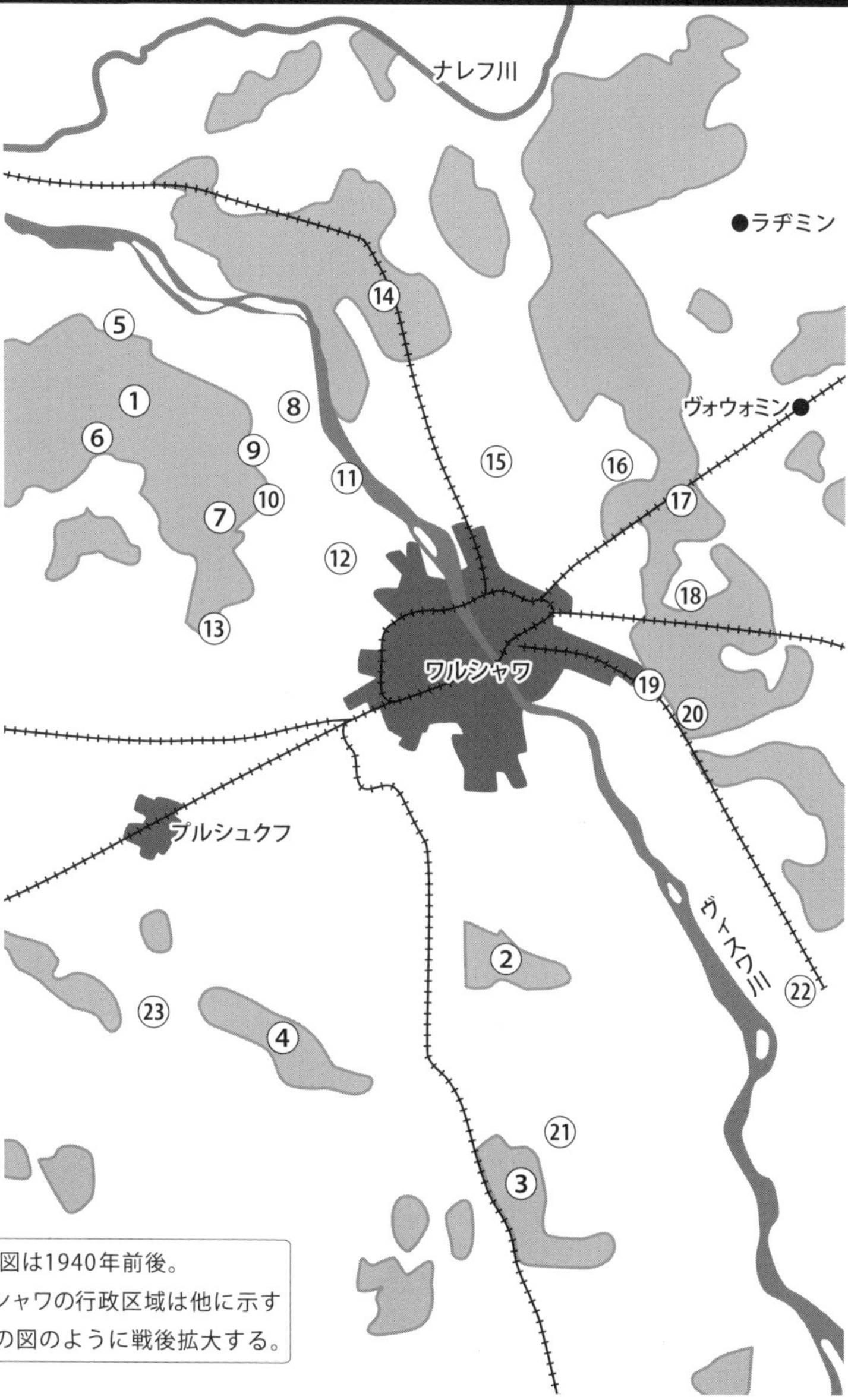

地 名 ①カンピノスの森 ②カバティの森 ③ホイヌフの森 ④センコチンの森 ⑤パルミルィ ⑥ポチェハ ⑦ラスキ ⑧ウォミャンキ ⑨ウゥジェ ⑩ヴルカ・ヴェングロヴァ ⑪ビェラヌィ ⑫ヴァフジシェフ ⑬バビツェ ⑭ブコヴィェツ ⑮ビャオウェンカ ⑯マルキ ⑰ジェロンカ ⑱レンベルトゥフ ⑲ヴァヴェル ⑳アニン ㉑ステファヌフ ㉒オトフォツク ㉓ナダジィン

森の中の記憶の場所・博物館

ワルシャワ中心部からしばしヴィスワ川を右手に見ながら七号道路を一路北西方向に市内を出てゆく。きれいに舗装された快適な自動車道を進み、ウォミャンキを通過し、さらに七キロほど進んで、ウォムナへ向かう道路と十字路をなす地点でこんどは左折し二キロほど南下するとまもなく、一九五九年に国立公園に指定された広大な原生林・カンピノスの森に入る。カンピノスの森はワルシャワ北西部からポーランド中央部へ広がる広大な森林と湿原・沼沢地帯で、現在約二三〇平方キロメートルが国立公園に指定されている。高い樹林がこんもりと密集して光も遮られる細い一本道を小刻みに揺られながら右に左にと曲がりくねって進んでゆくと、やがてパルミルィ国立共同墓地に出る。ナチス・ドイツ占領者は一九三九年九月末の占領直後からとくに一九四一年半ば頃まで、いわゆる「AB作戦」Ausserordentliche Befriedungsaktion（特別平定作戦）の一環として、その地を数千人にのぼるワルシャワ市民の大量処刑場に使った。ゲシュタポ本部「アレヤ・シュハ」（ヤン・フルィスティヤン・シュフ大通り二五番）、パヴィヤク監獄（ヂェルナ通り二四／二六番）、モコトゥフ刑務所（ラコヴィェツカ通り三七番）、ダニウォヴィチョフスカ通り（七番）の監獄などから夜間あるいは早朝頻繁に数十人あるいは一〇〇人をこえる人々が幌付きトラックでその地へ運ばれてきて秘密裏に処刑された。

いまその共同墓地のすぐ目の前に、大きくはないがとても印象深いミュージアムが開館している（図7―1）。一〇年ちかく前に訪れたとき、そこにはたしかに小

図7―1

さな古い博物館があるにはあったのだが、オフィスらしきものも観る人影さえもなく、展示物もただ放置しているかのようだった。いま思うと、その当時、おそらくは新しい展示館が構想・計画されるのを待っていたのかもしれない。現在そこにみるミュージアムは小規模ながらも、実に斬新な感覚がただよう。広大な森の一角、緑の中に墓標が整然とならぶ共同墓地に隣接するミュージアムは大胆なガラス張りを基調としていて、きらめく太陽の光がほのあたたかく差し込むなかに静謐な空気が流れるが、その展示は見る者の胸に激しく食い込むほどのきびしさがある。入館してすぐに目に入るカンピノスの森の写真。その下の説明文には「パルミルィ記憶の場所・博物館――ワルシャワ歴史博物館分館」Muzeum-Miejsce Pamięci Palmiry (Oddział Muzeum Historycznego m.st. Warszawy) として、こうある（図7―2）。

「パルミルィは、第二次世界大戦中にナチス・ドイツがポーランド領土内で行った犯罪を衝撃的に証言するものである。ミュージアムの展示は、そうした犯罪の犠牲者――一九三九年から一九四三年のあいだにパルミルィやカンピノスの森のなかの他の場所、さらにはホイヌフの森で秘密裏に行われた大量処刑で殺害されたポーランド市民、ユダヤ系市民を記念している。展示はまた、一八六三年の一月蜂起から一九四四年のワルシャワ蜂起までのポーランドの独立をめざす闘争においてカンピノスの森が果たした重要な役割を紹介している。展示物には写真、各種記録のほか、戦後の発掘作業で発見されて犠牲者の身元確認を可能にした品、犠牲者家族が

図7―2

ミュージアムに寄贈した家族の記録の品々もある。」

一八六三年一月蜂起

カンピノスの森の記憶を語るミュージアムの展示写真と解説は一八六三年にさかのぼる（図7―3）。一八世紀末のロシア、プロイセン、オーストリアによる三度の分割はポーランドに度重なる蜂起をよんだ。一八六三年一月二二日、蜂起指導部は「臨時国民政府」を宣言してロシア領ポーランド解放の戦いを挑んだ。蜂起直前、カンピノスの森にはワルシャワ市内から若者たちが大勢集まり、武器が集積された。斧、鎌、こん棒しか武器のない人々が一〇〇〇人に達したという。展示には、「同胞諸君、敵とともに生きることを望まぬもの、自由を尊ぶものはみなカンピノスの森へ行け」という無名詩人の一節が紹介されている。一八六三年四月、カンピノスの森のブダ・ザボロフスカ（現在ザボルフ・レシヌィ）などのでヴァレルィ・レミシェフスキ率いる部隊がロシア軍と激闘を繰り広げるが、反乱側は二〇〇人ちかくの死者をだし、森の中の墓地に埋葬された。だが、武装抵抗は鎮圧されても、抵抗そのものは一八六五年まで止まなかった。ロシア軍は抵抗する人々を逮捕して森の中や近辺の村で絞首した。二〇世紀におけるナチス・ドイツによる占領に対する抵抗は前世紀のこのたたかいを継承するものだった。カンピノスの森はナチス・ドイツの占領支配に対する蜂起を準備する重要拠点のひとつとなる。一八六三年蜂起で斃れ

図7―3

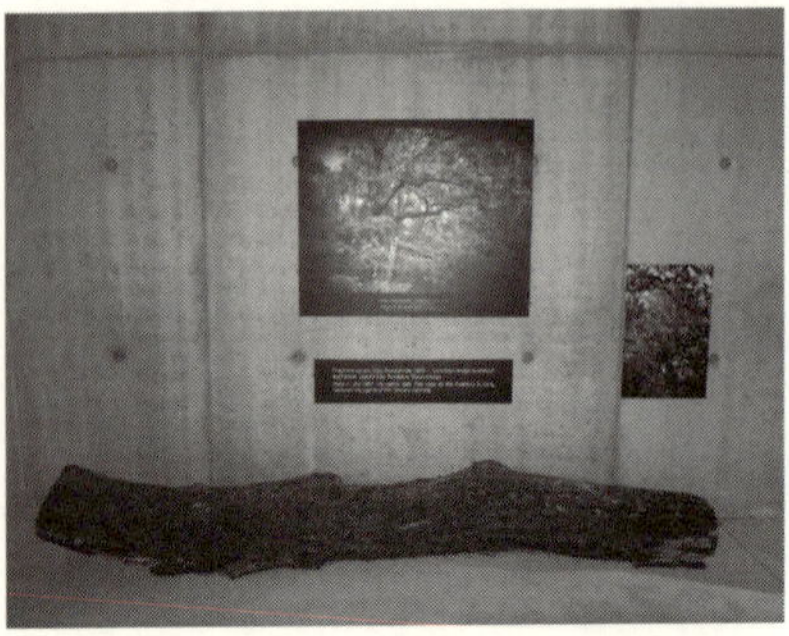
図7―4

た人々の墓地では秘密の集会がおこなわれ、兵士が宣誓した。カンピノスの森はまさに蜂起と抵抗の記憶の源泉だった。ミュージアムのなか、灰色の壁の前に横たえられた数メートルの太いオークの断材。一八六三年一月蜂起でロシア側に捕らえられた兵士が絞首刑されたときに使用されたものと説明にある（図7—4）。

一九三九年の首都防衛戦

一九三九年九月、ドイツの侵攻に対する首都防衛戦[注1]でも、カンピノスの森は重要な役割を果たした（図7—5）。ポーランド軍は砲弾・弾薬の約一〇パーセントをパルミルィに集め、ワルシャワとモドリン[注2]の防衛にそなえていた。九月一八日から、ユリアン・スココフスキ中佐指揮下の「パルミルィ軍団」がパルミルィの防衛にあたり、その後、ミコワイ・ボウトゥチ将軍が全体の指揮をとった。同年九月九日から二〇日にかけて、ポーランド軍はブズラ川流域でドイツ軍の侵入を阻止しようとした。「ブズラの戦い」[注3] Battle of Bzura の名で知られる。ブズラはワルシャワ西方、プウォックとの真ん中近くに位置するヴィショグルトから南に流れるヴィスワ川の支流で、広大なカンピノスの森の西端を流れる。ポーランド軍は緒戦では一定の成功を収めたものの、結

図7—5

注1　ポーランド語では Kampania wrześniowa あるいは kampania polska 1939、英語では September Campaign などと言う。

注2　ワルシャワの北西約五〇キロ、ヴィスワ川ちかくの軍事的要衝。一七世紀にスウェーデン、一九世紀初めにはナポレオン、二〇世紀初めにはロシアが要塞とした。一九三九年九月のワルシャワ防衛戦ではポーランドの重要な軍事拠点となり、同月二九日までドイツ軍に対する抵抗が続いた。

注3　ワルシャワ防衛戦におけるドイツ軍との最大の激戦。主要な戦闘地域は現在のポーランド中央部、ワルシャワの西でウッチの北に位置するクトノ Kutno 南方のブズラ川流域である（このため「クトノの戦い」ともよぶ）。

タデウシュ・クチュシェバ将軍 Tadeusz Kutrzeba 指揮下のポーランド軍は九月九日に始まる戦闘

局は装備で圧倒するドイツ軍の反撃に敗れた。カンピノスの森は撤退するポーランド軍とドイツ軍との戦場にもなった。カンピノスの森のなかの各所の墓地には一九三九年九月の首都防衛戦の戦士が九四〇〇人以上埋葬され、同時期の首都防衛戦でのポーランド軍戦死者の一五パーセントを占めるとされる。

ナチス・ドイツ占領下

一九三九年九月、旧ポーランド領東部はソ連に侵攻されてその支配下に入り、西部はナチス・ドイツにより中央部を総督府領とされ、北西部はドイツ帝国に編入される。首都防衛戦が敗北し、広大なカンピノスの森は総督府領とドイツ併合地域とに分割された。占領中、カンピノスの森は様々な地下活動の拠点となり、武器弾薬の集積、逃亡者の保護、パルチザンの軍事訓練、軍幹部候補生の教育、スカウト（「灰色部隊」Szare Szeregi）の活動訓練、地下通信物の配布なども行われた。

国内軍（AK）の第七地区は「オブロジャ」（犬の首輪を意味する）とよばれ、ワルシャワ市内をまさに環のように囲む広大な地域だったが（『ワルシャワ蜂起』p.26, pp.356-357参照）、カンピノスはさらにそのなかの「ムウォチヌィ・ウォミヤンキ第八下部地区」と指定された。指揮官は、ミェチスワフ・ニェヂェルスキ（アンジェイ）中尉（一九四〇年から一九四一年九月まで）と、ユゼフ・クシチュコフスキ（シモン）大尉（一九四四年九月末まで）で、一九四三年二月頃、森の中と周辺地域で約四〇〇〇人の兵力を擁していた。一九四三年八月三一日には不成功ではあったが、

の緒戦で優位に立ったが、同月半ば以降はドイツ軍が反攻して一九日に敗北が決定的になった。敗残兵がカンピノスの森を通ってモドリン、ワルシャワにもどり首都防衛戦を続けた。

パルミルィでドイツ側前進拠点を攻撃し、一九四三年一〇月と一九四四年四月にはプウォホチン近くで鉄道や通信網への攻撃を試みた。小規模ながら共産主義者の人民軍（AL）やナショナリストの国民武装勢力（NSZ）の部隊もあった。

ラスキの視覚障害者保護施設

ミュージアムの展示にラスキについてのものがある。ラスキはカンピノスの森の東端にあり、ワルシャワ市内にほぼ隣接する村で、ルジャ・チャツカ記念ラスキ視覚障害児童養護教育センターがあることでよく知られている。ルジャ・チャツカ（一八七六～一九六一）はフランシスコ十字架奉仕修道女会の創始者にして修道院長のエルジュビェタで、一九二二年にヴワディスワフ・コルニウォヴィチ神父（一八八四～一九四六）、アントニ・マルィルスキ神父（一八九四～一九七三）と協力してラスキ村に視覚障害のある子どもたちの保護施設を設立・運営した。ルジャは現在のウクライナに生まれ、幼少から音楽など芸術的才能があったが、二二歳で視力を失った。施設は約三〇〇人の定員で、幼稚園、小学校、図書館もそなえ、精神疾患者の子どもたちも養育した。一九三九年九月末から同施設には臨時の軍事病院がおかれ、首都防衛戦で負傷した人々の看護・治療の場所ともなった。一九四〇年に病院はなくなり、ドイツ占領者は視覚障害者の協会組織を解散させたが、施設はなおも幼児、学童の保護、職業教育の場として活動に使われた。後にポーランド司教、枢機卿ともなるステファン・ヴィシィンスキ（一九〇一～一九八一）は国内軍（AK）

のジョリボシュ・カンピノス管轄区の従軍司祭で、一九四二年九月から一九四四年のワルシャワ蜂起中もラスキにいて、保護施設の若者の教育にもあたった。施設は占領期間中、集会が開かれ、逃亡者が避難し、弾薬が隠され、秘密の通信物や物資がもちこまれる場所ともなった。

ラスキの森の墓地（ブジョゾヴァ通り七五番）は大きくはないが、瑞々しい緑と高い木立ちに包まれたまさに静寂の空間で、修道女による日々の手入れがゆきとどいていることをうかがわせる。小ぶりな正門を入るとまもなく、やや背の高い十字架をまん中にして三つの墓が並んでいる（図7—6）。中央がヴワディスワフ・コルニウォヴィチ神父、左にエルジュビエタ・ルジャ・チャツカ、右にアントニ・マルィルスキ神父。コルニウォヴィチ神父はヴィシィンスキ枢機卿の「精神的父」とも言われ、その遺体はラスキからワルシャワのピヴナ通りにある聖マルチン教会に移されて小さな棺におさめられている。ヴィシィンスキ枢機卿は一九五六年、ワルシャワ司教として、聖マルチン教会をルジャ・チャツカが創始したフランシスコ十字架奉仕修道女会にゆだねた。同教会は現在同修道女会の本部となっている。（『ワルシャワ蜂起』pp.149-150 参照）

ちなみにラスキの森の墓地には、一九八九年六月の国会議員選挙で自主独立労組・連帯が圧勝したあと首相をつとめたタデウシュ・マゾヴィエツキ（一九二七～二〇一三）と妻のエヴァ（図7—7）、詩人では一九二〇年代の若手詩誌集団・スカマンデル Skamander のメンバーだったヤン・レホィン（レシェク・セラフィノヴィチ、

図7—6

図7—7

一八九九～一九五六）、アントニ・スウォニムスキ（一八九五～一九七六）の墓もある。

一九四四年ワルシャワ蜂起

一九四四年八月一日のワルシャワ蜂起開始時、カンピノスの森のパルチザン部隊の任務はドイツ側が支配していたビェラヌィ飛行場一帯を重要な戦略目標として奪取することと、首都中心部への進入路をすべて封鎖することだった。だがこれは結局成功しなかった。カンピノスの部隊全体の司令官だったユゼフ・クシチュコフスキ（シモン）大尉は八月一日、二日両日のビェラヌィ飛行場奪取作戦で重傷を負い、アドルフ・ピルフ中尉（ドリナ）が新編成されたパルミルィ・ムウォチヌィ連隊を指揮することになる。八月の蜂起開始直後、蜂起部隊は次の村々を制圧していた。ヤヌヴェク、トルスカフカ、ヴィェルシエ、クログレツ、キシチンネ。近隣地域の部隊も合流して、国内軍「カンピノス部隊」が編成される。八月二三日、アルフォンス・コトフスキ（オコィン）少佐が司令官となり、兵力は約三〇〇〇人をかぞえた。

国内軍（AK）はドイツ側支配下にない中央部のおよそ三〇村の地域を「カンピノス独立共和国」Niepodległa Rrzeczpospolita Kampinoska と称し、ドイツ軍の移動を阻害した。カンピノス部隊は首都の部隊への支援を繰り返したが成功しなかった。その一例が、八月二〇日から二一日にかけてと二一日から二二日にかけてのグダィンスキ駅での戦闘支援である（『ワルシャワ蜂起』、p.350 参照）。蜂起も終わり頃、九月二六日、ドイツ側はカンピノスの「独立共和国」蜂起部隊に強力な攻撃をしかけ、ソヴィャ・ヴォラ、ブジョズフカ、ポチェハ、トルスカフカ、ザボルフ・レシヌィ、ザボルヴェク、ワヴィなどで激戦が繰り広げられた。ヴィェルシェ村の司令部本部は爆撃された。この結果、約二〇〇〇人のカンピノス部隊は九月二七日から二昼夜かけてワルシャワのはるか南にあるシフィェントクシスキ山地に向けて撤退しようとした。途上、カンピノスの森南方、ワルシャワ・ジャルドゥフ幹線上のヤクトルフ近く、ブディ・ゾシネ村などでドイツ軍と激戦となり敗北した、ヤクトルフの戦闘は第二次大戦中でも最大のゲリラ戦闘のひとつだった。ポーランド側約二〇〇〇人のパルチザンがドイツ側約六〇〇〇人と激しい戦闘を繰り広げた。九月二九日、カンピノス部隊はドイツ側に降伏した。蜂起が終わると、ドイツ側はカンピノスの森を平定し、村々を焼き打ちした。多くの住民が殺害され、強制収容所や労働収容所に送られた。

カンピノスの森では宿営の確保、通信連絡、偵察、病院・看護、鉄砲工房、理髪、被服など多方面の後方支援活動も行われた。従軍司祭がミサを執り行い、兵士たちの精神を支えた。国内軍第八地区には無線基地もあった。そこは連合国軍機が蜂起側に武器・弾薬、支援物資を空中投下した場所でもあった。

ハンガリー人部隊

ミュージアムの展示説明で興味深いのは、ワルシャワ蜂起でのポーランド人部隊とドイツ軍指揮下にあったハンガリー軍部隊との友好的な関係である。

一九四四年の七月末から八月にかけて、ハンガリー第二予備軍団と第一フザル師団の約四万人がワルシャワに到着した。八月五日から、グロヂスク・マゾヴィェツキに駐留していたニコラウス・フォン・ヴォルマン麾下《きか》のドイツ第九軍の指揮下に入るが、このとき、国内軍司令部はハンガリー側司令官と蜂起における協力を交渉して停戦が合意された。ハンガリー軍は蜂起部隊がワルシャワへ向かうのを認め、カンピノスの森の蜂起部隊はハンガリー軍が森を通過するのを認めた。ハンガリー軍兵士が「カンピノス部隊」に志願してこれに参加した例もあるという。ラスキの蜂起側野戦病院でのコンサートでハンガリーの楽団がポーランドの軍歌を演奏したというエピソードや、一九四四年九月末、ヤクトルフで敗北した「カンピノス部隊」の多数の兵士がハンガリー人によりドイツ側から救出されたというはなしもある。

ポーランド人とハンガリー人の友好的関係はすでに前例があった。サスキ公園のちかく、ユゼフ・ピウスツキ元帥広場の建物に一九二〇年のボルシェヴィキ・ソ連との戦争時にハンガリー軍から受けた支援に感謝する記念版がある（図7—8）。両国の国章とそれぞれの言語が並ぶ。左側のポーランド語碑文にこうある。

「ボルシェヴィキの侵略による決定的な危機に際してポーランド共和国に友情と援助を差し伸べてくれたハンガリー国民を讃えて。一九二〇年八月一二日、ブダペシュト・ツセペルのマンフレッド・ヴァイス工場からの二二〇〇万発の銃弾輸送がスキェルニェヴィツェに到着した。ハンガリー王国は一九一九年から一九二一年までの期間全体でポーランドに対し、約一億発の銃弾だけでなく、相当量の砲弾、戦

図7—8

闘装備物資を提供した。ポーランド国民の感謝を表して。二〇一一年」

この記念版がユゼフ・ピウスツキ元帥の名の広場にあるのには理由がある。一九二〇年八月、同将軍の作戦でボルシェヴィキ・ソ連軍を押し返した「ヴィスワの奇跡」はハンガリーのこの支援の賜物とまで言われるからである。

ポーランドとハンガリーの友誼《ゆうぎ》の源はさらに遠くさかのぼることができる。一三七〇年、カジミェシュ三世大王が歿してピャスト朝が終わったあと、次のヤギェウォ朝を事実上開くことになったのは同大王の甥でハンガリー国王、アンジュー家のルドヴィク（ハンガリーではラヨシュ大王）の娘、わずか一〇歳そこそこのヤドヴィガだった。アンジュー家のヤドヴィガ（一三七四〜一三九九）の戴冠式は一三八四年にクラクフで挙行された。一三八六年、リトアニア大公ヤギェウォ（ヨガイラ、同年洗礼を受けてヴワディスワフ）と結婚してポーランド・リトアニアの同君連合であるヤギェウォ朝が始まった。

一九三九年から一九四一年の大量処刑

ミュージアムの展示は一九三九年から一九四一年にかけてのワルシャワ市民のパルミルィ移送と大量処刑にうつる。その一端を展示写真などで見ることができる（図7—9）。銃を構えるドイツ兵のそばを異様な幌を被ったトラックが何台も連なっている。夥《おびただ》しい数の銃口を前にして目隠しされて並ぶ人々、立ちこめる硝煙。ガウ

図7—9

ンのようなものを羽織った女性たちがこんもりとした森の木立のなかをドイツ兵に連行されてゆくすがた。とくに、チェックのコートを羽織った後ろ姿の女性は戦後、その写真を見た親族の証言からヤニナ・スカルスカと判明している。そして戦後の発掘時の写真は、ぼろぼろになった衣服を被りながら白骨化した遺体の数々。頭蓋骨には銃弾の穴。穏やかな表情で居並ぶドイツ兵たち。恐るべき光景が写真として残されている。ポーランドでは「パルミルィでの虐殺」についてのテレビ映画がつくられ、幌付きトラックで連行された人々が目隠しされ、処刑場へ向かい、やがて一斉射撃されてくずれ折れる一場面がミュージアムの大画面に映し出されていて、こんなシーンがテレビで放映されるものだろうかと驚き、戦慄する。

戦前から地下抵抗運動に参加し、戦後もポーランド民主化に精力的論陣をはり、自主独立労組・連帯主導政府では外相もつとめたヴワディスワフ・バルトシェフスキ（一九二二〜二〇一五）の著作に“*Warsaw Death Ring*”（一九六八年刊）がある。そのタイトルは、「ポーランドにおけるドイツの犯罪調査委員会」（ワルシャワ地域）がワルシャワおよびその周辺地域でのナチス・ドイツによる大量殺害を特定するために使ったことばから来ている。ワルシャワ周辺の「死の円環」をなすその場所は、北のブコヴィェツ、北西のパルミルィ、西のヴルカ・ヴェングロヴァ、ウッジェ、ラスキ、南西部のマグダレンカ、ステファヌフ、南部のカバティの森、東部のヴァヴェル、アニンである（二〇三ページ地図）。

バルトシェフスキは処刑の実態を以下のように七つの時期に区分している。
(一)一九三九年一〇月から一九四〇年五月――ナチスによる占領の開始から「AB作戦」の開始。
(二)一九四〇年五月から同年秋――「AB作戦」の実行。
(三)一九四〇年秋から一九四二年九月――ワルシャワ周辺(「死の円環」)での大量処刑。
(四)一九四二年一〇月から一九四三年四月――秘密裏の処刑をすすめるとともに、公然たる処刑(一九四二年一〇月一六日、通りに設けた絞首台でパヴィヤクの囚人五〇人を殺害など)も実行。
(五)一九四三年五月から一〇月――ゲットーの廃墟で大量処刑。
(六)一九四三年一〇月一六日から一九四四年二月一五日――ゲットー廃墟での銃殺にくわえて、通りでも処刑。
(七)一九四四年二月半ばから八月(ワルシャワ蜂起勃発)――街頭での処刑はなくなるが、ゲットー地域では処刑が続く。(Stanisław Płoski, Forward, Władysław Bartoszewski, *Warsaw Death Ring*, p.9)
ちなみに、(三)の時期の最後、一九四二年七月半ばから九月初旬かけては、およそ二五万人のワルシャワ・ゲットーのユダヤ系住民が「大移送作戦」でトレブリンカに移送されたときであり、(五)はワルシャワ・ゲットー蜂起の最終局面の時期をふくむ。

ナチス・ドイツによる占領直後、ワルシャワ市民の処刑が公示されたのは一九三九年一〇月初めだった。同月二七日にはワルシャワ防衛戦で市民を鼓舞し続けたステファン・スタジィンスキ市長（一八九三〜一九四三）が逮捕され、三〇日にダニウォヴィチョフスカ通りの監獄、ついでパヴィヤク監獄に移された。一二月二三日、ドイツ国内のダッハウ強制収容所に送られて一九四三年に死亡したとされるが、一九四四年死亡説もあり、その最期は今も不明である。

パルミルィで最初に処刑が行われたのは一九三九年一二月七日と八日で、七日に八〇人、八日に四〇人が射殺されたとされる。バルトシェフスキによると、戦前、パルミルィにあった軍弾薬集積所の管理人で一九四〇年春まで同地区に住んでいたイグナツィ・ツォフタは、黒いシートの中に市民を詰め込んだ三台のトラックが、武装したドイツ人のオートバイと車に先導され、ワルシャワ方向から来て弾薬集積場へ向かうのを目撃した。（Bartoszewski, *op.cit.*, p.43）

一九四〇年四月から六月にかけて「ＡＢ作戦」は最高潮に達し、ワルシャワ市内の「ワパンカ」（一斉検挙）は激増した。なかでも六月一四日と二〇日から二一日にかけてパヴィヤク監獄の拘束者がパルミルィで大量処刑された（二二二ページ表参照）。バルトシェフスキはこのときのパヴィヤク監獄からの移送・処刑をからくも逃れたバルバラ・ヴィシニェフスカ＝ソコウォフスカの証言を紹介している。

「移送者の名簿がチェックされると、パヴィヤクの庭に出ろとの命令がくだる。話声が止み、幌付きトラックの一団が正門から入って来た。その後には完全武装の憲兵が大勢バイクに乗って続く。男性は四人、女性は二人組にして壁を背に整列させられた。移送者の名前が読み上げられる。二五〇人以上がトラックに乗せられ、シートが被せられた。」(*Ibid.*, pp.55-56)

六月二〇日に移送されたなかには、元ポーランド議会議長のマチェイ・ラタイ(一八八四～一九四〇)や農民運動指導者のミェチスワフ・ニェヂャウコフスキ(一八九三～一九四〇)、ロサンゼルス・オリンピック(一九三二年)で一万メートル走の金メダリスト、ヤヌシュ・クソチィンスキ(一九〇七～一九四〇)らがいた。

一九三九年秋から一九四〇年春にかけての「AB作戦」の実行時期にワルシャワ市民がナチス占領者によって処刑の森に頻繁にトラック移送されたまさにそのとき、一方ではソ連軍による東方侵略で拘束された数千人ものポーランド軍将校らがスモレンスク周辺に移送されてNKVD(内務人民委員部)の手によりカティンの森などで虐殺されていた。ナチス・ドイツとソ連による酷似した手口の犯罪が同時並行で行われていたことに思い到り慄然とする。

パルミルィで処刑された人々の多くは、当時市内最大のナチス監獄だったパヴィヤク監獄から連行されてきた。人々はゲシュタポ本部「アレヤ・シュハ」(注4)に連行されて尋問や拷問を受けてまたもとの監獄に拘束されるのである。

バルトシェフスキはこう書いている。

「拘束者は通常夜明けに集められ、強制収容所に送られると信じこまされて移送された。所持品、食料の包み、ときには出立のために追加配給されたパンなどを詰

注4 ヤン・フルィスティヤン・シュフ大通りの名からその呼び名のある「アレヤ・シュハ」には保安諜報部(SD)(その第四部局が国家秘密警察・ゲシュタポ)と保安警察(Sipo)の本部がおかれていた。(『記憶するワルシャワ』、pp.233-236 参照)

めたスーツケース、リュックサック、道具袋、食料などの持参が認められた。おまけに逮捕拘束時に取り上げられた身分証もいったん返却されることも多かった。このように騙されてトラックに乗せられて出発した。トラックが幹線道路をはずれて森の中に入ると拘束者たちに疑念が生じた。人々は絶望にかられて、トラックの走路がたどれるようにと、身分証、聖歌集、その他しるしとなるようなものは何でも次々に投げ捨てた。」

「トラックは森の中の空き地のちかくで止まった。拘束者たちは降りるよう命じられる。手は縛られ、目隠しされていることもあった。監獄からもってきた荷物などの所持はまだ許された。……グループごとに空き地の方へ行進させられ、遺体を集めて埋める手間をはぶくため準備されたちかくの溝の淵に整列させられた。処刑は警察あるいは親衛隊の射撃部隊の自動小銃でなされた。」

その後、処刑方法に「改善」がなされた。「たとえば、拘束者を長い横棒あるいは梯子《はしご》のようなものを背中にして立たせ、射殺後にそれを取り除くと遺体が壕のなかに『きれいに』落ち込むというしかけだった。（このように使用された横棒が一九四六年の発掘作業で何本か発見されている）」（*Ibid.*, pp.40-41）

戦後の遺体発掘、国立共同墓地

戦後すぐに、パルミルィの各所にあると推定された遺体の発掘が始まった。一九四五年秋、ポーランド赤十字のもとに、「パルミルィでのドイツ犯罪犠牲者を記念するための暫定委員会」が設置された。委員長のマリヤ・ボルトノフスカ（一八九四～一九七二）は戦前からのポーランド赤十字の活動家で国内軍（AK）メンバーでもあり、戦時中に自身がパヴィヤクに投獄されたり、ドイツのラーフェンスブリュック収容所も体験した。委員会は教区司祭のエドヴァルト・グレゴルキェヴィチから多大な援助を受けた。委員会の代表らで構成する遺体埋葬地調査のための作業チームが発足した。一九四五年一一月二五日に国際赤十字の代表団とともに埋葬地の特定作業を開始し、冬場の一二月六日で一時中断したが、一九四六年三月二八日から同年夏まで作業を続けた。森林監督官のアダム・ヘルバィンスキらポーランド森林監督部の係官や地元の人々も作業に協力した。一面に生長した若い樹木により、発掘は容易ならぬ作業だった。

しかし、近隣住民たちが意図して残しておいた処刑の痕跡が、残虐な犯罪の発掘作業をすすめるうえで大いに役立った。ドイツ占領者はパルミルィやポチェハなど周辺住民が「処刑の森」に許可なく近づくのを禁じたが、森林労働者や近辺の住民のなかには銃声や犠牲者の叫びやうめき声を耳にするものもあったし、時には目隠しされた人々が墓穴に歩かされるのを見たものさえあった。森林監督官たちは犯罪の痕跡を残そうと工夫した。木の幹に特別な切れ込みを入れ、そこに処刑場所に残った空の銃弾を埋め込んだりして処刑のスポットを特定できるようにした。樹皮にかすかに残る弾痕もあった。「パルミルィ」という名は人々のあいだで、ワルシャワ郊外の森での処刑を意味するようになっていた。ミュージアムの遺品展示のなかには、犠牲者の遺体発掘、埋葬場所などに関するポーランド赤十字の手書きの通知紙片もある（図7—10上、中の紙片。下はドイツ警察からの死亡通知）。

調査結果は処刑目撃者の証言や関係家族の証言と照合された。この方法で得られたデータはさらに、パヴィヤク監獄から秘密裏に持ち出された拘束者リストなどとも照合された。一・五キロ四方の範囲に散在する埋葬地が二四箇所見つかり、一七〇〇以上の遺体が発掘された。残念ながら、身元が確認されたのはそのなかのわずかだった。いくつかの遺体が重なっている穴もあった。パルミルィでの発掘作業の後、以下の地域でも同様の作業が行われた。

一九四六年七月　ステファヌフ近く、ホイヌフの森
一九四七年春　ムウォチヌィ地域
一九四七年三月〜四月　シュフェツキェ・グルィ
一九四七年五月　ヴィドムィ・ウゥジェ、ヴルカ・ヴェングロヴァ、ラスキ

一九四八年、パルミルィの近くに共同墓地がつくられ、大量処刑の犠牲者二一一五人の遺体が埋葬された。遺体はカンピノスの森（パルミルィ、ラスキ、シュフェツキェ・グルィ、ヴルカ・ヴェングロヴァ、ヴィドムィ・ウゥジェ）のほか、ホイヌフの森（ステファヌフ）などで虐殺された人々である。これにはカトリック系ポー

図7—10

ランド人だけでなく、ユダヤ系ポーランド人もふくまれる。そのうち、一七〇〇人がパルミルィでの処刑犠牲者で、他はカンピノスの森の他の地域、ホイヌフの森などの犠牲者である。衣服、所持品、手帳、絵ハガキ、身分証などにより身元が確認された犠牲者の墓は五七七ある。他方、パルミルィでの犠牲者として名前が確認されたものが四八五あるが、遺体との照合確認はできていない。あとの一千以上もの遺体についての情報は今日までないという。墓標の多くは処刑の日付が刻まれているだけである。墓地の設計は、ロムアルト・グッツ・スタジオのエヴァ・シリフィンスカ教授である。

　ミュージアム展示の終わりちかくに「ドイツ軍がパルミルィで行った

ドイツ軍がパルミルィで行った21回の大量処刑の犠牲者

1939年12月7日	死者　80人	（全員身元不明）
1939年12月8日	死者　40人	（全員身元不明）
1939年12月14日	死者　46人	（うち身元判明8人）
1940年1月22日	死者　80人	（うち身元判明6人）
1940年2月26日	死者 190人	（うち身元判明58人）
1940年冬の終わり頃	死者 118人	（うち身元判明4人）
1940年4月2日	死者 100人	（うち身元判明51人）
1940年4月23日	死者　34人	（全員男性、うち身元判明26人）
1940年6月14日	死者　20人	（うち身元判明13人）
1940年6月20～21日	死者 362人	（全員身元判明）
1940年8月30日	死者　87人	（うち身元判明71人）
1940年9月17日	死者 200人	（全員身元判明）
1940年12月4日	死者　28人	（うち身元判明7人）
1940年冬	死者　74人	（うち身元判明7人）
1939/1940年冬もしくは1940/1941年冬	死者24人	（身元不明）
1941年3月11日	死者　21人	（全員男性、うち身元判明17人）
1941年4月1日	死者　20人	（全員男性、うち身元判明19人）
1941年6月12日	死者　29人	（うち身元判明20人）
1941年7月17日	死者　47人	（うち身元判明17人）
日付不明	死者　94人	（全員男性、うち身元判明1人）
日付不明	死者 132人	（うち身元判明9人）

二一回の大量処刑の犠牲者」が掲げられている（二二二ページ表）。

さらにその下には、カンピノスの森のパルミルィ以外の地域とホイヌフの森で虐殺された人々についての記録を見る（下表）。

遺品

ミュージアムの最後の展示室には犠牲者の遺品がならべられている。ガラスケースのなかには頬を寄せ合う幸せな家族写真、ところどころ破れかけた手紙やはがき、遺体発掘の際に発見されて身元を特定することになった結婚指輪、ハンカチなど。パヴィヤク監獄に囚われたスタニスワフ・ベエルが一九四〇年六月一九日付で家族に宛てた秘密の手紙がある。強制労働に参加させられる

カンピノスの森のパルミルィ以外の地域と
ホイヌフの森で 虐殺された人々についての記録

カンピノスの森

シュフェツキェ・グルィ	1940年1月6日	死者96人（うち身元判明3人）
ヴルカ・ヴェングロヴァラスキ	1943年5月	死者15人（身元不明）
	年月日不確定	死者21人（身元不明）
	年月日不確定	死者23人（身元不明）
	1942年月日不確定	死者50人（身元判明15人）
	1942（？）年夏	死者61人（身元判明10人）
ヴィドムィ・ウゥジェ	年月日不確定	死者18人（身元判明2人）
	年月日不確定	死者28人（身元不明）
	1942年10月15日	死者39人（身元不明）

ホイヌフの森

ステファヌフ	1943年1月6日	死者20人（身元判明3人）
	1943年2月2日	死者19人（身元判明1人）
	1943年2月12日	死者70人（全員身元判明）

ことを知らせたものだが、彼は翌日、パルミルィで射殺された。

そしてはっとするのは、その展示室の奥に目をやると、大きくて広い素通しのガラス壁からは共同墓地が遠くまでずっと見通されることである。視界の先まで整然と列をなす墓標群とそれを取り囲む目も覚めるように鮮やかな緑の樹々。そして、視界の一番奥には三つの真っ白い十字架と、その手前に白と赤のポーランド国旗が翻っている（図7―11）。

ミュージアムを出て墓地に向かう。墓地の入口には、ワルシャワのかつてのゲシュタポ本部だった「アレヤ・シュハ」ミュージアムで見たあのことばがここにも刻みつけられている。占領中そこに囚われたひとが監獄の壁に刻んだといわれることばであ

図7―11

る。(『記憶するワルシャワ』、pp.229, 233-236参照)

「ポーランドについて語ることはたやすい。もっと難しいのは、そのために働くことであり、さらに難しいのはそのために死ぬことである。だが、もっとも難しいのはポーランドのために苦しむことである。」(図7―12)

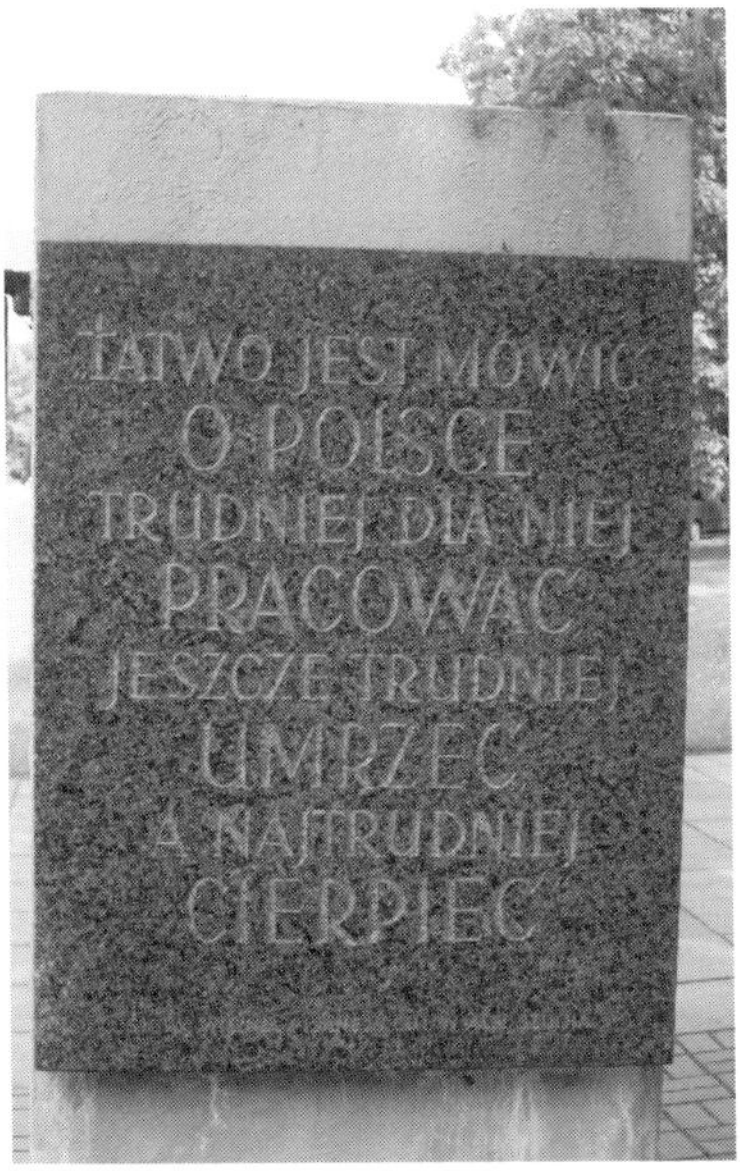

図7―12

第八章

プルシュクフ
——ワルシャワ市民五十数万人の「エクソダス」

プルシュクフと中継収容所

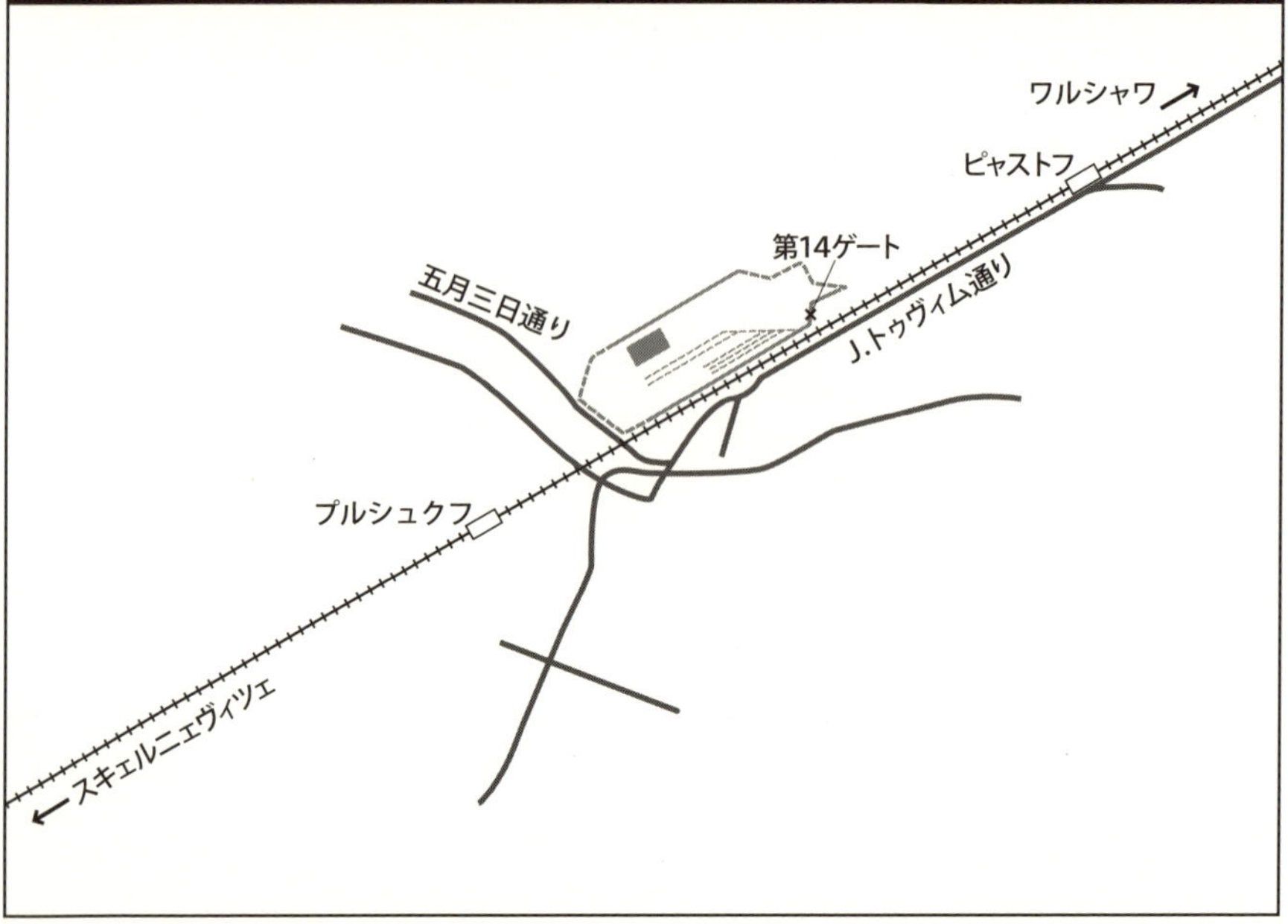

プルシュクフ中継収容所121

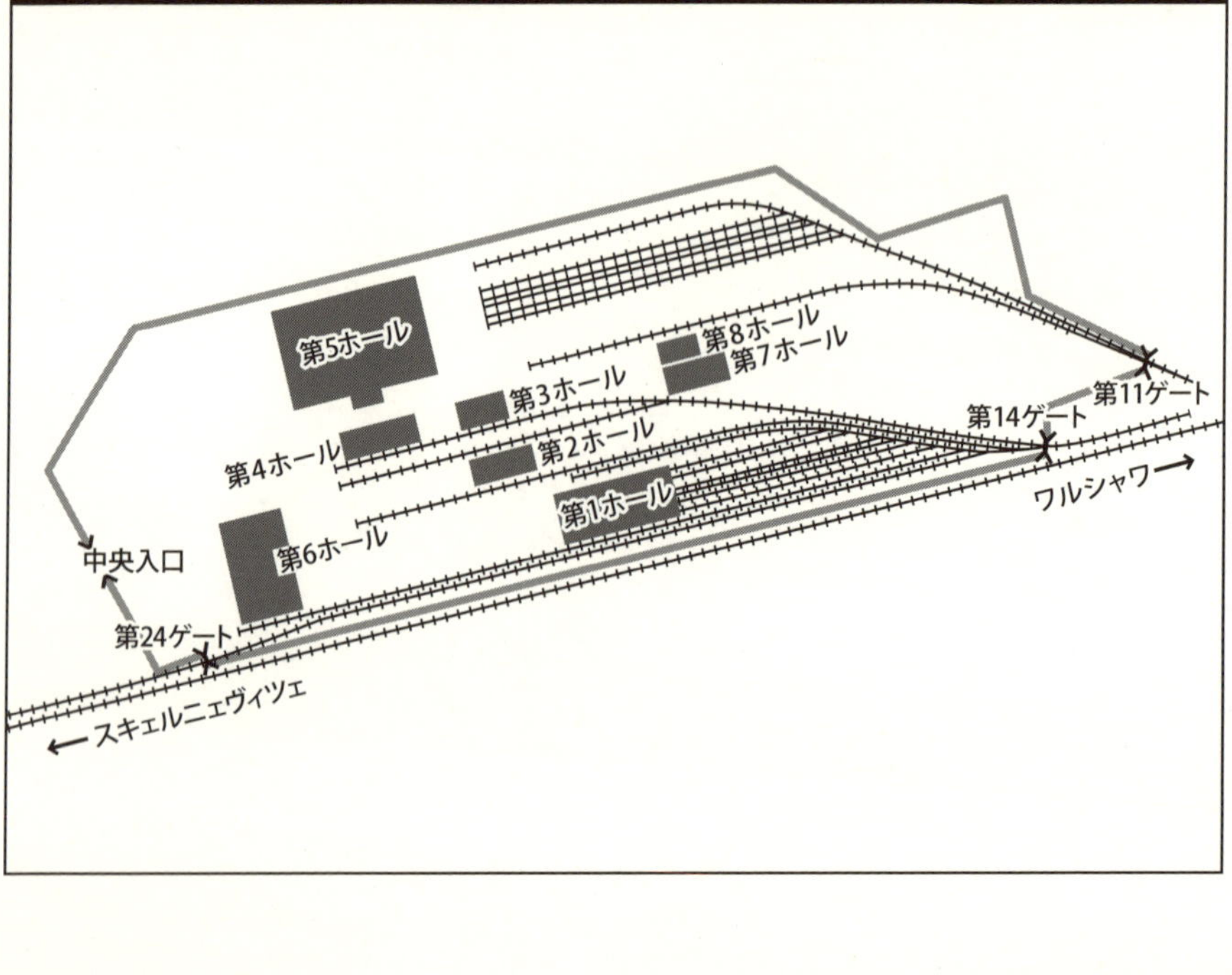

ワルシャワ中心部から南西方向におよそ一五、六キロ、さらに遠くはスキェルニェヴィツェにいたる鉄道幹線の途上にプルシュクフはある。

ナチス・ドイツ占領者は一九四四年八月一日に始まったワルシャワ蜂起を制圧するにしたがって、同月初旬から制圧地域の民間人を次々にワルシャワ近郊、プルシュクフの中継収容所に退去させた。そして、同年一〇月二日の停戦、三日未明の降伏協定調印の前後から市内に残る市民全員が退去させられ、その結果、推計五十数万人が次から次へと同中継収容所に流れ込んだ。ワルシャワには、のちに「ワルシャワのロビンソン」とよばれて破壊された街の中に隠れ住んだおそらく数百人(注1)を除いて市民の姿は消えてしまった。

二ヵ月間におよぶワルシャワ蜂起が最終段階に入った一九四四年九月二八日、ドイツ側の親衛隊司令官、エーリヒ・フォン・デム・バッハ゠ツェレフスキ将軍（一八九九～一九七二）は蜂起側の国内軍総司令官、タデウシュ・ブル゠コモロフスキ（一八九五～一九六六）が派遣したズィグムント・ドブロヴォルスキと降伏条件について会談した際、ワルシャワからの市民全員の退去を主張していた。同月三〇日、ポーランド蜂起軍側とドイツ占領軍側はシルドミェシチェ（中央区）からの市民退去を取り決めて一〇月一日と二日の両日、午前五時から午後七時までの停戦で合意し、三日未明の降伏協定調印にいたる。この間、市民退去に関して、ブル゠コモロフスキは停戦の最終決断を前にした時間稼ぎでもあったが、ドイツ占領軍側の申し出にも応じてプルシュクフ中継収容所の実態視察を行うことにした。収容所の生活

注1　Kirshenblatt-Gimblett and Antony Polonsky, *Polin: 1000 Year History of Polish Jews* は、「八〇〇人から一〇〇〇人（おもにユダヤ人）が退去する市民のなかでユダヤ人であると発覚するのを恐れてゴースト・シティに隠れ潜んだ」（p.325）としている。

管理状況はとても満足すべきものではなかったが、ブル＝コモロフスキは市民の首都退去を調整組織する代表団を任命する。代表団にはワルシャワ副市長、スタニスワフ・ポドヴィンスキ、ポーランド赤十字副会長、マリヤ・タルノフスカ、社会保護中央評議会（RGO）副会長、スタニスワフ・ヴァホヴィヤク博士らが参加した。大多数の市民はドイツ占領軍の意図を疑うなどワルシャワ退去をとても受け入れ難く、一〇月一日に実際に退去する人は少数だったが、降伏協定調印後にはもはや否応なく退去を迫られた人々の「エクソダス」（大移動）が一〇月一〇日まで続くことになる。

中継収容所 121博物館

もともと鉄道車両修理工場だったその中継収容所については『記憶するワルシャワ』のエピローグ、『ワルシャワ蜂起――一九四四年の六三日』のエピローグにエピソードもまじえて書いた。その後の二〇一〇年一〇月、そこに小さいけれども印象深い展示の数々がある中継収容所121博物館 Muzeum Dulag121 ができた。Dulag は Durchgangslager（中継収容所）というドイツ語からきている。入口の前に置かれた石の上の記念板にはこうある。

「この工場施設に、ワルシャワ蜂起期間中の一九四四年八月六日から一〇月一〇日まで、六五万人のワルシャワ市民が収容された中継収容所 Dulag121 があった。

プルシュクフ解放三〇周年の一九七五年一月一七日。プルシュクフ市」（図8—1）
記念板にある「六五万人」という数字は当時ワルシャワに残っていた市民のうちの五五万人に近郊地域からの移送住民一〇万人をふくめてのものだろう。
ミュージアムに入るとすぐに衝撃的なワルシャワ「エクソダス」の写真を見る。戦火で無残に破壊され硝煙さえ残っていそうな建物のあいだを延々と列をなす膨大な数のワルシャワ市民（図8—2）。続いてアップされた行列の人々（図8—3）。中継収容所全体のトポグラフィーを示す空撮写真（図8—4）。収容所に到着した人々を迎えるポーランド人たち（図8—5）。いくつかのディスプレイを見ながらイヤフォンから聞こえる証言者のことば。ガラスケースには、子どもが大事にして

図8—1

図8—2

図8—3

図8—4

図8—5

いたおもちゃの人形たち。ひときわ目を奪われるのは、ぶら下げられた錠の数々で、その説明にはこうある。「ワルシャワ市民はドイツ帝国に移送される前、自分の家やアパートの鍵をこれみよがしに誇示するかのように、プルシュクフのプラットフォームに投げ捨てた。兄弟姉妹、祖父母とともにワルシャワを追いたてられて来た六歳のアンジェイ・スラスキはこの鍵を集めた。」

青色の光が照らしだす足元の分厚いガラス板の下にあるのはスーツケース、肩掛けかばん、手提げかばん、枕、寝袋のようなもの、楽譜まである（図8―6）。壁には収容所で移送された市民たちを援助した人々の写真。国内軍（AK）に属していた医師、カジミェシュ・シュプルィチィンスキ（ボジミル）、同じく医療スタッフの長として活動したマリヤ・ティシュキェヴィチ（アリツィヤ）。医師委員会の通訳として活動したのはカジミェラ・ドレスヘロヴァ。家族や親族に自分の所在を知らせる夥しい数のメモ書きは収容所の塀に貼りつけられた。

ワルシャワ蜂起からすでに七〇年以上が経つ。一九四四年八月から一〇月にかけて首都を退去させられた五十数万人の体験はそれぞれさまざまなかたちで子や孫に語られてきたにちがいない。新しいミュージアムはそうした記憶を集め保存して語り継ごうとしている。

中継収容所への追放移送

ドイツ占領者がプルシュクフの鉄道修理工場の広大な敷地にドゥルヒガング

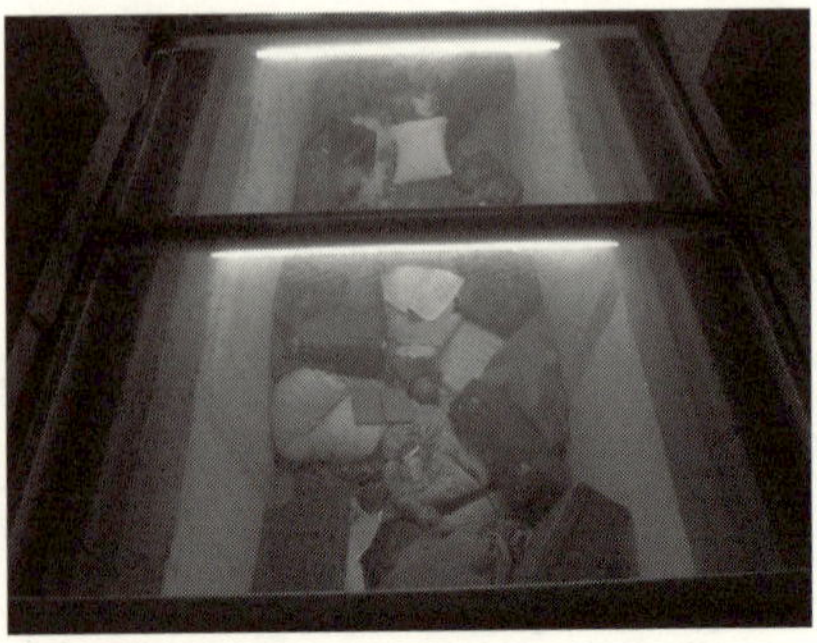

図8―6

ス・ラーガー（中継収容所）121を設置したのは、ワルシャワ蜂起開始間もない一九四四年八月五日だった。そこは一九四一年以来すでにユダヤ人の労働キャンプにも使用されていたが、一九四四年六月、ドイツ占領者はその労働キャンプを撤去した。ワルシャワからの最初の移送者はヴォラ地区の住民で、八月七日の朝、徒歩でそこに到着した。同地区には蜂起開始直後、ドイツ軍指揮下の凶暴なディルレワンガー旅団が侵入してきて一般市民の大量虐殺を始めた。八月五日は「暗黒の土曜日」とよばれ数日間に四万人から五万人の市民が虐殺された（『ワルシャワ蜂起』、p.75参照）。東部戦線で対パルチザン掃討作戦を担当した親衛隊上級大将、フォン・デム・バッハ＝ツェレフスキ将軍が同日ワルシャワに到着し、大量処刑を「公式には」中止させ、住民の市外退去の方針に切り替えた。ヴォルスカ通り七六番の聖スタニスワフ教会（聖ヴォイチェフ教会）は臨時の集合地点となったが、処刑場にもなった。ヴォラ地区の南、オホタ地区でも同時期、グルイェツカ通りの「ジェレニャク」（青物市場）として知られた広場から拘束された大勢の住民がプルシュクフへ移送された。それ以降、昼夜の別なくワルシャワ市民が市内各地から次々に追いたてられてきた。ミュージアム資料によると、その推移はおよそ以下のとおりである。

八月六日～八日　ヴォラ、ポヴィシレの一部
八月九日～一四日　オホタ
八月一九日～九月一三日　プラガ、アニン、ヴァヴェル、コブィウカ、マルキ、ジェ

ロンカ
八月二二日　シェルツエ、ドルヌィ・モコトゥフ
八月二四日　クラコフスキェ・プシェドミェシチェ通り一帯
八月三一日~九月五日　スタレ・ミャスト
九月二日~三日　サディバ
九月五日~九日　ポヴィシレ
九月八日~一〇日　シルドミェシチェ
九月一二日~一七日　ビェラヌィ、マルィモント、ヴァフジシェフ村
九月二五日~二八日　モコトゥフ
九月二八日~一〇月一日　ジョリボシュ
一〇月二日~一〇日　シルドミェシチェ
(Aleksandra Wojda i Maciej Boenisch, *Muzeum Dulag 121*, s.6)

最大の「エクソダス」は八月末の旧市街（スタレ・ミャスト）陥落と一〇月二日の停戦・降伏直後だった。当初、収容所を管理していたのはナチス親衛隊と憲兵、ドイツ国防軍で、ゲシュタポもいた。工場敷地は高いコンクリート塀で囲まれていた。工場建物（「ホール」とよばれた）が一四あったが、そのうちの九つが収容所のバラックとして使われ、周囲は鉄条網で囲まれた。生活環境は最悪で、不衛生、食物不足、過密状態により伝染病も発生した。移送者は平均数日間滞在し、「選別」

を受けて、労働不適応とされた人々は総督府内各所に送られ、その他は第三帝国内の労働収容所や強制収容所送りとなった。労働不適応とされた人々、病人、負傷者、高齢者、女性、子どもたち、およそ三五万人が総督府内の各地に追放された。他方、ドイツ帝国内の労働収容所にはおよそ一五万人、強制収容所には約六万人が送られたとされる。なかには何とか追放を逃れて、ワルシャワ近郊のプルシュクフ、ポトコヴァ・レシナ、ブルヴィヌフ、ミラヌヴェクなどに身を潜めた人たちもいた。

収容所の機能が完全に停止したのは一九四五年一月一六日である。ドイツ占領者はソ連赤軍の到来を前に逃亡した。一九四五年一月一七日、ソ連軍指揮下のポーランド第一軍部隊がプルシュクフに入り、町は解放された。各地に追放されていた市民が破壊されたワルシャワに戻り始めた。

中継収容所がなくなるその日までの約半年間、およそ五五万人のワルシャワ市民、一〇万人のワルシャワ近郊市民がこの中継収容所を経由していったといわれる。記念碑に Tędy Przeszła Warszawa（テンディ・プシェシュワ・ヴァルシャヴァ）「ワルシャワはここを通過した」とあるのはその意味である。これはヨーロッパ史上でも前例のない短期間での大規模な「エクソダス」だった。蜂起前に一〇〇万人以上もいたワルシャワ市民が数ヵ月間、ほとんどだれもいなくなったのである。その間、占領者のほか無人となったワルシャワの街は破壊と略奪の限りを尽くされた。

中継収容所で

中継収容所には移送者が絶え間なく流れ込んできた。だが、収容所の管理責任者であるはずのドイツ占領者は膨大な数の移送者の生活維持に関心をはらわず、食事、衛生、健康管理などはすべてポーランド人の献身的な相互扶助にゆだねられた。そうした活動を指導したのは社会保護中央評議会（RGO）とその支部組織であるポーランド社会保護委員会、ポーランド赤十字（PCK）、ポーランド地下国家政府の活動家、シスターら教会関係者、その他の専門組織の人々だった。なかでも中心的役割を担ったのは社会保護中央評議会（RGO）の医師、看護婦、活動家たちである。その活動は衣類を集めること、寝床を準備すること、炊事用品と食料の確保、医療活動など多岐にわたった。粗末なものではあったが、収容所内に炊事場や診療所が設けられた。活動家たちは移送者たちの生活を支えるとともに、強制収容所送りになる人々を病人のリストに載せたり、密かに収容所の外に送りだしたりして、可能な限り救出にも努力した。

プルシュクフ近隣の住民たちも食料を提供するなど自発的に援助の手を差しのべた。鉄道労働者が鉄道の運転速度をわざと落とすなどして、移送者の脱出に協力することもあった。鉄道線路の近くでは、おもに子どもたちが移送者からのメモや手紙などを集めるために待機していたりした。ドイツ帝国内の強制労働や強制収容所送りでなく、総督府内に送られた人々には地元住民の援助を受けて生活できるチャンスがあった。移送された人々は食事や宿泊に報いるために労働してこたえた。こうした地方住民の協力や相互扶助と連帯によって、多くの人々が生き延びた。

収容所全景のディオラマ

ミュージアムで驚くのは二階に展開された収容所全景のきわめて精密なディオラマ（ポーランド語ではマキェタ）である。移送者の収容棟などにあてられた主要な建物は「第一ホール」から「第八ホール」まであった。最も大きなものは選別を控えた大勢の人々が収容された「第五ホール」で、五千人から一万人が数日間留め置かれたと推定される。現在、建物の前には当時から立つ大きな樹木といくつもの記念碑がおかれている。「第一ホール」は強制労働に不適格な老人、女性、妊婦、子どもが収容された。「第二ホール」は診療所・病室、「第三ホール」はドイツで働かされる鉄道員とその家族が収容された。「第四ホール」はドイツで就労する女性たち、「第六ホール」はドイツで就労するか、あるいは強制収容所送りになる男性たちが収容された。「第七ホール」は蜂起の最終段階で降伏したモコトゥフ地区、ジョリボシュ地区の蜂起者の収容棟に充てられ、「第八ホール」は九月から病院として使われるとともに、蜂起の最終段階では蜂起者も収容された。収容所の南側、「第一ホール」や「第六ホール」の脇を、ワルシャワからスキェルニェヴィツェへと続く鉄道線路が走る。そして収容所敷地の東端に、毎日何度も列車や徒歩でワルシャワ市内から「吐き出された」膨大な数の市民が通った「第一四ゲート」（図8—7）と「第一一ゲート」がある。ゲートからは収容所内の各「ホール」にいたる引き込み線が

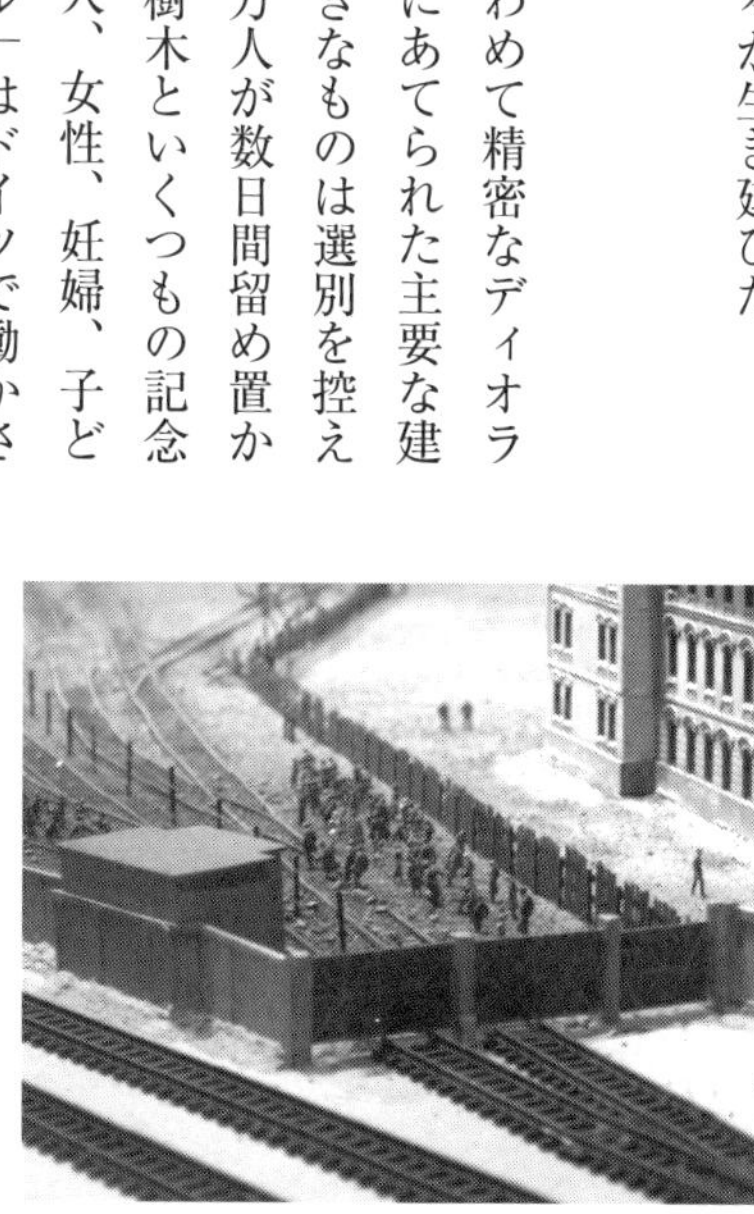
図8—7

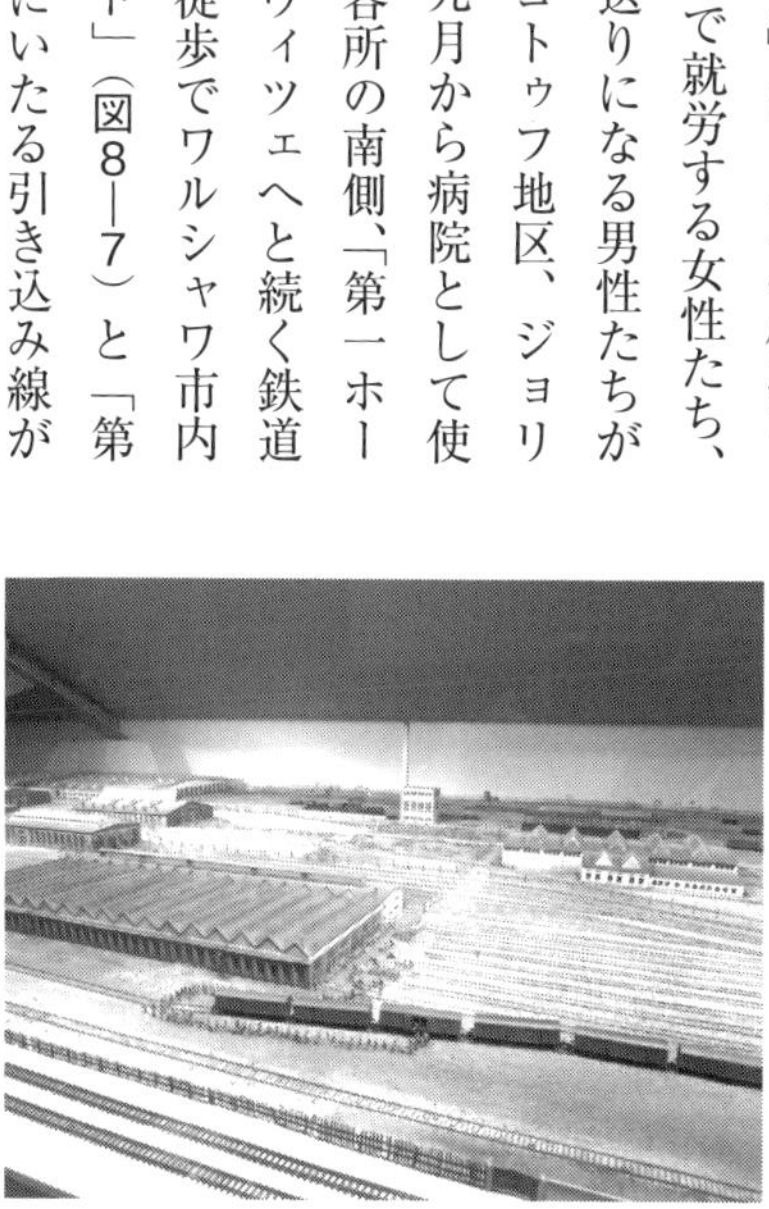
図8—8

何本も敷かれていた（図8―8、図8―9）。ディオラマはこうした建物やゲート、鉄道線路、移送者が降りてくる鉄道車両などを実に精密に作りあげている。驚くのは、膨大な数の市民たちである。一センチあるかないかの人物がそれぞれに荷物をかかえ、それぞれに異なる姿勢で、もしかしたらその表情まで作り込んでいるのではないかと思わせるほどの精巧さである。一つひとつをすべてひとの指で作ったぬくもりの感覚がつたわり、CGなどとは異なる素朴なリアリティを感じる（図8―10）。

記憶と証言（一）

ミュージアムの資料に移送体験者の証言がいくつもある。

一九四四年当時一二歳だったアンジェイ・ズノイキェヴィチはヴォラ地区からプルシュクフへ移送された。

「聖ヴォイチェフ教会にはそんなに長くいなかった。午前中、行列をつくって並ぶよう追いたてられ、ヴォルスカ通りを西の方へ移動しはじめた。」「夜がちかくなって、ドイツ人に厳重に取り囲まれたゲートを入っていくと、そこには人があふれかえり、長い引き込み線と細長いホールがたくさんあった。みんな高い屋根がある柱の下で疲れ果てて座り込んだ。ぼくたち三人はみなポケットから引っぱり出した人参を手でぬぐって食べ始めた。ぼくたちはプルシュクフ収容所の一粒になってしまった。」（*Ibid.*, s.14）

図8―9

図8―10

プルシュクフのベネディクト・サクラメント修道会のシスターは次から次へと移送されてくる人々の援助に駆け回った。ワルシャワからの列車が到着するとき、「ピャストフ門」(注2)のちかくに待機していた。ドイツ人看守兵の数はたえず流入してくる膨大な数の移送者に比べると手薄だったので、列車で到着した人から避難民についての情報を聞き出すことも比較的容易にできた。さらにこう証言する。

「第五ホールのバラックでは終日遅くまで活動した。朝の選別が（第五ホールの前で）行われるので、その前にできるだけ多くの人々を第一ホールと第二ホールに連れて行くためだった。突然思いがけなく、なんとか若い人を年寄りに、健康な人も病人にできないかという考えが浮かんだ。私たちはこうして様子を変えた人々をバラックからバラックへと連れて回り、修道会のシスター、医者、赤十字の人の手に引き渡した。一度ならず、ドイツ人たちがバラックの前で見張りに立って意地悪い様子を見せたので、そのときは警戒心を強め、気転をきかすようにしなければならなかった」「スタルフカ陥落(注3)やワルシャワの降伏のあとなどがそうだったが、ドイツ人の怒りが通常より激しいことがあり、若い人たちを第二ホールに連れて行くことができないこともよくあった。その時、私たちは彼らを各バラックの隅や桶のなか、車両の下などにかくまい、選別が済んでから出てきて、新たに到着した人々の群れの中に混ざるようにさせた。ドイツ人は空いているバラックを厳しく調べたので、危険はとても大きかった。私はこのような援助をしたために、あやうく強制収容所送りになるところまでいったことがある。」(*Ibid.* s.14-15)

注2　プルシュクフの北東、ワルシャワよりにあるピャストフ方向にある門、すなわち「第一四ゲート」か「第二ゲート」のことだろう。

注3　スタレ・ミャスト＝旧市街のこと。

ヘンルィカ・シチュクは当時一七歳で、一九四四年九月初め、プルシュクフのやや南、ナダジィンでのワパンカ（一斉検挙）で拘束されて中継収容所に送られた。

「プルシュクフ収容所。私たちは第五ホールに追いやられた。翌日にはドイツに移送される人々であふれかえっていた。うめき声、叫び声、泣き声――それは気も狂わんばかりの人々、女性、男性、様々な年齢の子どもたちの衝撃的な光景だった。そこにただよう雰囲気はどれも救出の見込みもなく、不安をかきたてるだけのものだった」「赤十字のシスターが私の前に立ち止まって『何を泣いているの』と言った。私は『ここでひとりぼっちなのです。私だけナダジィンで捕まってしまって、残った家族と離れてしまったのです』と答えた。シスターは私の手を握り、すばやく、そばの屋外トイレの方へ導いた。シスターはコンパクトを差し出して、涙で腫れた私の目をはたいてくれ、私の手に赤十字の腕章をつけてくれた」「シスターは言った。『あなたを病人用の第二ホールに連れて行きましょう。そこでは、ワルシャワ蜂起で負傷した人たちの世話をしなければなりません。援助チームの助けをかりて彼らを次の日に第二ホールから荷車に乗せて収容所正門の方へ運び出さなくてはならないのです』と。しかし、トイレを離れるとき、シスターは私に『もしも第五ホールの見張り兵士があなたと分かったら、悲劇に終わるかもしれませんよ』と警告した。」（*Zespół Muzeum Dulag 121*, *Obóz Dulag 121 w Pruszkowie, sierpnia 1944 -16 stycznia 1945*, s.23）

バルバラ・マイェフスカ＝ルフトは１２１収容所の看護人として活動した。

「なにもかも大海のしずくになってしまった。何につかまっていいのかもう分からなかった。しごとはお手上げになるくらいたくさんある」「ここで荷物を運び、あちらでは病人を担架にのせ、というふうに」「私たちは病人たちを『第二（ホール）』に運んだ。もう暗かった。だれが具合悪く、だれが大丈夫なのかも見えなかった」「収容所は、沿道の石畳や（トラムの）レールに座り込んだ人々で埋まったドロガ通り一四番のようにざわめいていた。バラックの前には有刺鉄線で囲まれた区域があり、それぞれに火が焚かれていて、飢え死にしないように、鍋や備蓄の品で夕食がつくられていた。」（Wojda i Boenisch, *op.cit.*, s.15）

アントニ・プラテル＝ズィベルクは中継収容所で移送者の援助活動をしていた若者だった。

「バラックの前にもどると、憲兵が若い人たちの列から腕を三角巾でつるした娘を引っぱり出している。その母親が私に向かって叫んだ。『ＲＧＯのあなた、娘を助けてください！』と。私は割って入ったが、憲兵はその娘はドイツへ労働に行かなくてはならないと言った。私は大声で言った。『ばかなことを言わないでください。娘さんは腕を痛めていて、そちらの役にもたちませんよ』。憲兵は腕をはなして、彼女を解放した。私は二人の女性を同じ車両にいっしょに乗せて座らせた。（……）私は第一ホールにもどった。そこで、ある男性が話しかけてきた。『あなたが腕を三角巾でつるしたあの娘さんを助けたのを見ていました。あれは私のフィアンセとその母親なのです。ぼくは馬鹿みたいに、ドイツ語を話すことをドイツ人に認めました。それで、あそこに立っているＳＳの連中がぼくを通訳にしたのです。ぼくもこの列車で行くのを援助してくださいʼ。私はその男に小声で言った。『ぼくのうしろに立って、そしてぼくの言うようにゆっくりと一歩一歩下がって、背中のリラの茂みまで下がりなさい』。私は両手を腰にまわし、自分のケープで広い遮蔽スペースを作った。二人はゆっくりとリラの方へ下がっていった。そして彼に小声で言った。『リラのうしろに塀があります。それに沿って左に曲がりなさい。塀のかどの向かい側に車両が止まっています。それにあなたのフィアンセも乗っているので、すぐに飛び乗りなさい。そして、何かで身を隠させてもらいなさい。その車両には女性や子どもたちばかりが乗っていますから』。こうして事はうまく運んだ。」

(Zespół Muzeum Dulag 121, *op.cit.,* s.25-26)

エルジュビェタ・ルィヂェフスカ＝スヘツカは一九四四年当時七歳だったが、「選別」のときのことを憶えている。

「わたしたちはホールのコンクリート造りの床に場所をとることができず、鉄道車両の修理場の溝に置かれた板の上に場所をとった。場所取りは生き残るためのたたかいで、自分の場所を離れたくない人々は生理的必要をその溝で処理した。そのため悪臭をがまんするのも大変になった」「選別のとき、私たちは引き離された。父は右側に、私と母、不幸の道連れとなったイレナとその息子タデウシュは左側になった。父は労働に適するとされた人群のなかにすがたを消した。母、イレナ、タデウシュとわたしは草の上に座っていたが、母はひどく泣き始めた。ある時、彼女がヒステリックに大笑いしては顔をおおい、わたしに向かっては感情を隠そうとしているのを目にした。私たちは父のすがたがこちらに近づいて来るのを見た。彼は鼻の上に眼鏡をのせ、ひどく身をかがめ、そのときは髭も剃っておらず、老人のふりをして杖で身を支えていた。父は労働集団への選別からうまく抜け出し、病気の重い老人のふりをして、労働に不適当とされた私たちの集団に入ってきたということが分かった。」（Wojda i Boenisch, *op.cit.*, s.15）

一九四四年当時一二歳だったヴァンダ・シュチェンシニャク＝ムズィクも「選別」のときのことをよく憶えている。ある朝、ゲシュタポでなく制服の国防軍が人々を整列させて「右へ」「左へ」と指示した。女性は小さな子どもと一緒なら左に、一人だったり、然るべき年齢だったり若ければ右に「選別」された。

「母がおばに向かって言った。『あなたはヴィテクを連れて行って。わたしはヴァンダと行くわ』。ドイツ人は一四歳未満を子どもとみなし、それより上は若者とみなすと言われていたからだ。おばは六歳だった弟を連れて少し早足で歩いて行った。私たちの前に何人かいた。とうとうゲートに着いた。ドイツ人が私たちを引きとめ、母に言った。その娘はもう一四歳だろう。お前と一緒に労働のために帝国に行けるはずだと。こうして、私たちは弟やおばとは別れ別れになるところだった。母はドイツ人をよく知っていて、暖かいコートすらなく絶望的状況だったが、服のポケットから私の普通学校証明書を差し出した。というのも、私はちょうど第六学年を修了したところで、まだ一四歳になっていないとドイツ人に示したのだった。ドイツ人はしばらく私を眺めて、おばと弟のいる側の列に押しやった。私たちは車両に詰め込まれた。絶望的な旅路だった。二昼夜ちかく乗っていかねばならなかった。チェンストホヴァを通ってキェルツェに移動させられたのだが、それはどうも回り道で、頻繁に野原で停車したりもした。そんなのが長く続いた。もう九月で寒く、夜はとても冷たくて、車両の中ではみな身を寄せ合っていた。当然、外へ出ることなどできなかった。ドイツ人が各車両のあいだの通路に立っていた。病気の人、老人、腹具合の悪い人たちがいて、悪臭がひどかった。私はおぼえている。たぶん、スキェルニェヴィツェを通過したときだと思う。ポーランド人が何人かその駅に立っていて私たちにパン、何か果物、トマト、キュウリなどを投げた。(……)チェンストホヴァを通ったとき、人々はそこがヤスナ・グラ(注4)のちかくだと分かり、各車両からは聖母マリアへの歌が始まった。私たちはきっとオシフィェンチムに移送されているのだというううわさが流れた。ところが方向が変わり、朝になって、私たちはキェルツェ・ヘルブスキで放り出された。」(*Ibid*., s.16)

プルシュクフからアウシュヴィッツへも

ミュージアムの外へ出て再び「第五ホール」の前へ出てみる。その正面壁には「プルシュクフ中継収容所121、一九四四年八月六日から一〇月五日」との大文字が並び、その下のプレートには「このホールとこの樹木は一九四四年の悲劇の目撃者である」との文字が貼り付けられている。当時の「第五ホール」の前には連日

注4　チェンストホヴァにあるヤスナ・グラ修道院でポーランド中から巡礼の集まる聖地となっている。一四世紀末にイェルサレムから到着したと言われる聖母マリアのイコンがあり、一七世紀のスウェーデンの侵略の際など歴史上何度も奇跡を起こしたとされる。

数百人のワルシャワ市民でいっぱいになった光景を目撃したに違いない太く大きな樹木があるが、木陰の根元にあるモニュメントにはTĘDY PRZESZŁA WARSZAWA（ワルシャワはここを通過した）と象った平たい文字が並ぶ（図8—11）。

国立オシフィエンチム博物館の研究員、ヘレナ・クビツァによると、一九四四年八月から一〇月初めまでの期間にプルシュクフ中継収容所を「通過」した人々は、ワルシャワ市民が約五五万人、ワルシャワ近郊地域住民が約一〇万人にのぼった。後者はたとえば、アニン、レンベルトゥフ、ヴウォヒ、ウォミャンキ、ジェロンカ、コブィウカなど当時のワルシャワ近郊の住民である。では、人々はプルシュクフを「通過」して、そこから何処へ行ったのか。そのうち一六万五〇〇〇人以上はナチス・ドイツ帝国での強制労働に送りだされた。また、五万人以上がドイツ国内や占領下ポーランドに設置された以下の強制収容所に送られた。アウシュヴィッツ（オシフィエンチム）、ブーヘンヴァルト、ダッハウ、フロッセンブルク、グロス・ロゼン、マウトハウゼン、ラーフェンスブリュック、ザクセンハウゼン、シュトゥトホーフ。さらに、四万人は総督府内各地に送られたと推定される。約一〇万人は社会保護中央評議会（RGO）、ポーランド赤十字（PCK）やプルシュクフ近隣住民の援

図8—11

助により収容所から脱出に成功したり、ポーランド人の衛生・管理職員の手助けで非合法に収容所から連れ出されたりした。そして、強制収容所に送られたおよそ五万五〇〇〇人のなかでもっとも大勢が送られた先はアウシュヴィッツだった。(Helena Kubica, Transporty ludności cywilnej z Warszawy kierowane do KL Auschwitz przez obóz przejściowy w Pruszkowie po wybuchu zbrojnego powstania, Franciszek Piper i Irena Strzelecka, Redakcja naukowa, *Księga Pamięci, Transporty Polaków z Warszawy do KL Auschwitz 1940-1944*, Tom II, s.790)

国立オシフィエンチム博物館の主任研究員だったダヌタ・チェフが同博物館とドイツの公文書館などからまとめた『アウシュヴィッツ強制収容所日誌』*Kalendarz Wydarzeń w KL Auschwitz / Auschwitz Chronicle* は強制収容所設立前の一九四〇年一月から一九四五年一月二七日の収容所解放までの五年余りについて毎日、そこでの移送状況や出来事を詳細に記している。それによると、プルシュクフ中継収容所からの最初の移送がアウシュヴィッツに到着したのは一九四四年八月一二日だった。プルシュクフの中継収容所設置直後からすでにアウシュヴィッツへの移送も行われていたことになる。その日の項目にはこうある。

「ワルシャワ蜂起が起きた後、ポーランドの首都では一般市民が大量に逮捕拘束された。拘束された人々はプルシュクフの中継収容所に送られ、そこからドイツでの強制労働に送られたり、各地の強制収容所に送られたりした。プルシュクフからの最初の移送は男性一九八四人（若者、少年をふくむ）と女性三八〇〇人以上

（少女をふくむ）で、アウシュヴィッツⅡ[注5]に着いた。男性の囚人番号は190912から192895、女性の囚人番号は83085から86938だった。女性と子どもたちは女性キャンプＢ―Ⅰａに、男性は男性用隔離キャンプＢ―Ⅱａに収容された。囚人番号の刺青はなかったが、その他の点ではキャンプの他の囚人と扱いに違いはなかった。この移送者のうち一六九人は一四歳未満だった。」（Danuta Czech, *Kalendarz Wydarzeń w KL Auschwitz*, s.730 ; *Auschwitz Chronicle, 1939-1945*, p.685）

二回目の移送は九月四日で、男性と少年一九五五人（囚人番号193334から195288）と女性と少女一一三一人（囚人番号87261から88391）だった（*Ibid.*, s.747; *Ibid.*, p.701）。三回目の移送が到着したのは九月一三日で、男性と少年九二九人（囚人番号195496から196424）、女性と少女約九〇〇人だった（*Ibid.*, s.757 ; *Ibid.*, pp.707-708）。そして、九月一七日の項目には「ワルシャワ蜂起の後に逮捕拘束された一般市民のプルシュクフ中継収容所からの四回目の移送。三〇二一人の男性（少年をふくむ）に囚人番号196448から199468があたえられ、男性用隔離キャンプＢ―Ⅱａに収容された」とある。同じ項目中には、その日、一三九六人のポーランド人をふくむ一八二四人がアウシュヴィッツからマウトハウゼンに移送されたことも記されている（*Ibid.*, s.761 ; *Ibid.*, p.711）。

記憶と証言（二）

ボグダン・バルトニコフスキ。当時一二歳、プルシュクフからアウシュヴィッツ

注5　ビルケナウ（ブジェジンカ）のこと。

に送られて生きのびた少年の証言がある。

「線路のうえで、赤い貨物車両の長い列を待っていた。扉が大きく開いた。扉は線路から見あげるほど高かった。兵士たちが絶えず大声で叫び、乱暴に押したり小突いたりしていた。ぼくたちは車両によじ登って乗り込んだ。車両には粗末な寝台一つなかったので、床に直に身体をまるめた。あとからあとから人々が押し込まれた。兵士や憲兵は、『もう一杯だ』『床にはもう空いているところは少しもない』という抗議の声に注意を向けることもなかった。車両の扉がばたんと閉まった。列車が動き出した。一九四四年八月一〇日夜すこし遅くのことだった。」

「最初の停車駅はスキェルニェヴィツェだった。車両の扉が押し開かれた。兵士はプラットフォームにだれも降ろさない。プラットフォームには憲兵のほかにはポーランド赤十字（PCK）のシスターがいるだけだったが、彼女たちは臆することもなく車両をのぞきこんで『怪我人や病人はいませんか』などと訊いてきた。衛兵の厳重な監視のもと、数人の勇敢な人たちが外へ出ることを決意する。しかし、仮病だとみなされたら殴られたり、殺されたりさえするのではないかという恐怖で体が思うままに動かない。」

「車両の扉が閉まり、列車はまた動き出す。列車は頻繁に停車し、しばらくの間、やや長く停車していることもあった。ずっとだらだらとゆっくり進んだりする。車両のなかは狭くて息苦しく、とてものどが渇く。小便が悪臭を放つ。」

「深夜、列車はある駅で停車した。窓からのぞくとプラットフォームに憲兵が何人か見えた。駅名が書かれていた。ドイツ語だった。でもすぐに誰かが訳した。チェンストホヴァだった。」

「ゆっくりと、とてものろのろと列車は進む。しばしば、駅と駅の間の野原に停車した。その間もずっと扉は閉まっていた。何回か、車両の壁のすぐ後ろで、衛兵の叫び声と発砲の音が響き渡る。だれか逃亡しようとしたのだろうか。たぶん……太陽がどんどん高くなるにしたがって、車両の中がますます暑くなっていたからだろう。車両の中は窮屈で、暑さとむっとした空気が隅々にまで満ちていたので、頻繁に言い争いが起きる。そしてその間ずっと、どこへ連れていかれるのだろうかという話が続く。」

「夜が来る。ぼくたちの列車は何度も停車しながらも、ずっとのろのろと進んでいた。とうとう、太陽が沈んでしまって、車両のなかは涼しくなった。またどこかの駅に停車する。人気のないプラットフォームで数人の憲兵だけが停車した列車を無表情で見ていたが、しばらくしてまた動き出す。黒い文字で書かれた駅名——アウシュヴィッツ。車両にいただれかが何の感情もなくその名を読んだが、つぎの瞬間、囁き声が。大変だ。ここはオシフィエンチムだぞ！」

「周りは真っ暗だったが、ぼくたちは明るい照明施設に近づいて行く。そして、両側を灯火に挟まれたなかを進入していって、列車はブレーキのきしみ音をたてながら停車する。車両の扉が開けられる。ドイツ人が犬を従えて取り囲むのが見える。縞模様の服を着せられた男性集団もいる。そして叫び声も聞こえた。降りろ、はやく降りるんだ！　女と子どもはこっちだ！　男はこっちだ！　はやくしろ、いそぐんだ！……」（Fragment wspomnienia Bogdana Bartnikowskiego, wówczas 12 letniego chłopca, na temat deportacji z Pruszkowa do KL Auschwitz, Piper i Strzelecka, *op.cit.*, s.804-805）

一九四四年九月四日、プルシュクフからアウシュヴィッツへ移送されたワルシャワ市民で当時三六歳の女性、スタニスワヴァ・ミコワイチクの証言。

「プルシュクフにいて二日目の午後早く、私が入っていた集団は列車に乗せられた。私が住んでいたシフィエントイエルスカ通り一四番から二人の隣人が乗り合わせた。マルティン家のヤンカ、ユリアの姉妹だった。移送は約二四時間続いた。屋根のついた貨車はさらに扉を封じ固めてあり、小さな隙間しか残っていなかった。」

「すでにチェンストホヴァをあとにして、一六時間もの旅路の後、野原のなかでいったん停車した。何人かが排便のためか、線路上や近くの溝の方に出された。それはドイツ人が嘲笑し写真を撮る機会になった。」

「カトヴィツェから蒸気機関車の乗員がドイツ人に交替し、人々はもう自分の場所にじっとしていられないくらいのスピードで運ばれ、その後も車両の右の壁、左の壁にとぶつかって怪我をするほどだった。」

「『アウシュヴィッツ』と駅名が書かれているのに最初に気づいたあと、私たちは移送の目的がわかった。車両のなかの六〇人は黙りこんで注意を集中し、そのあと、みな自分の身分証明書などの書類を点検し始めた。」

「とても暑い九月四日の午後、ついに、私たちワルシャワの移送集団はオシフィエンチムで車両から外に出され、男性と女性は別々の列に分けられた。女性たちは準備を急かされてバラックのある小さな森と砂地の方へ連れて行かれた。そこで、私たちの個人名が書きとめられ、証明書類、金銭、貴重品を預けさせられた。それらは卓上に山となっていた。……」(*Ibid.*, s.806)

プルシュクフは一九四五年一月一七日に解放された。ダヌタ・チェフの日誌資料のその日の項目にはこうある。

「ワルシャワ蜂起の後にアウシュヴィッツに移送されてきたなかの一七九人の女性たち（少女をふくむ）と一七人の少年がビルケナウの女性キャンプから二回に分けられてベルリンの労働キャンプに移送された。最初の移送は八〇人の女性と九人の少年、後の移送は九九人の女性と八人の少年だった。」(Czech, *op.cit.*, s.836 ; *op.cit.*, p.781)

アウシュヴィッツ絶滅強制収容所が解放されたのはその一〇日後だった。ナチス・ドイツは強制収容所にソ連軍が迫るのを察知して、収容者を「死の行進」でドイツ国内やオーストリアなど各地の収容所に撤退させていた。一月二七日、ソ連赤軍到着時には、「アウシュヴィッツ、ビルケナウ、モノヴィッツに残っていたのは病気や栄養失調で疲弊した約七六〇〇人（アウシュヴィッツに一二〇〇人、ビルケナウに五八〇〇人、モノヴィッツに六〇〇人）」(*Ibid.*, s.863 ; *Ibid.*, p.805) だった。

地下国家政府指導者の拉致・連行の場所

Tędy Przeszła Warszawa「ワルシャワはここを通過した」――プルシュクフ中継収容所121跡のモニュメントにはこうあって、五十数万人のワルシャワ市民のエクソダスを記憶にとどめている。だが、プルシュクフはポーランド戦後史の暗い一ページを開いた場所としても記憶にとどめるべき町である。ワルシャワ蜂起が終わって約半年、ソ連軍によってワルシャワが解放されて約二ヵ月後の一九四五年三月、国内軍（AK）とロンドンの亡命政府系指導者がソ連のNKVD（内務人民委員部）によりアルミヤ・クラヨヴァ（国内軍）通りの閑静な邸宅に「招かれて」逮捕された。事件の四五年後にその場所に設けられた記念碑には以下のように記されている（図8―12）。

図8―12

「ポーランド共和国地下政府指導者はソ連当局者との会談に招かれ、一九四五年三月二七日から二八日にかけてこの邸宅にやって来たが、NKVDの計略によってここからモスクワへ拉致・連行され、不当にも投獄されてソ連の最高裁判所戦争評議会により六月一八日から二一日まで、いわゆる『一六人の裁判』にかけられて刑を宣告された。」

その一六人のうち、亡命政府国内代表のヤン・スタニスワフ・ヤンコフスキ（禁固八年）、国内軍最後の司令官、レオポルト・オクリツキ（禁固一〇年）、国民党指導者、スタニスワフ・ヤシュコヴィチ（禁固五年）はソ連で獄死、社会党指導者で挙国一致評議会（RJN）議長だったカジミェシュ・プジャクはポーランド帰国後に再度逮捕され、拷問の末、モコトゥフ刑務所で殺害されたとされる。ソ連最高裁判所により一六人の名誉が回復されたのは一九九〇年四月である。事件の七〇周年にあたる二〇一五年三月、ポーランドの国民記憶院（IPN）はロシア紙「コムソモルスカヤ・プラウダ」にソ連監獄で獄死した前記三人についての情報を求める広告を掲載した。戦後ポーランド史の最も暗いページはなお黒く塗られた部分が多いのである。

第九章

ウォンチュカ（ワルシャワ、軍人墓地内Ł区域）
――一九四四年～一九五六年の記憶をとりもどす

ポヴォンスキ軍人墓地

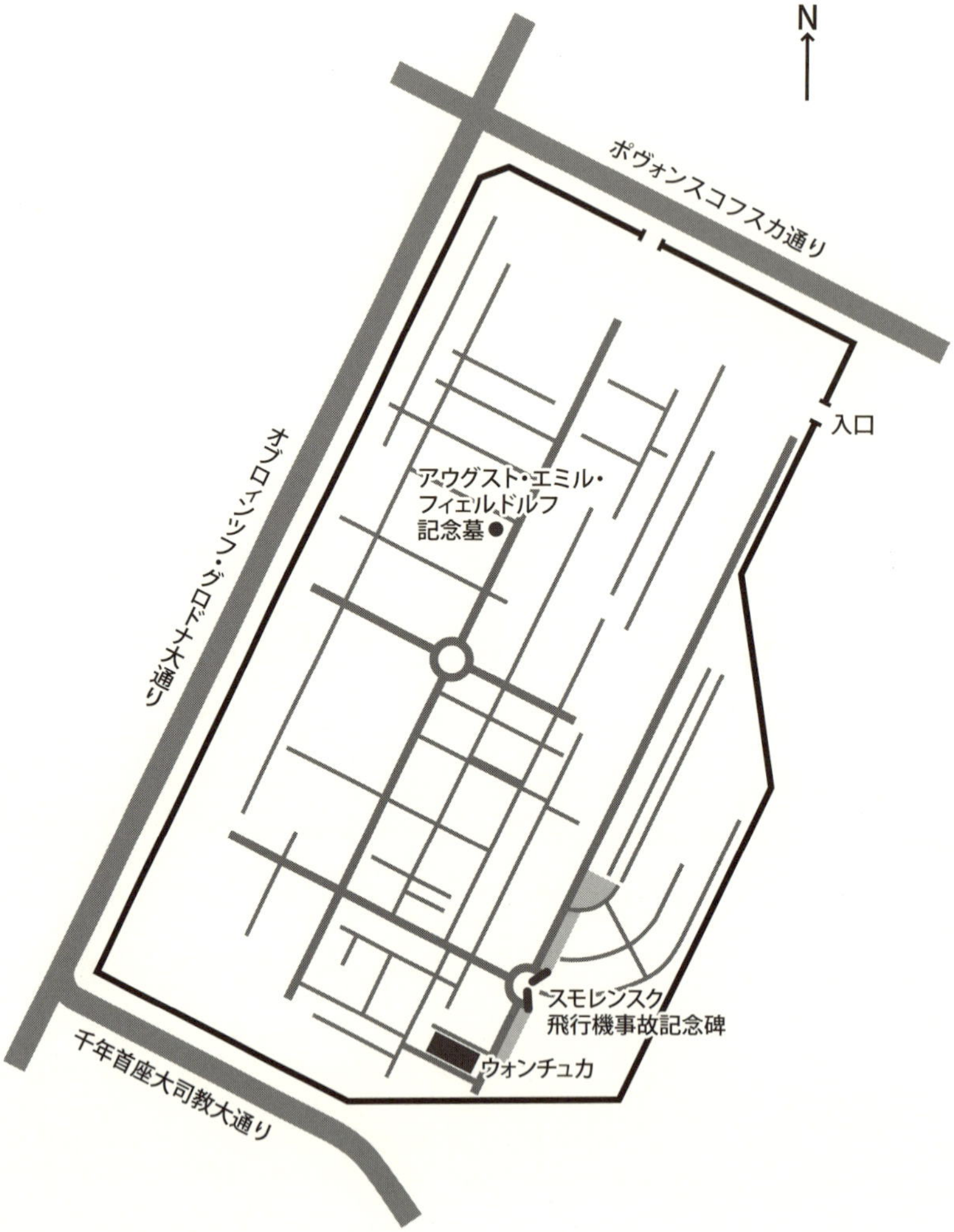
N
ポヴォンスコフスカ通り
入口
オブロインツフ・グロドナ大通り
アウグスト・エミル・
フィエルドルフ
記念墓
スモレンスク
飛行機事故記念碑
ウォンチュカ
千年首座大司教大通り

もう一度ワルシャワ市内にもどる。「ウォンチュカ」（Łączka）は町の名前ではない。ワルシャワのポヴォンスキ軍人墓地のなかの一区域で、「Ł（エウ）区域」ともいう。そこは一九四四年から一九五四年の期間、ポーランド共産主義者の公安当局により重罪裁判にかけられ、おもにモコトゥフ刑務所で処刑された独立地下運動活動家が秘密裏に多数埋められたとされる場所である。いまその場所は弾圧犠牲者の記憶をとりもどす場所となっている。モコトゥフ刑務所（ラコヴィェツカ通り三七番）で処刑された人々は一九四七年頃までは同じモコトゥフ地区のスウジェフという地域・ヴァウブジスカ通りの墓地に埋められたが、その後ポヴォンスキ軍人墓地の「Ł区域」に埋められるようになったという。さらに、公安省（MBP）は遺体のうえに石灰をまいて犯罪の痕跡を抹殺しようとした。「ワルシャワの記憶」を書くとき、第二次大戦終結直前の一九四四年（「ポーランド国民解放委員会」と公安機関が発足した年）から一九五六年までの時期にソ連機関とポーランド共産主義者政権下の公安機関が行った反共産党独立地下活動家の弾圧についてふれないわけにいかない。それは文字通り埋め固められ、封じ込められた記憶をコンクリートと土のなかからもう一度掘り起すものである。

「一九四四年から一九五六年」

ポーランド現代史における「一九四四年から一九五六年」の期間はスターリン主義ソ連による占領・支配とポーランド共産主義者政権に対する抵抗を特徴とする一

時代として画される。その始まりが大戦中の一九四四年であることに留意すべきである。一九四四年一月、ソ連赤軍はヴォルヒニヤ[注1]で戦前のポーランド東部国境を越えた。旧ポーランド領内各地で国内軍（AK）部隊は武装解除され、司令官は逮捕され、兵士たちはソ連軍指揮下のポーランド第一軍[注2]に加わるか逮捕されるかの選択を迫られた。赤軍がブク川を渡ったのと同じ七月二一日、スターリンの後押しによる「ポーランド国民解放委員会」（PKWN）（いわゆる「ルブリン委員会」）がモスクワで発足した。八月一日、ワルシャワはドイツの占領支配に対して蜂起するが二ヵ月後に敗北する。ロンドンの亡命政府系地下国家政府指導者と国内軍指導者はソ連による新たな占領を予期する。

一九四五年一月、ワルシャワはソ連軍により解放され、一九一八年以来のポーランド第二共和国の全領土がソ連の制圧下に入った。国内軍最後の司令官、レオポルト・オクリツキ（一八九八～一九四六）は国内軍解散の命令を下すが、それは「別の占領の始まり」を認識しながら、思想的にも組織的にも第二次大戦時の地下国家による闘争の継続を密かに追求するものだった。その準備は一九四三年後半、アウグスト・エミル・フィェルドルフ（一八九五～一九五三）らが赤軍占領下での抵抗活動を継続するための組織づくりとしてすでに始まり、一九四四年春、ソ連による占領にそなえてＮＩＥ「ニェ」（Niepodległość）（独立）が国内軍により結成された。

一九四五年二月の米英ソ三大国によるヤルタ会談はスターリンを後ろ楯とするルブリンの「国民解放委員会」（PKWN）を戦後ポーランドの新政府の柱として承認

注1　ウクライナ北西部の歴史的呼称で、ポーランド語ではヴォウィンと言った。

注2　一九四一年六月の独ソ戦開始直後の七月末、ポーランド＝ソ連協定（シコルスキ＝マイスキー協定）が締結されて両国の外交関係が復活した。その結果、ソ連領内で抑留・拘束されていたポーランド人によるポーランド軍が創設され、モスクワに抑留されていたヴワディスワフ・アンデルス将軍が指揮官に任命された。一九四二年、アンデルス将軍はスターリンの同意のもと市民をふくめて指揮下約二万人をイランに移動させた。一方、一九四三年、ソ連にいた共産主義者を中心に「タデウシュ・コシチュシュコ師団」が創設され、アンデルスが中東に移動した際ソ連に留まったズィグムント・ベルリンクが司令官となる。その部隊が「ポーランド第一軍」となり、ソ連のベラルーシ第一方面軍の指揮下に入った。

するに等しい結果となり、地下国家政府指導者には大きな打撃となった。前章最後で記したように同年三月、オクリツキら地下国家指導者一六人がワルシャワ南西のプルシュクフに誘い出されてモスクワに連行され、六月には「見せしめ裁判」にかけられた。まさに同時期、モスクワでの協議の結果、挙国一致臨時政府（TRJN）が発足し、前年一一月にロンドン亡命政府首相を辞任していたスタニスワフ・ミコワイチク（一九〇一～一九六六）が帰国して第二副首相兼農業・農地改革相に就任する。NIEは同年四月に解散し、ヤン・ジェペツキ（一八九九～一九八二）を司令官とする「国内武装勢力代表部」（DSZ）に改組される。五月にドイツは降伏するが、旧ポーランド領土東北部での抵抗闘争はもはや不可能となる。ロンドン亡命政府の権威は失われ、地下国家政府代表代理、ステファン・コルボインスキ（一九〇一～一九八九）はミコワイチクがワルシャワに帰着した日にその職を辞し、一九三九年以来続いた地下国家政府は事実上解体した。同年八月にDSZも解散を余儀なくされて、独立地下闘争（注3）は新局面に入る。

一九四四年七月の「国民解放委員会」（PKWN）発足にともなって設置されたポーランド公安機関はソ連の援助を受けながら国内軍兵士を敵視し、逮捕・追放をすすめていた。ポーランド労働者党（PPR）書記長だったヴワディスワフ・ゴムウカ（一九〇五～一九八二）はポーランド地下国家勢力を「反動勢力」とよび、「人民の民主主義国家は反動ブルジョアの一掃なくしてはできない」と公言していた。一九四四年春から秋にかけて、一万二〇〇〇人から一万五〇〇〇人の国内軍兵士が

注3　一九四四年から一九五〇年代半ば頃まで、ソ連と共産主義者の支配に抵抗し西欧的自由と法の支配を求めた運動・勢力は podziemie niepodległościowe（independence underground　独立地下運動）とよばれる。第二次大戦中ロンドンにあったポーランド亡命政府（ドイツ占領下の本国では地下国家）の流れをくむもので、主力は旧国内軍系の「自由と独立」（WiN）と旧国民党（SN）系の「国民武装勢力」（NSZ）だった。NSZの主要勢力だった極右の旧国民急進陣営（ONR）は反独・反ソであるとともに強い反ユダヤ主義でもあった。

ソ連奥地に追放され、さらに秋から年末までに一万五〇〇〇人が逮捕されたという。これに対抗する独立地下闘争は一九四五年から一九四七年の時期にかけてもっとも活発に展開された。とくに激しかったのはポーランド東部の農業地域だった。ビャウィストク、ルブリン、ジェシュフ、東マゾヴィヤでは地下組織が「森の人」とよばれ、農村地域に「第二権力」を樹立するところもあった。キェルツェ、クラクフ、ウッチの一部、西マゾヴィヤなどでも地下活動は一九四六年春から夏にピークに達した。一九四五年前半は治安組織側が劣勢に陥った。政権側はこれに対して、一九四五年七月（～一〇月）と一九四七年二月（～四月）、二度の「恩赦法」により地下抵抗勢力の弱体化をはかった。最初の恩赦（一九四五年）では公安省によると「三万二一七人」が武器を捨てて出てきた（Rafał Wnuk, redaktor naczelny, *ATLAS Polskiego podziemia niepodległościowego: 1944-1956; The ATLAS of the Independence Underground in Poland, 1944-1956*, s.XLVIII）とされるが、再び武装闘争にもどるものもあった。

戦後の反ソ独立地下運動の最大組織となる「自由と独立」（WiN）がワルシャワで結成されたのは一九四五年九月二日だった。ＷｉＮは指導者、資金、通信網、地下組織などをＤＳＺから受け継いだが、本来は武装闘争でなく政治的手段によってポーランドの主権回復を果たし、自由選挙後には解散すべきものと位置づけられていた。しかし、旧国内軍指導者や兵士のあいだには事態の好転が望めないことに不満が募り、同年冬にはポーランドの各地でパルチザン闘争が激化していく。一九四六年六月三〇日、反対勢力に対する脅しと不正操作による国民投票が実施されて共産主義者の権力が確立される。独立地下組織は戦前・戦中のような中央司令部をもたず、各組織で方針の相違があったが、本来は武装闘争で権力を奪取するというよりも、共産主義者の影響力を阻止し、治安組織からの自己防衛を目指すものだった。それゆえ、W・i・Nも国民投票への参加をよびかけた。

一九四七年一月、軍、警察、治安機関の監視のもとで憲法制定国会議員選挙が行われ、翌月に共産主義者のボレスワフ・ビェルト（一八九二～一九五六）が大統領に就任。選挙後、前述のように地下活動家に対する二度目の恩赦が発表された。もはや武装闘争の展望はなくなり、「五万三五一七人が武器をおいて地下から出頭したほか、その期間に二万三二五七人が逮捕され、有力な武装部隊が解体して地下運動は概ね停止に追い込まれた。この数字は『自由と独立』（WiN）のメンバーの九〇パーセント、『国民武装勢力』（NSZ）メンバーの六〇パーセントを占めるものだった」（*Ibid.*, s.XLIX）という。地下運動はもはや最大二〇〇〇人弱が農村部に残るだけとなり、政権側に大きな脅威はなくなった。それでも政権側は非人道的手段も使って出頭者や逮捕者から地下運動活動家の情報を集め、「残党」狩りを続けた。公安当局は反政府活動に対する手入れをさらに強化し、過酷な処罰の手はゆるめなかった。闘争を継続した活動家は逮捕されれば死刑か長期拘留しか待っていなかった。

武装抵抗の残り火は小さくなり、パルチザン勢力は一九五〇年以後数百人に弱体化し、一九五三年以降には数人単位のグループがほんの僅か森に隠れている程度に減り、地下抵抗運動は実質的に終息した。戦後の独立地下運動組織の勢力は一二万人から一八万人と言われ、その約半数は旧国内軍系の人々、のちにＷｉＮ、ＤＳＺで活動した人々、三万人から四万人はＮＳＺ系と推定される。その周辺に情報提供、医療・看護などさまざまな支援協力者が多数いたことを考えると、当時の反ソ連・反共産党、共産主義者の独裁に対する抵抗がきわめて大きな勢力として存在していたことがうかがえる。

一九四七年一〇月、ミコワイチクが英国、さらに米国に亡命した。ポーランド公安機関は一九四四年以来、ソ連ＮＫＶＤの訓練・薫陶を受けており、ＰＫＷＮ発足の年末には公安部が公安省（MBP）に改組され、翌一九四五年五月には国内保安軍団（KBW）がつくられ独立地下運動組織に対抗した。ソ連治安機関「スメルシュ」（SMERSH）はポーランド人民共和国発足後二年間、ポーランド治安機関の独立地下闘争弾圧を援助した。一九四八年以降、独立地下闘争は公安部隊の強力な鎮圧作戦のもとでなお続いたがもはや勝算はなかった。数年間にわたる闘争で、約八六〇〇人の兵士が死亡、数千人が過酷な弾圧、農村部の平定作戦、野蛮な拷問・尋問で殺害された。約五〇〇〇人に死刑宣告が言い渡されて約半数が執行され、二万二〇〇〇人が獄中や労働収容所で死亡した（Jerzy Eisler, Anna Piekarska, Agnieszka Rudzińska i Paweł Sasanka, „*PRL- tak daleko, tak blisko....*" s.21）。一九四四年から一九五六年までの期間の逮捕者総数は数十万人から百万人単位になるとの推定もある。(注4)他方、政権側の死者も一万人を下らないといわれる。

注4　二〇一六年三月、ポーランド軍事博物館（ワルシャワ）で催された特別展の解説によると、二万人以上の独立地下闘争兵士が戦闘で死亡し、戦闘司令官・戦闘員のみならず、聖職者、政治家、ボーイスカウト、ガールスカウト、学生など数十万人がソ連ＮＫＶＤ、ポーランド公安局（UB）などの労働収容所や拷問房に拘禁され、一九五五年までに八〇〇〇人に死刑判決が下され、うち四五〇〇人が執行された。

一九四七年五月に逮捕されたヴィトルト・ピレツキ（一九〇一〜一九四八）は見世物裁判のあと翌年処刑された。彼は一九四〇年九月にワルシャワ街頭での一斉検挙に自ら捕らわれてアウシュヴィッツ強制収容所に潜入し、地下抵抗組織をつくり、脱出して収容所の実態を知らしめた人物である。ワルシャワ蜂起では国内軍部隊で戦い、その後は独立地下運動に対するソ連軍の迫害・虐待・流刑・処刑などについて証拠を集めていたが、「スパイ」として告発された。元ケディフの司令官でNIEの指導者でもあったアウグスト・エミル・フィェルドルフは一九五〇年に逮捕され、「反ソ活動」の容疑で不当非道な裁判にかけられて一九五三年に処刑された。(注5)

この間の一九四八年末、ポーランド社会党（PPS）がポーランド労働者党（PPR）に吸収されて統一労働者党（PZPR）が発足し、共産主義者の権力が名実ともに確立した。政治経済のスターリン主義的な「ソ連化」が進んだ。一九四九年にはソ連のコンスタンティン・ロコソフスキー元帥がポーランド元帥・国防相に就任、ソ連軍人がポーランド公安当局を指導した。ソ連型計画経済が導入され、集団化が強制され、文化面でも社会主義リアリズムが奨励された。カトリック教会も共産党政権への協力を強いられた。地下闘争に対する弾圧の一方、一九五一年夏にはラジオ中継までされた「将軍裁判」で元国内軍のスタニスワフ・タタル（一八九六〜一九八〇）ら将軍たちに終身刑、大佐たちに懲役一五年など重刑が宣告された。

一九五二年七月二二日、ポーランド人民共和国憲法が発布された。スターリン主義時代、ポーランド公安機関はソ連支配下に活動した。公安省（MBP）のトップは

注5　衝撃作の映画「尋問」*Przesłuchanie*（一九八二年）でも知られるルィシャルト・ブガイスキ監督Ryszard Bugajski がピレツキ、フィェルドルフそれぞれの闘い、不当な裁判と処刑を映画化している。前者は「ピレツキ騎兵大尉の死」*Śmierć Rotmistrza Pileckiego*（二〇〇六年）、後者は「ニル将軍」*Generał Nil*（二〇〇九年）である。

スタニスワフ・ラトキェヴィチ（一九〇三〜一九八七）で、地下活動家はもちろん、教会、教育界など市民生活のあらゆる分野に浸透して監視体制をしいた。国家と教会の関係は徐々に悪化した。政権はステファン・ヴィシィンスキ大司教（一九〇一〜一九八一）が枢機卿に任じられるのをおそれてローマの宗教会議に出るのを阻止した。一九五三年九月、キェルツェのチェスワフ・カチュマレク司教（一八九五〜一九六三）が軍事法廷で一二年の禁固を宣告され、直後、ヴィシィンスキ大司教がワルシャワで逮捕された。

一九五三年三月六日、モスクワ放送が前夜のスターリンの死亡を告げていた。同年一二月、公安省第一〇課次長のユゼフ・シフィャトウォ中佐（一九一五〜一九九四）が失踪し、翌一九五四年九月、「自由ヨーロッパ」放送Radio Free Europeで共産党と公安機関の内幕を連続放送で暴露した。その結果、公安省（MBP）が廃止され、内務省と公安委員会がつくられた。

一九五六年二月、ソ連共産党第二〇回大会でフルシチョフが「個人崇拝とその結果」について報告した。大会出席のためモスクワに滞在していたビェルトが急逝する。同年六月二八日、ポズナンで経済的要因による抗議行動が起こり、のべ一〇万人が公然と反政府、反共産党の声をあげた。政権側は三百数十両の戦車と一万人以上の兵士を動員し、少なくとも七三人が死亡し、数百人が負傷したとされる（*Ibid.*, s.44）。同年一〇月、八年前に労働者党（PPR）第一書記を解任されたゴムウカがポーランド統一労働者党（PZPR）中央委員会第一書記として政権に復帰する。しかし、ソ連共産党のフルシチョフ第一書記はポーランド駐留ソ連軍の圧力をバックに自らワルシャワに乗り込み、ポーランドがソ連圏内に留まるのを同国指導部に保証させた。こうしたなか同月二八日、ヴィシィンスキ大司教は拘留を解かれた。

一九八〇年代前半に首相、国防相、国家評議会議長などを歴任したヴォイチェフ・ヤルゼルスキ（一九二三〜二〇一四）がその回想で戦後の「内戦」状況（注6）について述べたことばを『記憶するワルシャワ』にも引用した。彼は「独立の名において、また迫りくる第三次世界大戦という名目で罪のない人々を殺戮した反共産主義者を容認するわけにいかない」と当時の反政府武装集団を非難しつつも、「正義がわがほうにあったと言うのではない。政権側にも過ちはあった。党はしばしば重大な過ちを犯した。なかには犯罪行為と呼んでしかるべき過誤もある。国内軍（ＡＫ）兵士への迫害、対独レジスタンス参加者の強制移住など。それは想像以上の厳しい弾圧、粛清だった……」と書いた（ヴォイチェフ・ヤルゼルスキ著、工藤幸雄監訳『ポーランドを生きる・ヤルゼルスキ回想録』p.88）。たしかにその時期、いずれか一方の側だけにすべて正義があったとは言えないだろう。ソ連機関を背後にもつ政権側の鎮圧作戦は過酷なものがあったろうし、他方、統一司令部をもたぬ独立地下運動各派はナショナリズムが基本であれ政治的主張も戦闘方針も様々だったと考えられる。政治体制が大きく転換すると、前政権の時代が全否定されるおそれがあることにも注意すべきだろう。しかし、統一労働者党（PZPR）による社会主義体制を脱したポーランド国家にとって、一九四四年の蜂起についてと同様に、一方に圧倒的な権力支

注6　これを「内戦」とよぶべきかどうかについては異論もある。当時を「ソ連占領下」とみる論者は「独立地下闘争」「パルチザン闘争」などとよぶ。

配があった「一九四四年から一九五六年」の時期に埋もれた記憶を掘り起こし、不当な汚名を着せられて死亡した大勢の人々の名誉を回復する作業は避けることのできない課題であるし、犠牲者遺族にとっても放置して忘却できる過去はありえないのである。

国民記憶院（IPN）

大戦終結間近な一九四四年から一九五六年までの弾圧犠牲者の遺体を掘り起こし、ＤＮＡ鑑定により一人一人の人物特定に精力的に取り組んでいるのは国民記憶院 Instytut Pamięci Narodowej（IPN）である。国民記憶院は一九八九年の政治体制の民主的変革を契機として、一九九八年一二月に特別法にもとづいて創設された。ワルシャワに本部をおき、上訴裁判所のある全国一一箇所に支部がある。ナチス・ドイツ占領時代から戦後のスターリン主義時代、その後の統一労働者党政権の「人民ポーランド」時代に関する膨大なアーカイブを一手に管理し、それらの時代にかかわる権力犯罪についての訴追権ももつ巨大機関である（『ワルシャワ蜂起』、pp.104-105 参照）。現在その重要課題の一つとして精力的にとりくんでいるのが、一九四四年から一九五六年の期間にソ連ＮＫＶＤと共産主義者の権力機関がかかわった地下運動活動家に対する弾圧である。その背景には戦後の独立地下運動についての評価と見直しがある。

二〇〇一年、ポーランド議会（セイム）は第二次大戦後にポーランドの主権のために戦った独立地下運動の功績を認める決議を採択した。決議はソ連によるポーランドの主権簒奪に対する対等でない戦いで斃れた兵士たち、投獄され迫害された組織と人々に敬意を表した。彼らはそれまで「呪われた兵士たち」Żołnierze wyklęci（cursed soldiers）と呼ばれていた。数ある組織で主要なものは「自由と独立」（WiN）と「国民武装勢力」（NSZ）、「国民統一軍」（NZW）である。（『ワルシャワ蜂起』、pp.424-426 参照）

決議は戦後の独立地下運動の戦士たちの活動と犠牲を初めて公式に評価するものだった。一〇年後の二〇一一年二月、ポーランド議会は三月一日を国民の記念日とすることを決め、ブロニスワフ・コモロフスキ大統領が署名して「『呪われた兵士』を記憶する国民の日」Narodowy Dzień Pamięci „Żołnierzy Wyklętych" として法制化された。全国武装闘争兵士協会と世界国内軍兵士連合はそれに先立つ二〇〇九年、独立地下運動兵士の日を定めることを要求し、「市民プラットフォーム」（PO）と「法と正義」（PiS）という二大政党の支持も得て、当時のレフ・カチィンスキ大統領（一九四九～二〇一〇）が記念日の制定を実施しようとしていた。なぜ「三月一日」なのかは公式に明示されていないが、一九五一年のその日、「自由と独立」（WiN）の七人の指導者[注7]が軍事法廷の結果、ワルシャワで処刑されたという事実がある。

ワルシャワのベモヴォ地区、ピレネイスカ通りとディナルスカ通りの交差点ちかくに「共産主義的隷属に抗して自由なポーランドのために立ちあがった『呪われた

注7　いわゆる「第四次指導部」で、ウゥカシュ・チェプリィンスキ、ミェチスワフ・カヴァレツ、ユゼフ・バトルィ、アダム・ラザロヴィチ、フランチシェク・ブワジェイ、カロル・フミェル、ユゼフ・ジェプカの七人。

兵士』の名誉を讃える」記念碑を見た（口絵・図Ⅹ）。戦後の独立地下運動に身を投じたが、取り調べ中の拷問で斃れたり、不当な裁判や長期間の拘禁や弾圧で殺された人々を記念している。

「ウォンチュカ」――ポヴォンスキ軍人墓地内「Ł区域」

ポヴォンスキ軍人墓地内の南端ちかくにある「Ł区域」は「ウォンチュカ」（「小さな牧草地」を意味する）ともよばれている。二〇一五年九月、その場所で「一九四四年から一九五六年」の独立地下運動活動家を慰霊するパンテオンが除幕され、墓地としての整備がすすんでいる。しかし、パンテオンが建てられる直前、記憶にとどめておきたい光景がそこにあった（口絵・図Ⅺ）。コンクリートの歩道に囲まれた真四角にちかいスペースのあちこちには背の低い樺の十字架があってそれぞれに顔写真の紙が貼り付けられていた。それはたとえば、

「私はこの場所で発見された――エドムント・ブコフスキ中尉」（図9―1）、
「私はこの場所で発見された――スタニスワフ・カシュニツァ中佐」（図9―2）、
「私はこの場所で発見された――ボレスワフ・ブデレフスキ」（図9―3）、
「私はこの場所で発見された――ヘンルィク・パヴウォフスキ」（図9―4）であり、
他方、「私はまだ発見されていない――ヴィトルト・ピレツキ騎兵隊長」（図9―5）、
「私はまだ発見されていない――ミェチスワフ・カヴァレツ少佐」（図9―6）、

図9-1

図9-2

図9-3

図9-4

図9-5

図9-6

図9-7

図9-8

「私はまだ発見されていない――ウゥカシュ・チェプリィンスキ中佐」（図9―7）などである。

さらに歩道を隔てた向かい側にも同様の十字架が立ち並ぶ。

「私はこの場所で発見された――ズィグムント・シェンヂェラシュ少佐」（図9―8）、

「私はまだ発見されていない――ズヂスワフ・バルバシェヴィチ大佐」（図9―9）など。これらのボード右下には遺体発掘を支援する「ウォンチュカ財団」Fundacja Łączka のロゴがある。

そして、区画の角地近くには中くらいの石ころをうず高く積み上げ、細い十字架、白と赤のポーランド国旗、独立地下運動活動家の写真が飾りおかれていた。そのなかにはヴィトルト・ピレツキの写真もあるが、前記のズィグムント・シェンヂェラシュ、すなわちコードネーム「ウゥパシュカ」の写真付きボードがあって、こう書かれている。

「『われわれのだれも、裏切り者とかわが祖国の冷酷な息子たちとよばれるような、徒党の一味ではない。われわれはポーランドの町や村の出自だ。われわれは、ポーランドが、大義に身を捧げ、全国民によって選出されたポーランド人によって統治されることをのぞむ。』それゆえ、われわれは、ソ連の手からもたらされる金、勲章、地位のために、自由と正義を求めるわが最良のポーランド人を殺害するものたちに対して生死をかけた戦いを宣言する。――ズィグムント・シェンヂェラシュ」（図

図9―9

図9―10

9—10）

「ウゥパシュカ」、すなわちズィグムント・シェンヂェラシュは一九一〇年にオーストリア・ハンガリー帝国領（当時）に生まれた。ポーランド軍人として一九三九年のワルシャワ防衛戦に参加。その後、国内軍（AK）兵士・指導者としてヴィルノ、ビャウィストク、グダインスクを中心とするポモジェ地域で活動した。一九四八年に逮捕されて、ワルシャワのモコトゥフ刑務所に収監された。一九五〇年に秘密裁判が始まったが、自らの反共産主義活動を否認することはなかったという。わずか一〇日の「審理」の結果、死刑判決が下され、翌一九五一年二月にモコトゥフ刑務所で執行された。

「ウォンチュカ」にはラコヴィェツカ通り三七番のモコトゥフ刑務所で殺害された犠牲者を記念する壁状のモニュメントがある。"Victory"を象徴するのか、V字の切れ込みと大きな十字架、その横に同刑務所で殺害されてウォンチュカに埋められたと思われる人々の名前を刻んだ小さなプレートがぎっしりと並び（両面で約二五〇個）、右側にPとWを組み合わせた碇型のポーランド地下運動のシンボルマーク「コトフィツァ」がついている。小プレートに刻まれたなかにはヴィトルト・ピレツキやヤン・ロドヴィチ（アノダ）（注8）らの名もある。

モコトゥフ刑務所については『ワルシャワ蜂起』（pp.317-321）にも詳述したので参照していただきたいが、もとは一九〇二年にロシア支配下の刑務所として建てられた。一九一八年のポーランド独立回復にともない、新政府がこの施設を引き継

注8　ヤン・ロドヴィチ（アノダ）（一九二三～一九四九）。ナチス・ドイツ占領中、青年スカウト組織「灰色部隊」メンバーとして、一九四三年三月二六日の「兵器庫作戦」にも参加。ワルシャワ蜂起では国内軍ゾシカ大隊で戦う。戦後逮捕され、一九四九年、コシコヴァ通りの公安省建物で尋問中に窓から飛び降りて死亡したとされるが真相は不明である。

いだ。一九三九年九月のナチス・ドイツによるワルシャワ占領により、ナチスの刑事警察（Kripo）の管轄下に入る。一九四四年のワルシャワ蜂起のときもナチスの管理下にあり、大量処刑が行われたという。一九四五年一月のソ連赤軍の進入により、まずソ連軍がこれを使用し、その後、共産主義者政権の公安省（MBP）の管轄下に入った。一九四七年六月からは公安省のユゼフ・ルジャインスキ（一九〇七～一九八一）審理部長が統括することになる。ルジャインスキは一九四九年秋に建設されたX号棟、XI号棟を尋問専用号棟として監督した。現在、高くて長く続く刑務所塀のなかほどに同所で犠牲となった人々を記念する大きな集合プレート（図9―11）があり、二〇一四年にはアウグスト・エミル・フィェルドルフ（ニル）の大きなイラストが貼られていた（図9―12）。

ポヴォンスキ軍人墓地内には、戦後の一九四六年頃から一九五三年頃までの時期にどこかで死亡していまなお遺体の見つからない人々の「シンボリック」な墓石がある。そのなかには、一九四八年にモコトゥフ刑務所で処刑されたヴィトルト・ピレツキや一九五三年に処刑されたアウグスト・エミル・フィェルドルフの遺体なき墓もある（図9―13、図9―14）。

図9―11

図9―12

図9―13

遺体発掘作業

ポーランド人民共和国当時の検事総長代理、カジミェシュ・コシュティルコを長とする委員会がウォンチュカの秘密埋葬地に関して行った調査報告（一九五六年四月一二日）は、「死刑を執行された者がどこに埋葬されたかを特定する証拠資料はラコヴィェツカ刑務所には存在しない」と結論した。「刑務所記録によれば、ポヴォンスキ墓地の当該区域には一九四八年半ばから一九五六年までに二四八人の受刑者が埋められた」としながらも、当時遺体の埋葬にかかわった元公安局（UB）員、ヴワディスワフ・トゥルチィンスキの証言により、その数は「不確か」で「自然死」のケースもあったとした（Tomasz Łabuszewski, redakcja naukowa, *Śladami zbrodni: przewodnik po miejscach represji komunistycznych lat 1944-1956*, s.259）。その後半世紀以上、国家政治体制の民主的変革を経て、ようやく埋葬された記憶が掘り起こされることになる。

二〇一二年から二〇一三年にかけて、国民記憶院（IPN）、戦闘と受難の記憶保護評議会、司法省はワルシャワ市の協力のもとで、「一九四四年から一九五六年の期間の共産主義テロ犠牲者埋葬地探索」についての調査プロジェクトを立ち上げた。最初の遺体発掘作業は大量の遺体埋葬地を推測して、二〇一二年七月二三日から八月にかけて行われ、一一六人の遺体を掘り起こした。二回目は二〇一三年五月一二日から同年七月七日まで行われて八二人の遺体と他の一〇人の骨の一部が発見された。同年九月にはスウォジェフでも作業が行われた。調査によると、ウォンチュ

図9―14

カでは三〇〇人が秘密裏に埋葬されているとされている。発掘された遺体はDNA鑑定で身元の確認がすすめられ、これまでのところ（二〇一五年九月現在）ウォンチュカでは発見された合計一九八人の遺体のうち四〇人の身元が特定されている。二〇一二年一二月、最初に身元確認を発表されたのはエドムント・ブコフスキ、スタニスワフ・ウゥカシク、エウゲニゥシュ・スモリィンスキの三人で、その後、二〇一三年二月には、スタニスワフ・アブラモフスキ、ボレスワフ・ブデレフスキ、スタニスワフ・カシュニツァ、タデウシュ・ペラクなどが確認された。これまで発見されていない約九〇人の遺体の埋葬場所には別家族の墓石がすでにあり、関係家族の同意なしに発掘はすすまない。他方、二〇一五年七月にはヴィスワ川右岸・プラガ地区の広大なブルドノ墓地の一角（45N区）でも遺体発掘作業が行われ、ナムィスウォフスカ通りの刑務所（後述）で処刑された人々の埋葬場所を発見している。

二〇一五年九月二七日、ワルシャワ蜂起の主体となった国内軍（AK）の前身であるポーランド勝利奉仕団（SZP）の創設記念日だったその日、ポヴォンスキ軍人墓地のウォンチュカで「一九四四年から一九五六年」の独立地下運動活動家を慰霊するパンテオンが除幕された。国民記憶院は、さらに周辺区域での遺体発掘作業をすすめようとしている。

戦後の迫害、プラガとレンベルトゥフの記憶

一九四四年から一九五六年までの期間にソ連とポーランドの共産主義者権力に抵

抗した勢力の活動とそれに対抗した公安機関の鎮圧作戦・弾圧実態がどのようなものであったかは、国民記憶院がなお精力的にすすめている調査研究活動の重要な問題である。ソ連ＮＫＶＤとポーランド公安機関がその期間に使用した収容所や刑務所跡は全国各地に数々あるが、それらもまた「ワルシャワの記憶」につながるものだろう。

プラガ地区

ヴィスワ川右岸のプラガ地区は一九四四年八月一日に始まったワルシャワ蜂起のとき、東方から進撃してきたソ連軍が反ソ連・反共産主義の国内軍（AK）とドイツ軍の戦闘状況を観察しつつ介入のタイミングをはかっていたところである。そのため、ヴィスワ川左岸が蜂起による激戦と、蜂起鎮圧後ドイツ側により破壊し尽くされたのとは対照的に、プラガの街並みの八割は昔ながらのままのすがたをとどめた。しかし、そこは同時にソ連権力の下にある内務人民委員部（NKVD）が一九四四年から四五年にかけて、その後一九五六年まではポーランド共産主義者の公安機関が国内軍兵士や反ソ連活動家を弾圧する拠点地区となった。第一章でふれたプラガの教会（コンカテドラ）の建物壁にもかつて死刑判決を受けた政治囚同盟の記念プレートがある。

「一九三九年〜一九八九年、彼らは共産主義の堕落の生き方を望まず、自由・正義のポーランドのために戦って斃れた。」（図9―15）

図9―15

ＮＫＶＤポーランド司令本部（プラガ、スチュシェレツカ通り八番）(注9)

プラガ北地区。その場所は、広大なブルドノ墓地の南で動物園の東にあたる。一一月一一日通りからやや北東に入るスチュシェレツカ通り八番にかつてのソ連ＮＫＶＤ（内務人民委員部）ポーランド司令本部があった。旧街路表示はシロトコヴァ通り一三番である。一九三〇年代後半にできた四階建てで、もとは民間の建物だった。一九四四年から四五年にかけて、ＮＫＶＤのポーランド・ルブリン地域施設に接収された。一九四五年頃から、ポーランド公安局の施設となってゆき、各地で逮捕された反共産主義の独立運動活動家が多数移送されてきて、厳しい尋問や拷問が行われ、そこから後述するレンベルトゥフの収容所に転送されるものが多かったという。ソ連はポーランドの治安組織に多数の「顧問」を派遣したが、その中心人物だったイヴァン・アレクサンドロヴィッチ・セーロフ（一九〇五～一九九〇）もそこで執務したことがある。一九四八年からは公安局（UB）職員の住宅としても使われた。現在、戦前の民間所有者が相続しているらしいが、中庭にも人影は見えず何かに使用されている雰囲気はない。だが、数多くの地下小部屋は当時独房として使用され、過酷な尋問・拷問の場所となったという。ひっそりした冷たい建物の壁に二〇一四年に取り付けられた記念プレートがある。

「共産主義体制の犠牲者、ポーランド愛国者を讃えて。彼らは一九四四年から一九四八年までの期間にこの場所で、最初はＮＫＶＤ、その後は県公安局機関員によって投獄され、拷問され、そして殺害された。」

注9　前著『ワルシャワ蜂起』（東洋書店、二〇一二年）同（御茶の水書房、二〇一五年）の三七九ページに、ＮＫＶＤの政治監獄の例について誤記があった。ウルスィヌフのパヴェウ・エドムント・スチュシェレツキ通りと記したが、本書に記した通り、ＮＫＶＤの建物が残っているのはプラガ地区のスチュシェレツカ通り八番である。

記念プレート下の部分には、ソ連と共産主義者の権力に抵抗して死亡した次の六人の写真付きリーフレットが「墓なき英雄」「名もなき英雄」「遺体なき英雄」などとして貼り付けられていた（図9―16）。

ジェラズヌィ ŻELAZNY
ピレツキ PILECKI
ウゥパシュコ ŁUPASZKO
ビトヌィ BITNY
インカ INKA
オギェィン OGIEŃ

このなかで本名はヴィトルト・ピレツキのみ。あとはみなコード名である。

ウゥパシュコ、あるいはウゥパシュカ（ズィグムント・シェンヂェラシュ）（一九一〇〜一九五一）についてはすでに記した。

コード名・インカ（図9―17左）は本名を、ダヌタ・シェヂクヴナ（一九二八〜一九四六）といい、国内軍（AK）の衛生兵だった。戦後、グダィンスクを中心とするポモジェで活動したが、一九四六年七月に公安局（UB）に逮捕され、警察官らを射殺したとの罪状により同年八月末にグダィンスク刑務所で銃殺処刑された。あと数日で一八歳になるところだった。二〇〇七年にテレビ映画化（*Inka 1946*）もされているが、銃殺直前、同時に処刑されたフェリクス・セルマノヴィチ（ザゴィンチク）とともに目隠しを拒否し、「ポーランド万歳！」を叫んだという。インカは

図9―16

図9―17

前記のウゥパシュコ部隊のクーリエでもあり看護活動もしていた。二〇一五年、彼女の遺体がグダィンスクの墓地で発見され、DNA鑑定で本人と確認された。同年一〇月にはワルシャワのヴォラ地区、聖スタニスワフ教会ちかくにも彼女の胸像がつくられた。モニュメントには処刑前に祖母へあてたことば „Zachowałam się jak trzeba"（I behaved as I should）が刻まれている。

ジェラズヌィは本名、ズヂスワフ・バドハ（一九二五～一九四六）。戦時中は国内軍（AK）に属し、戦後はウゥパシュコのヴィレィンスカ大隊に参加してビャウィストク地域で戦った。一九四六年六月、密告があってグダィンスク南東のシュトゥム近くでUB機関員に射殺された（注10）。

ビトヌィはヤン・ボグシェフスキ（一九一五～一九四六）。国民統一軍の第三ヴィレィンスカ大隊に所属したが、一九四六年二月、マズーリ湖地方のガイロフスキェ村でNKVDとの戦闘に斃れた。二〇一四年一〇月、この戦闘地域での遺体発掘作業でパルチザン兵士九人の遺体が発見され、同年一二月、そのうちの一人がビトヌィだと確認された。おそらく前記リーフレットがスチュシェレツカ通りの建物壁に貼り付けられて間もなくのことだったろう。同村地域での戦闘はNKVDが大動員をかけたもので、十数人から二〇人以上のパルチザン兵士が殺されたと推測されている。

オギェィン（炎）（図9―17右）は本名、ユゼフ・クラシ（一九一五年～一九四七）という。一九三九年のワルシャワ防衛戦をポーランド軍で戦ったあと、「オジェ

注10　「ジェラズヌィ」で知られる独立地下闘争の戦士として、エドヴァルト・タラシュキェヴィチ Edward Taraszkiewicz（一九二二～一九五一）もいる。W・i・N系のパルチザン部隊で主にヴウォダヴァ、ルブリン地域で活動した。一九五一年、ブク河畔のズベレジェで公安局（UB）に包囲されて戦死した。一九九一年には同地に記念碑が建ち、二〇〇九年にはレフ・カチィンスキ大統領に顕彰された。

ウ」（鷲）のコード名で国内軍（AK）の前身である武装闘争同盟（ZWZ）に参加。一九四一年にはタトラ山脈のパルチザン組織の指導者となった。一九四三年のナチス・ドイツによる平定作戦で父、妻、息子を殺害され、その後、「オギェィン」のコード名を使うようになったと言われる。戦後の独立地下闘争ではWiNなど主要組織とは距離をおいた。その指揮下には数百人の兵士がいたという説がある。一九四七年一月、パルチザン部隊がザコパネ北東の村で公安部隊と民警（MO）に包囲されたときに自殺をはかり、ノヴィ・タルクの病院で死亡したとされる。遺体の埋葬場所は分かっていない。ザコパネに大きな記念碑がある伝説的な闘士だが、共産党系組織や公安局との関係、指揮下部隊によるユダヤ人殺害疑惑など謎の多い人物である。『隣人』*Sąsiedzi*（二〇〇一年）の著者でポーランドにおける反ユダヤ主義を厳しく問うヤン・グロスはその著書で、「オギェィン」（ユゼフ・クラシ）がポトハレの山岳地帯で政権側との戦闘中にポーランドを逃れ出ようとしたユダヤ人を殺害したと記している。（Jan T. Gross, *FEAR: Anti-Semitism in Poland after Auschwitz*, p.234）

元公安省所在地（旧ユダヤ学生寮）（プラガ北、ユゼフ・シェラコフスキ通り七番）

ユゼフ・シェラコフスキ通り（旧ナミェストニコフスキ通り）とイグナツィ・クウォポトフスキ通り（旧シェロカ通り）の角に、かつてユダヤ人大学生の学生寮Żydowski Dom Akademickiだった五階建ての立派な建物がある。一九二四年から二六年にかけて、ヘンルィク・スティフェルマンのデザインにより建てられ、当時としてはワルシャワで最もモダンな建築物の一つで、ユダヤ風の半円形を組み合わせた優美な構成部分が印象的である。図書室、講義室、研究室、体育館、診察室・病室など多様な施設をそなえていて、約三〇〇人を収容することができた（図9―18）。

一九三九年のナチス・ドイツによる占領後の一時期、プラガ病院が入った。ソ連軍の進駐後、一九四四年から四五年までNKVDがこれを使用し、一九四五年には共産主義者権力の公安省（MBP）、一九四六年から一九五六年まではワルシャワ公安局（WUBP）の本拠となった。一九五六年以降はワルシャワ県の民警（MO）が入り、現在は警察関係者の宿舎として使用されているようだ。

建物壁に記念プレートがある。

「一九四四年から一九五六年までの期間、NKVDとUBにより監禁・虐殺された人々を記念する。」

戦後イスラエル首相となったメナヘム・ベギン（一九一三～一九九二）もワルシャワ大学の学生時代、かつての学生寮で生活したことがある。ベギンはブジェシチの生まれで、シオニスト改定派の青年組織ベタルの活動家となり、さらにパレスティナでの地下軍事組織イルグン・ツヴァイ・レウミの指導者となった。

図9―18

第三刑務所跡地（一一月一一日通り）

ワルシャワ・ヴィレィンスカ（ワルシャワ・ヴィルノ）駅の北側地域の一一月

一一日通りとナムィスウォフスカ通りがつくる三角地域のなかにＮＫＶＤと治安機関による政治囚の拷問・虐待の場となっていた刑務所跡地がある。そこにあった建物は一九世紀にロシア・ツァーリ軍兵舎だった。二つの大戦間期には独立を回復したポーランドの軍兵舎として使われた。第二次大戦中、ナチス・ドイツが占拠し、一九四五年からはソ連ＮＫＶＤ、続いてポーランド共産主義者政権の公安省（MBP）が刑事審問刑務所として使用した。通称「トレド」、もしくは「ワルシャワ第Ⅲ刑務所」と言われた。第Ⅰはモコトゥフ刑務所、第Ⅱはゲンシュフカ収容所（注11）である。一九七〇年代に建物は取り壊されて、当時の大きな構造物は何も残らない。二〇〇六年にそこを訪れたとき、かつての刑務所の煉瓦の礎石だけを一部残し、四角い墓碑のモニュメントがいくつもならんでいた。記念プレートにはこうある。

「第三刑務所の地。自由なポーランドのために戦った独立組織の兵士たちがここで苦しみ、非業の最期をとげた。」

「彼らは共産主義的堕落のもとで生きることを望まず、戦闘と残虐な暗殺に斃れた。」

そして、ナムィスウォフスカ通りとベルトルト・ブレフ通りがＴ字路で出会う地点に政治囚と思われる一人の男が手首に鎖をつけたまま両手をいっぱいに広げ、鉄格子の残る重い石壁の間から出てくる瞬間を造形したと思われるモニュメントがある。兵士は国内軍（AK）、国民武装勢力（NSZ）など独立地下運動活動家に対する拷問・虐待をイメージしている（図9—19）。

注11　もとはナチス・ドイツ占領者が一九三九年九月、ワルシャワ・ゲットーの廃墟に設置したもので、アウシュヴィッツ強制収容所から約五〇〇〇人を連行して強制労働させていた。『記憶するワルシャワ』pp.136-137 参照。

図9—19

前述のように二〇一五年七月、国民記憶院はプラガ地区の広大なブルドノ墓地のなかの45N区域での遺体発掘作業を実施したが、その発掘作業の過程で前述のナムィスウォフスカ通りの刑務所で処刑された人々が埋められた場所を発見したという。

プラガ地区にはこのほか、「聖ツィルィル（キリル）と聖メトディ（メトディオス）通り」四番にも元公安局建物がある。一九九七年に設置された記念プレート（図9—20）はこう記す。

「彼らはポーランド人であるがゆえに艱難を引き受けた。独立組織の兵士と彼らを援助した人々のために。」

ワルシャワ・レンベルトゥフのNKVD収容所（プラガ北地区、マルサ通り一一〇番）

レンベルトゥフは一九五七年までワルシャワとは別の町だったが、現在はワルシャワの行政区域のひとつとなって、ポーランド国防アカデミーの本拠もある。戦前、一九一九年から一九二一年にかけてポーランド軍の弾薬工場「ポチスク」“Pocisk”（bullet）があり、各種の砲弾・銃弾、爆薬が製造されていた。一九三九年のドイツ軍による占領で接収され、ドイツ国防軍がソ連軍捕虜の収容所Stalag 333とした。ユダヤ戦闘組織（ŻOB）でも活動したアリェ・ヴィルネル（一九一七〜一九四三）がゲットー地下運動のために武器・弾薬の調達に努力し一九四三年四月のゲットー蜂起直前に逮捕されてレンベルトゥフの収容所に送られたことは、イツ

図9—20

ハク・ツキェルマン（一九一五〜一九八一）(注12)の回想記にもある（『記憶するワルシャワ』pp.272-273 参照）。

一九四四年九月、ソ連赤軍がその地を奪回して、こんどはポーランドの国内軍（AK）、国民武装勢力（NSZ）、農民大隊（BCh）兵士の収容所にした。レンベルトゥフ収容所では日常的に拷問が行われ、食料不足や病気で多数が死亡したとされる。一九四五年三月以来、ポーランド独立運動活動家をシベリア送りにする場所でもあった。ここに収容された中には、国内軍の破壊攪乱工作指導部「ケディフ」の司令官、アウグスト・エミル・フィェルドルフがいる。一九四三年以来、極秘裏に「ニェ」（NIE）の組織を準備しその指導者でもあったが、一九四五年三月にＮＫＶＤに逮捕された。だがそのときは「ヴァレンティ・グダニツキ」という偽名により国内軍の大物指導者とは発覚せず、ウラルの労働キャンプに移送された。

マルサ通り一一〇番のＮＫＶＤ犠牲者記念碑は鉄製の背の高い十字架を真ん中にして、ゲートを思わせる形状の赤レンガを基調とした構築物である。正面に「囚人たち、同国人に捧げる」と彫られ、記念プレートが三つある。一九九五年に取り付けられた（図9―21）。

「かつての弾薬工場・ポチスク（弾薬）があったこの場所に以下の収容所がおかれた。一九四一年九月から一九四四年初めまで：ソ連軍戦争捕虜を収容したナチスの労働収容所（コマンド・スタラグ 333）：一九四四年七月から一九四四年九月まで：ポーランド人囚人を収容したナチスの労働収容所：一九四四年九月から一九四五年

注12　ユダヤ戦闘組織（ŻOB）の指導者の一人。ヴィルネルが逮捕されたため、「アーリア」地区での同組織代表となる。一九四三年四月のゲットー蜂起を生き延び、翌年のワルシャワ蜂起にも参加して戦った。

図9―21

七月まで：ソ連NKVDの特別収容所一〇番。」

「この記念碑は、レンベルトゥフのNKVD収容所一〇番の囚人、すなわち、その遺体がかつての弾薬工場・ポチスクとソ連帝国地域に横たわる、抑圧されて殺害されたポーランド地下国家の兵士・活動家に捧げられる。」

「この記念碑は、一九四五年五月二〇日から二一日にかけての夜、レンベルトゥフのNKVD特別収容所一〇番を襲撃した、エドヴァルト・ヴァシレフスキ（ヴィフラ）少尉指揮下、《メヴァ・カミエン》ミンスク・マゾヴィエツキ・キャンプの国内軍パルチザン部隊兵士に捧げられる。五〇〇人以上の囚人が解放され、この作戦行動により、囚人たちの東方移送が中断された。」

三節目の碑文について補足する。戦後、ソ連とポーランド共産主義者権力の支配に抵抗した独立地下闘争は全国各地のパルチザン組織によるもので一九四五年がピークだったが、その主要な戦闘は各地の公安機関・監獄を襲撃して活動家を解放することだった。レンベルトゥフの収容所襲撃は一九四五年から四六年にかけて敢行された全国各地の収容所・監獄襲撃のなかでも最大規模の作戦だった。それに次ぐものとしては、一九四五年八月、キェルツェで約三五〇人の政治囚を解放、一九四五年九月、ラドムで約三〇〇人の政治囚を解放した襲撃事件がある。

ノーマン・デイヴィスは大著 *Rising '44* のなかでレンベルトゥフの収容所の過酷な状況について、「これに比べれば、ドイツ軍のザントボステルやムルナウの捕虜収容所の待遇は贅沢だったと言えるだろう」（日本語訳書・染谷徹訳『ワルシャワ蜂起1944（下）悲劇の戦い』、pp.226-227, *Rising '44*, p.495）と書いている。

一九四四年のワルシャワ蜂起は敗北したが、ソ連とポーランド共産主義者の権力に対する抵抗が戦後しばらく続いた。一九八〇年代から始まった一九四四年蜂起（すなわち国内軍と地下国家）に対する再評価がいま引き続いて戦後の独立地下闘争とその犠牲者に対する再評価となっているのは、ポーランドの戦中戦後史の流れのひとつとして当然のことといえる。たしかに、一人ひとりの記憶が集め合わされて「国民の記憶」におきかえられると、国家的意味づけのもとに極端なナショナリズムまで鼓舞してしまうおそれはいずれの国にもある。

しかし、一九四四年から五〇年代半ばにかけて、スターリン主義のソ連機関をバックにした強力なポーランド共産主義者の政権・公安機関により逮捕拘留されて拷問された人、不当な重罪裁判にかけられて死刑判決を下された人、そして無残に処刑された大勢の人びと――その一人ひとりの名誉と記憶を回復することは「人民ポーランド」時代には当然望むべくもなく、一九八九年の国家体制の民主的転換で成立した共和国にして初めて着手し得た。犯罪者の汚名とともに長く地中に埋め固められた過去の記憶は何十年経っていようとも、まずもって掘り起さねばならぬこともまた当然である。

だがそれさえもまだ、大戦中から戦後にかけてのポーランドの歴史でとりもどすべき記憶の一部にすぎない。記憶の掘り起こしは多数の歴史研究者スタッフもかかえ膨大なアーカイブを管理する国民記憶院だけでなく、ユダヤ歴史研究所などの様々な研究機関、ポーランド・ユダヤ人の歴史博物館をはじめ本書でみたような各地のミュージアムで活動する多くの研究者の課題でもある。今後も、その国の記憶の諸相に様々な視点から光が当てられ、歴史の検証に終止符が打たれることはないだろう。

謝辞

本書を上梓するにあたり、ワルシャワ王宮・博物館からはベルナルト・ベロット（カナレット）による絵画作品の画像掲載、ワルシャワのユダヤ歴史研究所をはじめポーランド各地の博物館からは筆者撮影の展示物写真などを公表掲載することに許諾をいただいた。筆者の要請に快く応じてくださった次の方々に深い感謝の意を表する。

ワルシャワ王宮・博物館 Zamek Królewski w Warszawie-Muzeum のプシェムィスワフ・ムロゾフスキ Przemysław Mrozowski、アンナ・レヘンティウク＝ティシュカ Anna Rechentiuk-Tyszka、ワルシャワ動物園「クレージー・スター・ヴィラ」„Willa pod zwariowaną gwiazdą" のエヴァ・ズボニコフスカ Ewa Zbonikowska、ポーランド・ユダヤ人の歴史博物館 Muzeum Historii Żydów Polskich POLIN のミハウ・マルトシュ Michał Martosz、クシシュトフ・ビェラフスキ Krzysztof Bielawski、ユダヤ歴史研究所 Żydowski Instytut Historyczny のエレオノラ・ベルグマン Eleonora Bergman、ヤン・ヤギェルスキ Jan Jagielski と建築家のトマシュ・レツ Tomasz Lec、トレブリンカ戦闘と受難の博物館 Muzeum Walki i Męczeństwa w Treblince（シェドルツェ地域博物館分館 Oddział Muzeum Regionalnego w Siedlcach）のエドヴァルト・コプフカ Edward Kopówka、ティコチン博物館 Muzeum w Tykocinie（ビャウィストク・ポドラスキ博物館 Muzeum Podlaskie w Białymstoku）のマリヤ・ピサルスカ・カリスティ Maria Pisarska Kalisty、ヤン・マチェイェフスキ Jan Maciejewski、パルミルィ記憶の場所・博物館 Muzeum-Miejsce Pamięci Palmiry（ワルシャワ歴史博物館分館 Oddział Muzeum Historycznego m.st

Warszawy）のバルトウォミェイ・グルドニク Bartłomiej Grudnik、プルシュクフの中継収容所121博物館 Muzeum Dulag 121 のマウゴジャタ・ボヤノフスカ Małgorzata Bojanowska、アレクサンドラ・ヴォイダ Aleksandra Wojda の各氏。

ワルシャワの親友、エヴァ・ブラトシェヴィチ Ewa Bratosiewicz とヴァレンティナ・シェ＝グラボフスカ Walentyna Sie-Grabowska、イェジ・シェ＝グラボフスキ Jerzy Sie-Grabowski、アダム・シェ＝グラボフスキ Adam Sie-Grabowski の各氏には『記憶するワルシャワ』、『ワルシャワ蜂起』に引き続いて本書の上梓にも力添えいただき深く感謝する。グラボフスキ一家は筆者にポーランドとワルシャワへの道を開いてくださり、エヴァ・ブラトシェヴィチ氏はまさにその地の街路一つひとつとメモリアル・スポットによって「ワルシャワの記憶」をたどるしごとを支えてきてくださった。

精緻なる編集に力を注いでくださった八木絹、筆者の原図をもとに地図を作成してくださった岡部美穂子、前二著に続いて装幀してくださった澤井洋紀の各氏に深く感謝する。そして、御茶の水書房の橋本盛作社長には『ワルシャワ蜂起』再刊に続いて新著の刊行を実現していただき、心より感謝申し上げる。

人名索引 ii

通り名索引 viii

記念・歴史スポット索引 x

組織・機構名索引 xiv

地名・地理索引 xvii

地図一覧 xxi

図像説明出典一覧 xxii

参考資料 xxviii

人名索引

ア行

アイヒマン、アドルフ　Eichmann Adolf　*154*
アウエルバハ、ラヘラ　Auerbach Rachela　*47*
アウグスト二世モツヌィ　August II Mocny　*27,191*
アウグスト三世　August III　*25,29,49*
アニェレヴィチ、モルデハイ　Anielewicz Mordechaj　*107*
アブラモフスキ、スタニスワフ　Abramowski Stanisław　*274*
アラド、イツハク　Arad Yitzhak　*121,126,127,136,137,148,155,181*
アルチィンスキ、フェルディナント　Arczyński Ferdynand　*154*
アルテルマン、シュロモ　Alterman Szlomo　*109*
アルトマン、トシャ　Altman Tosia　*109*
アンデルス、ヴワディスワフ　Anders Władysław　*88,258*
イブラヒム・イブン・ヤクブ　Ibrahim ibn Yakub　*60*
ヴァイダ、アンジェイ　Wajda Andrzej　*49*
ヴァウェンサ、レフ　Wałęsa Lech　*51*
ヴァシレフスキ、エドヴァルト（ヴィフラ）　Wasilewski Edward, „Wichura"　*284*
ヴァツェク　Wacek　*110*
ヴァホヴィヤク、スタニスワフ　Wachowiak Stanisław　*230*
ヴァルシャフスキ、シヤ　Warszawski Szyja　*126*
ヴァルラバインチク（ヴォウォヴァインチク）　Wallabańczyk（Wołowańczyk）　*145,150*
ヴィエルニク、ヤンキェル　Wiernik Jankiel　*126,130,139,144,147-150,152-154, 159*
ヴィグラ、スタニスワフ　Wigura Stanisław　*40*
ヴィシィンスキ、ステファン　Wyszyński Stefan　*209,210,264*
ヴィシニェフスカ=ソコウォフスカ、バルバラ　Wiśniewska-Sokołowska Barbara　*217*
ヴィッティグ、エドヴァルト　Wittig Edward　*38*
ヴィトコフスカ、アグニェシュカ　Witkowska Agnieszka　*73*
ヴィルチィンスカ、ステファニヤ　Wilczyńska Stefania　*71,99,141*
ヴィルト、クリスティアン　Wirth Christian　*138,154*
ヴィルネル、アリェ　Wilner Arie　*282*
ヴィレンベルク、サムエル　Willenberg Samuel　*117,126,131,139,141-143,147,152,153,159-161*
ウゥカシク、スタニスワフ　Łukasik Stanisław　*274*
ウゥチャク、ゲノヴェファ　Łuczak Genowefa　*163*
ウェッブ、クリス　Webb Chris　*141,159*
ヴェングロヴェル、ユダ（ヴェングロヴェル）　Wengrower Juda, „Węngrower"　*109*
ヴォイチェホフスキ、チェスワフ　Wojciechowski Czesław　*110*
ヴォルマン、ニコラウス・フォン　Vormann Nikolaus von　*213*
ヴワディスワフ二世ヤギェウォ（ヨガイラ）　Władysław II Jagiełło（Jogaila）　*214*
ヴワディスワフ四世ヴァザ　Władysław IV Waza　*31*
エウペン、テオドール・ヴァン　Eupen Theodor van　*164,165,171*
エデルマン、マレク　Edelman Marek　*108*
エーベルル、イルムフリード　Eberl Irmfried　*133,154*
エンゲルキング、バルバラ　Engelking Barbara　*136*
オクリツキ、レオポルト（ニェヂヴィャデク）　Okulicki Leopold, „Niedźwiadek"　*252,258*

カ行

ガイク、ヴワディスワフ（クジャチェク）　Gaik Władysław, „Krzaczek"　*110*
カヴァレツ、ミェチスワフ　Kawalec Mieczysław　*267,268*
カヴカ、モシェ　Kavka Moshe　*198*
カジミェシュ三世大王　Kazimierz III Wielki　*61*
ガシュトウト、オルブラフト　Gasztołd Olbracht　*184*
カシュニツァ、スタニスワフ　Kasznica Stanisław　*268,274*
カチィンスキ、レフ　Kaczyński Lech　*51,52,267,278*
カチュマレク、チェスワフ　Kaczmarek Czesław　*264*
カチョロフスキ、ルィシャルト Kaczorowski Ryszard *51*
カナウ、イズラエル（ミェテク）Kanał Izrael,

„Mietek” *109*
カナレット　Canaletto　→　ベロット、ベルナルト
カピツァ、アブラハム　Kapica Abraham　*197*
カピツァ、マシャ　Kapica Masha　*197,200*
カルスキ、ヤン　→　コジェレフスキ、ヤン
ガレフスキ、アルフレト　Galewski Alfred　*142,143,146,148,152*
キェシロフスキ、クシシュトフ　Kieślowski Krzysztof　*100*
キュットナー、クルト(キーヴェ)　Küttner Kurt (Kiwe)　*145,150,155*
キリィンスキ、ヤン　Kiliński Jan　*9*
キルシェンブラット=ギンブレット、バルバラ　Kirshenblatt-Gimblett Barbara　*60*
クシチュコフスキ、ユゼフ（シモン）　Krzyczkowski Józef, „Szymon”　*208,211*
クソチィンスキ、ヤヌシュ　Kusociński Janusz　*218*
クチュシェバ、タデウシュ　Kutrzeba Tadeusz　*207*
グトシュタト、ツィポラ　Gutsztat Cypora　*109*
クドリク、アレクサンデル　Kudlik Aleksander　*126*
クビツァ、ヘレナ　Kubica Helena　*245*
クビツキ、ヤクプ　Kubicki Jakub　*30*
クファシニェフスキ、アレクサンデル　Kwaśniewski Aleksander　*79*
グライトマン=プテルミルフ、マシャ　Glajtman-Putermilch Masza　*109*
グラザル（ゴルトシュミト）、リヒャルト　Glazar (Goldschmid) Richard　*152,159*
クラシ、ユゼフ（オギェイン）Kuraś Józef, „Ogień”　*277-279*
グラボフスカ、クルィスティナ　Grabowska Krystyna　*163*
グラムス、エルンスト　Gramss Ernst　*165*
クルィシュタウ=フルィクシュドルフ、ハナ（ハンカ）　Kryształ-Frykszdorf Chana, „Hanka”　*109*
グルィンシュパン=フルィメル、プニナ　Grynszpan-Frymer Pnina　*109*
グルヌィ、イェヒエル（ユル）　Górny Jechiel, „Jur”　*109*
クルピィンスキ、カロル　Kurpiński Karol　*192*
クルラント、ゼヴ（ズヴィ）　Kurland Zev (Zvi)　*145,146,149*
グレゴルキェヴィチ、エドヴァルト　Gregorkiewicz Edward　*220*
グロス、マグダレナ　Gross Magdalena　*46,48*
グロス、ヤン・T　Gross Jan T.　*279*
グロスマン、ヴァシリー　Grossman Vasily　*177*
グロファス、メルデク　Growas Merdek　*109*
グロボツニク、オディロ　Globocnik Odilo　*70,125*
ケニグスヴェイン、サムエル　Kenigswein Samuel　*48*
ケニグスヴェイン、レギナ　Kenigswein Regina　*48*
コジェレフスキ、ヤン　Kozielewski Jan　*58,154*
コシチュシュコ、タデウシュ　Kościuszko Tadeusz　*8,45,258*
コシュティルコ、カジミェシュ　Kosztirko Kazimierz　*273*
コトフスキ、アルフォンス（オコィン）　Kotowski Alfons, „Okoń”　*211*
コブィリィンスキ、マリアン　Kobyliński Marian　*163*
コプフカ、エドヴァルト　Kopówka Edward　*167,173,177*
ゴムウカ、ヴワディスワフ　Gomułka Władysław　*79,259*
コモロフスキ、タデウシュ（ブル）→　ブル=コモロフスキ、タデウシュ
コモロフスキ、ブロニスワフ　Komorowski Bronisław　*52,267*
コルグシュキン、アレクセイ　Kolgushkin Alexey　*169,177*
コルチャク、ヤヌシュ　Korczak Janusz　*69,71-73,93,98-100,120,121,141*
ゴルトシュミト、ヘンルィク　Goldszmit Henryk　→　コルチャク、ヤヌシュ
ゴルトステイン、ファイガ　Goldstein Fajga　*109*
コルニウォヴィチ、ヴワディスワフ　Korniłowicz Władysław　*209,210*
コルボィンスキ、ステファン　Korboński Stefan　*259*
コン、アベ　Kon Abe　*126*
コン、スタニスワフ　Kon Stanisław　*126,152,153*
コントルィム、ボレスワフ（ジムヂン）　Kontrym Bolesław, „Żmudzin”　*97*

サ行

ザスウォナ、ヨアンナ　Zasłona Joanna　*167*
サドヴィツ　Sadovits (Sadowicz)　*146*
ザメンホフ、マルコ　Zamenhof Marko　*189*
ザメンホフ、ルドヴィク　Zamenhof Ludwik　*189*

ザモイスキ、ヤン　Zamoyski Jan　*62*
ザルツベルク、ヴワデク　Salzberg Władek　*145,146*
ザレスカ、ハニャ　Zaleska Hania　*163,175,177*
ザンドマン、プニナ　Zandman Pnina　*109*
ザンメルン=フランケネック、フェルディナント・フォン　Sammern-Frankenegg Ferdinand von　*89*
ジヴィルコ、フランチシェク　Żwirko Franciszek　*40*
シェイングト、タデク　Szejngut Tadek　*110*
シェヂクヴナ、ダヌタ（インカ）　Siedzikówna Danuta, „Inka"　*277*
ジェプカ、ユゼフ　Rzepka Józef　*267*
ジェペツキ、ヤン　Rzepecki Jan　*259*
ジェリィンスキ、ヤロスワフ　Zieliński Jarosław　*36*
シェンキェヴィチ、カロル　Sienkiewicz Karol　*192*
シェンヂェラシュ、ズィグムント（ウゥパシュコ）　Szendzielarz Zygmunt „Łupaszko"　*270,271,277*
シチュク、ヘンルィカ　Ściόg Henryka　*240*
シフィャトウォ、ユゼフ　Światło Józef　*264*
ジャク、モシェ　Żak Mosze　*196*
ジャビィンスカ、アントニナ　Żabińska Antonina　*46,47*
ジャビィンスキ、ヤン　Żabiński Jan　*46,47*
シャピロ、カルマン　Szapiro Kalman　*73*
シャルソン、ラザル　Sharson Lazar　*140*
シュヴァルツ、フランツ　Schwarz Franz　*171,173*
シュステル、シュラメク　Szuster Szlamek　*109*
シュタングル、フランツ　Stangl Franz　*133,138,154*
シュチェンシニャク=ムズィク、ヴァンダ　Szczęśniak-Muzyk Wanda　*243*
シュトゥンペ、ヘルベルト　Stumpe Herbert　*171,172*
シュトロープ、ユルゲン　Stroop Jürgen　*90,91*
シュニペル、ドフ　Szniper Dow　*109*
シュピルマン、ヴワディスワフ　Szpilman Władysław　*73*
シュファイガー、フィリプ　Schweiger Filip　*193*
シュファルツフス、ヤネク（ヤネク・ビャウィ）　Szwarcfus Janek, „Janek Biały"　*109*
シュプルィチィンスキ、カジミェシュ（ボジミル）　Szupryczyński Kazimierz, „Bożmir"　*232*
シュルツ、ブルノ　Schulz Bruno　*69*
シリフィンスカ、エヴァ　Śliwińska Ewa　*222*
シレヂェフスキ、ヴァツワフ　Śledziewski Wacław　*110*
ズィグムント二世アウグスト　Zygmunt II August　*183*
ズィグムント三世ヴァザ　Zygmunt III Waza　*25,29-31*
スウォニムスキ、アントニ　Słonimski Antoni　*211*
スウコフスキ、ヤン　Sułkowski Jan　*161,162*
スカルスカ、ヤニナ　Skalska Janina　*215*
スココフスキ、ユリアン（ザボルスキ）　Skokowski Julian, „Zaborski"　*207*
スタジィンスキ、ステファン　Starzyński Stefan　*217*
スタニスワフ・アウグスト・ポニャトフスキ　Stanisław August Poniatowski　*29,32,43*
スターリン、ヨシフ　Stalin Josif　*98,257,258,263,264,266*
スタルィンキェヴィチ、フランチシェク　Starynkiewicz Franciszek　*116*
スティフェルマン、ヘンルィク　Stifelman Henryk　*279*
ステファン・バトルィ　Stefan Batory　*185*
ストラク、アブラム　Stolak Abram　*109*
ストラフチィンスキ、オスカル　Strawczyński Oskar　*126*
ズノイキェヴィチ、アンジェイ　Znojkiewicz Andrzej　*238*
スモリィンスキ、エウゲニゥシュ　Smoliński Eugeniusz　*274*
セルマノヴィチ、フェリクス（ザゴィンチク）　Selmanowicz Feliks, „Zagończyk"　*277*
セーロフ、イヴァン・アレクサンドロヴィッチ　Serov Ivan Aleksandrovich　*276*
センドラー（センドレロヴァ）、イレナ　Sendler (Sendlerowa) Irena　*47,58,72*
ゾウォトフ、ユレク　Zołotow Jurek　*110*
ソハチェフスキ、アレクサンデル　Sochaczewski Aleksander　*33*

タ行

ダイチャ、ダニエル　Dajcza Daniel　*196*
タタル、スタニスワフ　Tatar Stanisław　*263*
タラシュキェヴィチ、エドヴァルト　Taraszkiewicz Edward　*278*
タルノフスカ、マリヤ　Tarnowska Maria　*230*
チェフ、ダヌタ　Czech Danuta　*246,251*
チェプリィンスキ、ウゥカシュ　Ciepliński Łukasz　*267,270*
チェホヴィチ、アロン　Czechowicz Aron　*126*
チェルヴィェンスキ、ボレスワフ　Czerwieński

Bolesław *192,193*
チェルニャクフ、アダム　Czerniaków Adam *93,100,135,136*
チャツカ、エルジュビェタ・ルジャ　Czacka Elżbieta Róża *209,210*
チャルニェツキ、ステファン　Czarniecki Stefan *184,190*
ツィムリフ、イスラエル　Cymlich Israel *161,171*
ツォフタ、イグナツィ　Cofta Ignacy *217*
ツキェルマン、イツハク（アンテク）　Cukierman Icchak, „Antek" *282*
デイヴィス、ノーマン　Davies Norman *7,284*
テイグマン、カルマン　Teigman Kalman *141*
ティシュキェヴィチ、マリヤ（アリツィヤ） Tyszkiewicz Maria „Alicja" *232*
ディルレワンガー、オスカー　Dirlewanger Oskar *233*
テネンバウム、シモン　Tenenbaum Szymon *48*
ドゥインスキ、セヴェク　Duński Sewek *109*
トゥヴィム、ユリアン　Tuwim Julian *69*
ドゥシェィンコ、フランチシェク　Duszeńko Franciszek *116,120*
トゥルチィンスキ、ヴワディスワフ　Turczyński Władysław *273*
トゥレク、メナヘム　Turek Menachem *195*
トゥロフスキ、エウゲニウシュ　Turowski Eugeniusz *126*
ドブロヴォルスキ、ズィグムント（ズィンドラム） Dobrowolski Zygmunt, „Zyndram" *229*
トムチュク、アントニ　Tomczuk Antoni *163*
ドラヴィーニュ、カジミール　Delavigne Casimir *192*
ドルフマン、ルート　Dorfmann Ruth *131*
ドレスヘロヴァ、カジミェラ　Drescherowa Kazimiera *232*

ナ行

ナポレオン・ボナパルト一世　Napoleon I Bonaparte *28*
ナルトヴィチ、ガブリエル　Narutowicz Gabriel *67*
ニェヂェルスキ、ミェチスワフ（アンジェイ） Niedzielski Mieczysław, „Andrzej" *208*
ニェヂャウコフスキ、ミェチスワフ　Niedziałkowski Mieczysław *218*
ニコライ一世　Nicholas I *32*
ノズィク、ゼルマン　Nożyk Zelman ben *36*
ノズィク、ルィフカ　Nożyk Rywka bat Mosze *36*

ハ行

ハイドリヒ、ラインハルト　Heydrich Reinhard *70,124*
パヴウォフスキ、ヘンルィク　Pawłowski Henryk *268*
ハウプト、アダム　Haupt Adam *116,120*
パストファ、ヤヌシュ　Pastwa Janusz *49*
バッハ=ツェレフスキ、エーリヒ・フォン・デム Bach-Zelewski Erich von dem *229*
バドハ、ズヂスワフ　Badocha Zdzisław *278*
バトルィ、ユゼフ　Batory Józef *267*
バルトシェフスキ、ヴワディスワフ　Bartoszewski Władysław *215-218*
バルトニコフスキ、ボグダン　Bartnikowski Bogdan *247*
バルバシェヴィチ、ズヂスワフ　Barbasiewicz Zdzisław *270*
ハロシュハ、ヤクブ　Charoszucha Jakub *196*
ピウスツキ、ユゼフ・クレメンス　Piłsudski Józef Klemens *33,38,53,68,214*
ピェカレヴィチ、シェブセイ（シャブタイ） Piekarewicz Shebsei（Shabtai） *195*
ビエラ、マックス　Biela Max *140*
ビェリィンスキ、フランチシェク　Bieliński Franciszek *29*
ビェルト、ボレスワフ　Bierut Bolesław *261*
ビギェルマン、メナヘム（ベイゲルマン） Bigielman Menachem, „Bejgelman" *109*
ヒムラー、ハインリヒ　Himmler Heinrich *70,125,137*
ビラク（ビェラク）　Bilak, „Bielak" *109*
ヒルシュフェルト、ルドヴィク　Hirszfeld Ludwik *47*
ヒルバーグ、ラウル　Hilberg Raul *155*
ピルフ、アドルフ（ドリナ）　Pilch Adolf, „Dolina" *211*
ピレツキ、ヴィトルト　Pilecki Witold *263,268,270-272,277*
フィェルドルフ、アウグスト・エミル（ニル） Fieldorf August Emil „Nil" *258,263,272,283*
フィッシャー、ルードウィヒ　Fischer Ludwig *154,165*
ブィトナル、ヤン（ルディ）　Bytnar Jan, „Rudy" *39,40*
フィンケルシュテイン、レオン　Finkelsztejn Leon *126*
フェイネル、レオン　Feiner Leon *153*

ブウォネス、エリゼル（ルシェク） Błones Elizer, „Lusiek” *109*
ブウォネス、グタ Błones Guta *109*
ブウォネス、ユレク Błones Jurek *109*
フェルトヘンドラー、レオン（レイプ） Feldhendler Leon（Lejb） *152*
ブガイスキ、ルィシャルト Bugajski Ryszard *263*
ブコフスキ、エドムント Bukowski Edmund *268,274*
プジャク、カジミェシュ（バズィリ） Pużak Kazimierz, „Bazyli” *253*
ブデレフスキ、ボレスワフ Budelewski Bolesław *268,274*
フミェル、カロル Chmiel Karol *267*
フミェルニツキ（フメルニツキー）、ボフダン Chmielnicki (Khmelnitsky) Bohdan *63,190*
ブラディ=シュファイゲル、アディナ Blady-Szwajger Adina *73,103*
プラテル=ズィベルク、アントニ Plater-Zyberk Antoni *241*
ブラニツカ、イサベラ Branicka Isabela *184*
ブラニツキ、ヤン・クレメンス Branicki Jan Klemens *184*
フランツ、クルト Franz Kurt *133,138,142,144,154*
ブラント、ヴィリー Brandt Willy *58*
フリードマン、アドルフ Friedman Adolf *143,145,146,151*
フルィメル、ハイム Frymer Chaim *109*
ブルカー、ヴォルフガング Burker Wolfgang *187*
ブル=コモロフスキ、タデウシュ Bór-Komorowski Tadeusz *41,229,230*
フルシチェル、アントニ（モンテル） Chruściel Antoni, „Monter” *41*
フルシチョフ、ニキタ Khrushchev Nikita（Sergeyevich） *264,265*
ブルヂィンスキ、ヴェナヌィ Burdziński Wenany *47*
ブルム、アブラシャ Blum Abrasza *109*
ブルム=ビェリツカ、ルバ Blum-Bielicka Luba *73*
プレイフ、カロル・グスタフ（フリッツ・プレフィ） Preif Karol Gustaw（Fritz Pröfi） *171*
ブレネル、ヘイノフ Brener Hejnoch *126*
フロストフスキ、ヴィトルト Chrostowski Witold *155*
ブロッホ、ジェロミル Bloch Želomir（Zelo or Zhelo） *143,145,146,151,152*
ブワジェイ、フランチシェク Błażej Franciszek *267*
ベエエル、スタニスワフ Beer Stanisław *223*
ベギン、メナヘム Begin Menachem *280*
ベノワ、レオン Benois Leon（ベノイス、レオンティイ Benois Leontij） *44*
ペヘルスキー、アレクサンデル Pechersky Alexander *152*
ヘーフレ、ヘルマン Höfle Hermann *135*
ペラク、タデウシュ Pelak Tadeusz *274*
ヘルバィンスキ、アダム Herbański Adam *220*
ベルグマン、エレオノラ Bergman Eleonora *85*
ベルマン、アドルフ Berman Adolf *153*
ベルリィンスキ、ヒルシュ Berliński Hirsz *109*
ベルリネル、メイエル Berliner Meier *140*
ベルリンク、ズィグムント Berling Zygmunt *258*
ベルレヴィ、ヘンルィク Berlewi Henryk *69*
ベロット、ベルナルト Bellotto Bernardo *29,31,44*
ヘンルィク・ヴァレズィ Henryk Walezy *49*
ボウトゥチ、ミコワイ Bołtuć Mikołaj *207*
ボグシェフスキ、ヤン Boguszewski Jan *278*
ボジコフスキ、トゥヴィヤ（タデク） Borzykowski Tuwia, „Tadek” *108*
ポスヴォルスキ、ヘンルィク Poswolski Henryk *126*
ポズナィンスキ、イズラエル・カルマノヴィチ Poznański, Izrael Kalmanowicz *66*
ポドヴィンスキ、スタニスワフ Podwiński Stanisław *230*
ポニャトフスキ、ユゼフ Poniatowski Józef *28*
ホフベルク、アドルフ Hochberg Adolf *109*
ポプワフスキ、セヴェルィン Popławski Seweryn *90*
ホホラティ、ミハル Chocholatý Michal *159,141*
ボルトノフスカ、マリヤ Bortnowska Maria *220*
ボルンステイン、ロマン Bornstein Roman *108*
ボレスワフ敬虔公 Bolesław Pobożny（The Pious） *61*
ホロンジツキ、ユリアン（イリヤ） Chorążycki Julian（Ilya） *141,145*
ボンコフスキ、シュチェパン Bonkowski Szczepan *94*

マ行

マイェフスカ=ルフト、バルバラ Majewska-Luft Barbara *240*
マサレク、ルドルフ Masarek Rudolf *143*
マゾヴィェツキ、タデウシュ Mazowiecki Tadeusz *210*

マヌラク、ブロンカ／マネラク／マナレク　Manulak Bronka ／ Manelak ／ Manalek　*109*
マフラマーキ、ライネル　Mahlamäki Rainer　*59*
マルィルスキ、アントニ　Marylski Antoni　*209,210*
マルシャウェク、J　Marszałek J　*155*
マルツォニ、ヴワディスワフ　Marconi Władysław　*94*
マルツォニ、ヘンルィク　Marconi Henryk　*94*
マルツォニ、マルコ・レアンドロ　Marconi Marco Leandro　*91,94*
ミェシュコ一世　Mieszko I　*60*
ミコワイチク、スタニスワヴァ　Mikołajczyk Stanisława　*250*
ミコワイチク、スタニスワフ　Mikołajczyk Stanisław　*259*
ミード、ヴラトカ　Meed Vladka　*73*
ムィヤク、アダム　Myjak Adam　*49*
ムウィナルチク、ヤツェク・アンジェイ　Młynarczyk Jacek Andrzej　*136,138,152*
モセルマン、ルィシェク　Moselman Rysiek　*110*
モツク、ヨハン（ヤン）・サムエル　Mock Johann（Jan）Samuel　*25*
モニェク　Moniek　*145*

ヤ行

ヤヴォルニツキ、アントニ　Jawornicki Antoni　*38*
ヤギェルスキ、ヤン　Jagielski Jan　*85*
ヤシィンスキ、レイブ（ヤシィンスキ）　Jaszyński Lejb, „Jasiński"　*109*
ヤシュコヴィチ、スタニスワフ　Jasiukowicz Stanisław　*253*
ヤドヴィガ（アンジュー家の）　Jadwiga（Hedwig）d'Anjou　*214*
ヤヌシュ一世（マゾフシェ侯）　Janusz I　*183*
ヤルゼルスキ、ヴォイチェフ　Jaruzelski Wojciech　*265*
ヤンキェレヴィチ、アデク　Jankielewicz Adek　*109*
ヤンコフスキ、ヤン・スタニスワフ（ソブル）　Jankowski Jan Stanisław, „Sobór"　*41,252*
ヤン二世カジミェシュ　Jan II Kazimierz　*190*
ヤン三世ソビェスキ　Jan III Sobieski　*26,27*
ヤン・パヴェウ二世（ヨハネ・パウロ二世）　Jan Paweł II　*95*
ユングハイゼル、ユレク（ジョエル）　Junghajzer Julek, „Joel"　*109*

ラ行

ライズマン、サムエル　Rajzman Samuel　*126,143,149,152*
ライネファート、ハインツ　Reinefarth（Reinefahrt）Heinz　*95*
ラコフスキ、ベンジャミン　Rakowski Benjamin　*142,143,145*
ラザロヴィチ、アダム　Lazarowicz Adam　*267*
ラタイ、マチェイ　Rataj Maciej　*218*
ラトキェヴィチ、スタニスワフ　Radkiewicz Stanisław　*264*
ランベルト、エルヴィン　Lambert Erwin　*138*
リベスキント、ダニエル　Libeskind Daniel　*59*
リマン、ヨセフ　Liman Josef　*109*
リュビー、マルセル　Ruby Marcel　*127,130,133,137,177*
リンゲルブルム、エマヌエル　Ringelblum Emanuel　*73,74,117*
ルィヂェフスカ=スヘツカ、エルジュビェタ　Rydzewska-Suchecka Elżbieta　*242*
ルジャィンスキ、ユゼフ　Różański Józef　*272*
ルドヴィク一世（アンジュー家の）Ludwik I Węgierski（Louis d'Anjou）　*214*
ルブリング、モシェ　Lubling Moshe　*144*
ルブレニツキ、ルデク　Lubrenitski Rudek　*145,150*
ルベトキン、ツィヴィヤ（ツェリナ）　Lubetkin Cywia (Ziwia), „Celina"　*109*
レイフマン、ヘンルィク　Reichman Henryk　*126*
レオチャク、ヤツェク　Leociak Jacek　*136*
レツ、トマシュ　Lec Tomasz　*85,287*
レホィン、ヤン（レシェク・セラフィノヴィチ）Lechoń Jan（Leszek Serafinowicz）　*210*
レミシェフスキ、ヴァレルィ　Remiszewski Walery　*206*
レンバ、ナフム　Remba Nachum　*73*
ロエスレル、マリヤ　Roesler Maria　*94*
ロエスレル、ユゼフ　Roesler Józef　*94*
ロコソフスキー、コンスタンティ　Rokossowski Konstanty　*45,263*
ロストフスキ、レイブル　Roztowski Lejbl　*109*
ロゼンベルク、エリアフ　Rosenberg Eliahu　*141,152,154*

ロゼンフェルト、ミハウ（ミハウ・ビャウィ） Rozenfeld Michał, „Michał Biały” *109*
ロテム、スィムハ（カジク・ラタイゼル） Rotem Symcha（Kazik Ratajzer） *107,108,110*
ロドヴィチ、ヤン（アノダ） Rodowicz Jan, „Anoda” *271*

ワ行

ワイダ、アンジェイ → ヴァイダ、アンジェイ
ワレサ、レフ → ヴァウェンサ、レフ

通り名索引

ポーランド語は「通り」「街路」を意味する ul.（ulica）を省略して後続する語形を記す。「大通り」を意味する al.（aleja）もしくは Al.（Aleje）がつくものは、通り名のあとにそれを記す。人名に由来する通り名の日本語は語形変化した形ではなく、本来の人名（主格）にもどしてカタカナ表記した。
*印は現存しない通り。

ア行

アニェレヴィチ、モルデハイ Anielewicza Mordechaja *35,58,89,104*
アルミャ・クラヨヴァ（国内軍）（プルシュクフ） Armii Krajowej, al. *252*
アンデルス将軍、ヴワディスワフ Andersa Władysława, gen. *88,89*
イェロゾリムスキェ Jerozolimskie, Aleje *101*
ヴァヴェルスカ Wawelska *39*
ヴァウブジスカ Wałbrzyska *257*
ヴァリツフ Waliców *101*
*ヴィェルカ Wielka *97,98*
ヴィラノフスカ Wilanowska *26*
ヴォルスカ Wolska *233,238*
ヴォンスキ・ドゥナイ Wąski Dunaj *25,35*
ウニヴェルスィテツカ Uniwersytecka *40*
ウヤズドフスキェ Ujazdowskie, Aleje *25,28*
ヴロニャ Wronia *93,102*
エレクトラルナ Elektoralna *91,92*
オグロドヴァ Ogrodowa *91,92*
オコポヴァ Okopowa *35,51,65,98,103,104*
オストロルク、ヤン Ostroroga Jana *26*
オドロヴォンシュ、ヤツェク Odrowąża Jacka *46*

カ行

カルメリツカ Karmelicka *58,74*
クウォポトフスキ神父、イグナツィ Kłopotowskiego Ignacego, ks. *279*
グジボフスカ Grzybowska *74,84,93,101*
クラコフスキェ・プシェドミェシチェ Krakowskie Przedmieście *25,27-31,45,51,234*
グルイェツカ Grójecka *233*
グルチェフスカ Gróczewska *95*
クルレフスカ Królewska *35*
クロフマルナ Krochmalna *71,93,94*
グロホフスカ Grochowska *48*
ゲットー英雄 Bohaterów Getta *35,39,88*
*ゲンシャ Gęsia *35-37,73,84,89*
コシコヴァ Koszykowa *271*
コシチェルナ Kościelna *86,87*
*コミテトヴァ Komitetowa *74*

サ行

ザクロチムスカ Zakroczymska *87*
ザメンホフ、ルドヴィク Zamenhofa Ludwika *57,58,67,72-74,84*
ジヴィルコとヴィグラ Żwirki i Wigury *39,40*

シェラコフスキ、ユゼフ　Sierakowskiego Józefa *279*
ジェラズナ　Żelazna　*73,74,93,101-103*
ジェルナ　Zielna　*36,97,98*
シェンナ　Sienna　*71,72,74,85,98-100,103,106*
シフィェントイェルスカ　Świętojerska　*87,89,250*
シフィェントクシスカ　Świętokrzyska　*72,97,98*
11月11日　11 Listopada（ティコチン）　*188,191*
11月11日　11 Listopada（ワルシャワ）　*280*
シュフ、ヤン・フルィスティヤン　Szucha Jana Chrystiana, aleja　*38,204,218*
*ジョリボルスカ　Żoliborska　*86*
シリスカ　Śliska　*71,74,98,100*
ズウォタ　Złota（ティコチン）　*188-190*
ズウォタ　Złota（ワルシャワ）　*71,85,101,106*
スタフキ　Stawki　*72,104,105*
スチュシェレツカ　Strzelecka　*276,278*
スモチャ　Smocza　*104*
聖ツィルィル（キリル）と聖メトディ（メトディオス）　św. Cyryla i Metodego　*282*
セナトルスカ　Senatorska　*42,51*
千年首座大司教　Prymasa Tysiąclecia　*95*
ソコウォフスカ　Sokołowska（ティコチン）　*188,189*
ソスノヴァ　Sosnowa　*74*
ソリダルノシチ　Solidarności, aleja　*9,90-92,102*

タ行

ダニウォヴィチョフスカ　Daniłowiczowska　*204,217*
チェプワ　Ciepła　*74*
ヂェルナ　Dzielna　*74,204*
ヂカ　Dzika　*105*
ヂュジェヴィエツキ、ピョトル　Drzewieckiego Piotra, al.　*95,96*
ディナルスカ　Dynarska　*267*
ドウゥガ　Długa　*35,88*
トウォマツキェ　Tłomackie　*65,91,94*
トファルダ　Twarda　*74,101*

ナ行

ナトカナルナ（ティコチン）　Nadkanalna　*188*
ナムィスウォフスカ　Namysłowska　*274,281,282*
ナレフキ　Nalewki　*35-37,86,88,89*
ノヴィ・シフィャト　Nowy Świat　*25*
ノヴィニャルスカ　Nowiniarska　*87*
ノヴィ・プシェヤスト　Nowy Przejazd　*9*
ノヴォリプキ　Nowolipki　*37,72-74,103*

ハ行

パィンスカ　Pańska　*41,74,100*
バグノ　Bagno　*97*
ピウスツキ、ユゼフ（ティコチン）　Piłsudskiego Józefa　*189*
ピヴナ　Piwna　*210*
ビェラィンスカ　Bielańska　*42,90*
ビャワ　Biała　*91,92*
ピレネイスカ　Pirenejska　*267*
フウォドナ　Chłodna　*72,74,92-98,102*
*プシェビェク　Przebieg　*86*
プシオコポヴァ　Przyokopowa　*28*
ブジョゾヴァ　Brzozowa　*210*
プラテル、エミリヤ　Plater Emilii　*100*
フランチシュカィンスカ Franciszkańska *35,37,86,87,89*
プルジュナ　Próżna　*36,37*
フレタ　Freta　*86,87*
ブレフ、ベルトルト　Brecha Bertolda　*281*
プロスタ　Prosta　*107,108*
ベルヴェデルスカ　Belwederska　*25*
ベルナルディンスカ　Bernardyńska（ティコチン）　*188*
ポドヴァレ　Podwale　*51*
ボニフラテルスカ　Bonifraterska　*86,87*
ポルナ　Polna　*38*

マ行

マリヤィンスカ　Mariańska　*74*
マルサ　Marsa　*283*
マルシャウコフスカ　Marszałkowska　*28,35,38,72,97*
ミェンヅィパルコヴァ　Międzyparkowa　*86*
ミョドヴァ　Miodowa　*30,87*
ミワ　Miła　*107*
ムウィナルスカ　Młynarska　*103*
ムラノフスカ　Muranowska　*35,86*

ヤ行

ヤクトロフスカ　Jaktorowska　*72*

ヤン三世ソビェスキ　Sobieskiego Jana III　*25*
ヤン・パヴェウ二世　Jana Pawła II, aleja　*85,95,96,100,104,106*
ヨルディカ　Jordyka（ティコチン）　*188*

ラ行

ラコヴィェツカ　Rakowiecka　*204,257,271*
ラシィンスカ　Raszyńska　*39-41*
レヴァルトフスキ、ユゼフ Lewartowskiego Józefa *58*
レシュノ　Leszno　*74,90,91,93,102,103*

記念・歴史スポット索引

（現存しないものもふくむ）

ア行

ヴァヴェル城（ヴァヴェル王宮）　Zamek Królewski w Wawelu　*53*

王の道　Trakt Królewski　*26*

カ行

学校・大学
ワルシャワ大学　Uniwersytet Warszawski　*32,47*
ロエスレル夫妻の商業学校（フウォドナ通り 33 番）　*94,98*

監獄・刑務所・公安機関
「アレヤ・シュハ」（ゲシュタポ本部）Aleja Szucha　*39,204,218,224*
NKVD 収容所（レンベルトゥフ）　*276,282,284*
NKVD ポーランド司令本部（スチュシェレツカ通り）　*276*
公安局建物（聖ツィルィルと聖メトディ通り）　*282*
公安省建物（旧ユダヤ人学生寮、シェラコフスキ通り）　*279*
ダニウォヴィチョフスカ監獄　*204*
ドイツ Stalag 333 ソ連軍捕虜収容所　→　NKVD 収容所（レンベルトゥフ）
パヴィヤク監獄　*39,74,173,204,216-218,220,221*
モコトゥフ監獄（刑務所）　*204,253,257,271,272*
ラコヴィェツカ刑務所　→　モコトゥフ監獄（刑務所）
ワルシャワ第三刑務所（ナムィスウォフスカ通り）　*280,281*

旧市街（ワルシャワ）　*25,30,35,234*
旧兵器庫　Arsenał　*39,88*

記念碑・記念像
イェドヴァブネのユダヤ人虐殺記念碑　*79*
ウムシュラークプラッツ記念碑　Pomnik Umschlagplatz　*105,106*
オシ・サスカ（サクソン・サクシス）記念板　*27*
カティン虐殺記念碑
　勝利聖母教会（レンベルトゥフ）　*51*
　勝利聖母大聖堂（プラガ）　*49*
　ポヴォンスキ軍人墓地（カティンの谷間）　*51*
　王宮広場近く　*51*
キリィンスキ像　Pomnik Jana Kilińskiego　*9*
ゲットー英雄記念碑　Pomnik Bohaterów Getta　*57,58*
ゲットー戦士の地下水道脱出記念碑　*107,108*
国王選挙開催地記念碑（ヴォラ）　*26*
白鷲の記念碑　pomnik Orła Białego　*191*
ズィグムント三世像円柱　Kolumna Zygmunta III Wazy　*25,29-31*
トレブリンカ絶滅収容所跡
　メイン・モニュメント　*114,119-121,154*
　ヤヌシュ・コルチャクと子どもたち　*120,121*
　ランパのモニュメント　*114,118,163*
　遺体焼却のモニュメント　*114,120*
　Never Again 記念碑　*120*

トレブリンカ懲罰労働収容所跡
黒い道　*116-118,162,163*
砂利採掘場　*162-164*
収容所跡地　*162,164,165*
処刑場　*173*
シンティ・ロマ記念碑　*174*
ニケの像　*9*
人魚像（ワルシャワ旧市街広場）Pomnik Syrenki *8*
飛行士記念像　Pomnik Lotnika　*38-40*
ブラント記念碑　Pomnik Willy'ego Brandta　*58*
モコトゥフ刑務所殺害犠牲者記念モニュメント（ポヴォンスキ軍人墓地）　*271*
ヤヌシュ・コルチャクと子どもたちの像（文化科学宮殿前）　*98*
ユゼフ・ポニャトフスキ像　Pomnik Księcia Józefa Poniatowskiego　*28*
ユダヤ人の受難と闘争を記念するルート（記憶のルート）Trakt Pamięci　72
ワルシャワ・ゲットーの境界壁モニュメント（22 箇所）　8,84-107
ワルシャワ蜂起記念碑　Pomnik Powstania Warszawskiego　*50*

宮殿

ヴィラヌフ宮殿　Pałac w Wilanowie　*26*
ウヤズドフスキ城　Zamek Ujazdowski　*26*
王宮　Zamek Królewski　*25,45*
クラシィンスキ宮殿　Pałac Krasińskich　*87*
サスキ宮殿　Pałac Saski　*27-29*
文化科学宮殿　Pałac Kultury i Nauki, PKiN　*71,72,97-100*
ルボミルスキ宮殿　Pałac Lubomirskich　*96*
ワジェンキ宮殿　Pałac Łazienkowski　*26*

教会・修道院

ヴィジトキ教会　Kościół Wizytek　*31*
カルメル会教会　Kościół Karmelitów　*31*
勝利聖母教会（レンベルトゥフ）Kościół Matki Boskiej Zwycięskiej　*51*
勝利聖母大聖堂　Konkatedra Matki Boskiej Zwycięskiej w Warszawie　*48,275*
諸聖人の教会　Kościół Wszystkich Świętych　*36*
聖アンナ教会　Kościół św. Anny　*30,51,52*
聖ヴォイチェフ教会　Kościół parafii św. Wojciecha Boromeusza　*95,233,238*
聖三位一体教会（ティコチン）Kościół Trójcy Świętej　*184,191*
聖十字架教会　Kościół św. Krzyża　*31*
聖スタニスワフ教会　→　聖ヴォイチェフ教会
聖フロリアン大聖堂　Katedra św. Floriana　*48*
聖母マリア誕生教会　Kościół Narodzienia Najświętszej Marii Panny　*90*
聖マルチン教会　Kościół św. Marcina　*210*
聖ヤン（洗礼者ヨハネ）大聖堂　Bazylika archikatedralna św. Jana Chrzciciela　*45*
福音改革派教会　Kościół Ewangelicko-Reformowany　*90*
ベルナール会修道院（ティコチン）　Klasztor Bernardynów　*191*

クラクフ門　Brama Krakowska　*25,30,31*

劇場

テアトル・ラルカ（子ども劇場）Teatr Lalka　*71,72,98-101*
ユダヤ人劇場　Teatr Żydowski　*36*

ゲットー

ビャウィストク・ゲットー　*181,182,187,199*
ルブリン・ゲットー　*70*
ワルシャワ・ゲットー　*7,8,46,84,85,107,114,121,135-138,140,146,216*
大ゲットー　*72,74,93,96,107*
小ゲットー　*71,72,74,93,95-97,107,140*

公園・緑地

クラシィンスキ公園　Ogród Krasińskich　*87-89*
サスキ公園　Ogród Saski　*27,28,72,96,213*
スカルィシェフスキ公園（イグナツィ・パデレフスキ記念）　Park Skaryszewski im. Ignacego Paderewskiego　*49*
ワジェンキ公園　Park Łazienkowski　*38*

孤児施設

ドム・シェロト（孤児たちの家）Dom Sierot　*71,72,74,93,94,98,99*
ヤヌシュ・コルチャク記念子どもの家　→　ドム・シェロト

コントルィム（ジムチン）少佐記念緑地　*97*

サ行

裁判所

最高裁判所　*87,92*

裁判所（旧レシュノ通り・現在ワルシャワ地方裁判所）　*91,92*

ジェラズナ・ブラマ（鉄の門）　Żelazna Brama　*27*

シナゴーグ

大シナゴーグ　Synagoga Wielka（ティコチン）　*183,185,186,188,189,197*

大シナゴーグ　Wielka Synagoga（ワルシャワ）　*65,68,91,94*

ノズィク・シナゴーグ　Synagoga Nożyków　*36,65*

木造シナゴーグ（グヴォジヂェツ）　*64*

新市街　*45,87*

絶滅収容所・強制収容所・労働収容所・中継収容所

アウシュヴィッツ・ビルケナウ（オシフィェンチム・ブジェジンカ）強制収容所　Auschwitz-Birkenau（Oświęcim Bzrezinka）　*70,114,135,155,156,199,244-247,250,251,263,281*

グロス・ロゼン強制収容所　Gross-Rosen　*245*

ゲンシュフカ強制収容所　Gęsiówka　*281*

ザクセンハウゼン・オラニエンブルク強制収容所　Sachsenhausen-Oranienburg　*194,245*

ジェレニャク（青物市場）収容所　Zieleniak　*233*

シュトゥトホーフ強制収容所　Stutthof（Sztutowo）　*245*

ソビブル絶滅収容所　Sobibór　*70,124,129,137,138,152,156*

ダッハウ強制収容所　Dachau　*217,245*

トラフニキ労働収容所　Trawniki　*125*

トレブリンカ絶滅収容所　Treblinka（Obóz zagłady w Treblince）　*8,34,70,87,99,100,105,117,124,126,135,140,152,156,159,160,162,163,166,176,178,181*

第一収容所（下キャンプ）：居住施設＋収容施設　*127,128,144,146-148,150-152*

第二収容所（上キャンプ）：絶滅施設　*127,129-131,143,144,146-152,154*

「天国への道」　*117,131,133*

ガス室　*129-131,134,138,139*

ラツァレット　*117,129,133,143,145,146,167*

遺体焼却施設　*130*

「動物園」　*124,128,144*

トレブリンカ懲罰労働収容所　Treblinka（Karny obóz pracy w Treblince）　*116,117,125 159-161,163-166,168,169,171,173,176-178*

ブーヘンヴァルト強制収容所　Buchenwald　*245*

プルシュクフ 121 中継収容所　Durchgangslager（Dulag）121　*229,230,232,235,236,241 244-247,252*

フロッセンブルク強制収容所　Flossenburg　*245*

ベウジェツ絶滅収容所　Bełżec　*70,75,124,137,138,155,156,199*

ヘウムノ絶滅収容所　Chełmno　*70*

ベルゲン・ベルゼン強制収容所 Bergen-Belsen *194*

ポニャトヴァ労働収容所（ルブリン）Poniatowa *125*

マイダネク強制収容所　Majdanek　*70,125*

マウトハウゼン強制収容所 Mauthausen *199,245,247*

ラーフェンスブリュック強制収容所　Ravensbrück　*194,220,245*

セナトル・ビル　Senator building　*42,43,90*

タ行

動物園　→　ワルシャワ動物園

ハ行

博物館

カティン博物館　Muzeum Katyńskie　*9,33*

コルチャキャヌム　Korczakianum　*72*

ツィタデラ10号博物館　Muzeum X Pawilionu Cytadeli Warszawskiej　*33*

ティコチン博物館（ビャウィストク・ポドラスキ博物館分館）Muzeum w Tykocinie（Oddział Muzeum Podlaskiego w Białymstoku）　*189,193*

トレブリンカ戦闘と受難の博物館（シェドルツェ地域博物館分館）Muzeum Walki i

Męczeństwa w Treblince（Oddział Muzeum Regionalnego w Siedlcach） *116,127,162,167*
パルミルィ記憶の場所・博物館（ワルシャワ歴史博物館分館） Muzeum-Miejsce Pamięci Palmiry（Oddział Muzeum Historycznego m.st. Warszawy） *204,205,223,224*
プルシュクフ中継収容所 121 博物館 Muzeum Dulag 121 *230,231,237,244*
ポーランド・ユダヤ人の歴史博物館 POLIN Muzeum Historii Żydow Polskich POLIN *8,57-59,64,74,84,135,187*
ユダヤ歴史研究所 Żydowski Instytut Historyczny *64,68,85,91,106*
ユダヤ歴史博物館 → ユダヤ歴史研究所
ワルシャワ蜂起博物館 Muzeum Powstania Warszawskiego *28*

バルバカン → 旧市街

飛行場
オケンチェ空港 Okęcie *40*
ビェラヌィ飛行場 Bielany *211*

広場
王宮広場 Plac Zamkowy *27,30,31,51*
旧市街市場広場 Rynek Starego Miasta *8,87*
グジボフスキ広場 Plac Grzybowski *36,37,73,74,97*
クラシィンスキ広場 Plac Krasińskich *9,50,87,92*
ゲットー英雄記念広場 Plac Bohaterów Getta *8,57,58,84*
憲法広場 Plac Konstytucji *38*
サスキ広場 → ピウスツキ元帥広場
ジェラズナ・ブラマ広場 Plac Żelaznej Bramy *28,96*
スクラ運動場 Stadion Skry *104*
ズバヴィチェラ（救世主）広場 Plac Zbawiciela *38*
チャルニェツキ広場（ティコチン）Plac Czarnieckiego *190,191,193*
デフィラト（パレード）広場 Plac Defilad *97*
ピウスツキ元帥広場 Plac Marszałka Józefa Piłsudskiego *27,28,213,214*
ミロフスキ市場（広場） Hale Mirowskie *95,96*
ムラノフスキ広場 Plac Muranowski *86*
ルブリン合同広場 Plac Unii Luberskiej *38,39,40*

病院
ベルソン・バウマン家記念子ども病院 *73,103*

フウォドナ通りの木造陸橋 *74,93,102*

墓地
エヴァンゲリツコ・アウグスブルスキ（アウグスブルク福音派）墓地
Cmentarz Ewangelicko-Augsburski *103*
スタレ・ポヴォンスキ墓地 → ポヴォンスキ墓地
パルミルィ国立共同墓地 Cmentarz w Palmiry（Cmentarz-mauzoleum Palmiry） *204,219,224*
ブルドノ墓地 Cmentarz Bródnowski *274,276,282*
ポヴォンスキ墓地 Cmentarz Powązkowski *51*
ポヴォンスキ軍人墓地 Cmentarz Wojskowy *9,49,50,53,257,268,272,274*
ウォンチュカ（Ł 区域） *257,268,271,274*
パンテオン *268,274*
無名戦士の墓 Grób Nieznanego Żołnierza *28*
ユダヤ人墓地（オコポヴァ通り） Cmentarz Żydowski przy ulicy Okopowej *51,65,98,103-105,107*
ユダヤ人墓地（プラガ、オドロヴォンシュ通り）
Cmentarz Żydowski przy ulicy Odrowąża *46*
ラスキの森墓地 Cmentarz leśny w Laskach *210*

ホテル
ブリストル Bristol *27,94*
フレデルィク・ショパン（メルキュール） Mercure Fryderyk Chopin *9*
ホテル・エウロペィスキ Europejski *27,94*
ラディソン・ブル・ツェントルム Radisson Blu Centrum *84*

ポーランド銀行 Bank Polski *42-44*

捕虜収容所
デルメンホルスト Delmenhorst *47*

マ行

マリヤ・スクウォドフスカ=キュリー夫人の生家 *87*

ヤ行

ユダヤ人学生寮（プラガ）→　公安省建物
ユダヤ人集合住宅（プルジュナ通り）　*36,37*
ユダヤ中央図書館　*91*
ユダヤ評議会（ユーデンラート）の建物　*84*

要塞・蜂起拠点

チェルニャクフ要塞　Fort Czerniakowski　*9,23*
ツィタデラ　Cytadela　*32,33,193*
ポーランド銀行要塞　Reduta Bank Polski　*42,90*

ラ行

ルジャ・チャツカ記念ラスキ視覚障害児童養護教育センター（ラスキ）　Ośrodek Szkolno-Wychowawczy dla Dzieci Niewidomych im. Róży Czackiej w Laskach　*209*

ワ行

ワルシャワ動物園　Miejski Ogród Zoologiczny w Warszawie　*46,47,276*
　クレイジー・スター・ヴィラ　Willa pod zwariowaną gwiazdą　*46,47*

組織・機構名索引

ア行

アインザッツグルッペン　Einsatzgruppe(n)-Einsatzkommando　*70,187*
イーヴォ（YIVO）→　ユダヤ調査研究所
イディッシュ科学研究所　*68*
イルグン・ツヴァイ・レウミ　Irgun Cwai Leumi　*280*
ウォンチュカ財団　Fundacja Łączka　*270*

カ行

カンピノス独立共和国　Niepodległa Rzeczpospolita Kampinoska　*211*
挙国一致評議会（RJN）　Rada Jedności Narodowej　*253*
挙国一致臨時政府（TRJN）　Tymczasowy Rząd Jedności Narodowej　*259*
ゲシュタポ（保安課報部第四部局）　Geheime Staatspolizei（Gestsapo）　*40,196,243*
ケディフ（破壊攪乱工作指導部）　Kierownictwo Dywersji（KEDYW）　*263,283*
公安局（UB）　Urząd Bezpieczeństwa Publicznego　*262,273,276-280*
　ワルシャワ公安局（WUBP）　*280*
公安省（MBP）　Ministerstwo Bezpieczeństwa Publicznego　*257,260,262-264,272,279-281*
公安部（内務省公安部、SB）　Służba Bezpieczeństwa　*262*
国際赤十字　International Red Cross　*220*
国内軍（AK）　Armia Krajowa　*39-42,46,47,208,209,213,220,229,252,258,260,263,265,271,274,275,278,279,281,283-285*
　カンピノス部隊　Kampinos Group　*211-213*
　灰色部隊　Szare Szeregi　*39,40,208,271*
　パルミルィ軍団　Group Palmiry　*207*
　パルミルィ・ムウォチヌィ連隊　Palmiry-Młociny regiment　*211*
国内（被占領地）政府代表部　Delegatura Rządu na Kraj　*41*
国民記憶院（IPN）　Instytut Pamięci Narodowej　*51,253,266,273,274,282,286*
国民急進陣営（ONR）　Obóz Narodowo-Radykalny　*259*
国民党（SN）　Stronnictwo Narodowe　*259*

国民統一軍（NZW） Narodowe Zjednoczenie Wojskowe *267,278*
国民武装勢力（NSZ） Narodowe Siły Zbrojne *209,259,261,262,267,281,283*
国内武装勢力代表部（DSZ） Delegatura Sił Zbrojnych na Kraj *259,260,262*
国内保安軍団 Korpus Bezpieczeństwa Wewnętrznego *262*
孤児保護協会本部（CENTOS） Centrala Związku Towarzystw Opieki nad Sierotami i Dziećmi Opuszczonymi *142*

サ行

市民プラットフォーム（PO） Platforma Obywatelska *52,267*
社会保護中央評議会（RGO） Rada Główna Opiekuńcza *230,236,241,245*
シャロム財団 Fundacja Shalom *99*
自由と独立（WiN） Wolność i Niezawisłość *259-262,267-279*
自由ヨーロッパ → ラジオ放送「自由ヨーロッパ」
人民軍（AL） Armia Ludowa *144,153,209*
スメルシュ（ソ連軍諜報機関） SMERSH or Smert' Shpionam, Sovetskii Metod Rozoblacheniia Shpionov（Death to Spies, Soviet Method of Detecting Spies） *262*
世界国内軍兵士連合 Światowy Związek Żołnierzy Armii Krajowej *267*
全国武装闘争兵士協会 Związek Żołnierzy Narodowych Sił Zbrojnych *267*
戦闘と受難の記憶保護評議会（ROPWiM） Rada Ochrony Pamięci Walk i Męczeństwa *95,121,174,273*
ソ連共産党 *52,264,265*
ソ連軍 *41,45,141,165,178,218,235,251,252*
ソ連赤軍 *175,235,251,258,283*

タ行

秩序維持奉仕隊 Służba Porządkowa *136*
中央保護協議会（RGO） → 社会保護中央評議会
ディルレワンガー旅団 *233*
ドイツ国防軍 Wehrmacht *187,234,243,282*
独立（NIE） Niepodległość *258,259*
トレブリンカ絶滅収容所の地下抵抗組織 *141,143-153*

ナ行

内務省（MSW） Ministerstwo Spraw Wewnętrznych *264*
内務人民委員部（NKVD） Narodnyj Komissariat Vnutrennikh Del *50,52,187,218,252,262,266,275,276,278, 280-282,284*
ナチス親衛隊（SS） Schutzstaffel *70,89-91,95, 117,124,125,127,132,133,135, 138, 140,142,144,145,147,149-152,154,162, 164,165, 171-173,187,229,233,234*
ナチス親衛隊保安警察（Sipo） Sicherheitspolizei *103*
ナチス親衛隊刑事警察（Kripo） Kriminalpolizei *272*
ニェ（地下組織） → 独立
農民大隊（BCh） Bataliony Chłopskie *283*

ハ行

パルミルィでのドイツ犯罪犠牲者を記念するための暫定委員会 *219*
ハンガリー第１フザル師団 *213*
ハンガリー第２予備軍団 *213*
ハンズハウス・スタジオ Handshouse Studio *64*
武装闘争同盟（ZWZ） Związek Walki Zbrojnej *279*
フランシスコ十字架奉仕修道女会 Zgromadzenie Sióstr Franciszkanek Służebnic Krzyża *209,210*
ブント Bund（ユダヤ人労働総同盟） Algemeiner Yiddisher Arbeterbund im Lite, Poilen un Russland（General Yiddish Workers' Union in Lithuania, Poland and Russia） *35,73,144,153*
ベラルーシ第一方面軍 1 Frontu Białoruskiego 258
ベルリンク部隊 →

ポーランド第一軍・第一歩兵師団（コシチュシュコ師団）
ポアレ・ツィオン　Po'alei Zion　*35*
法と正義（PiS）　Prawo i Sprawiedliwość　*52,267*
亡命政府代表部　→
国内（被占領地）政府代表部
ポーランド議会（セイム）Sejm　*67,266,267*
ポーランド国防アカデミー　Akademia Obrony Narodowej　*282*
ポーランド国民解放委員会（PKWN） Polski Komitet Wyzwolenia Narodowego　*257-259,262*
ポーランド・コルチャク記念協会　*99*
ポーランド社会党（PPS）Polska Partia Socjalistyczna　*263*
ポーランド社会保護委員会　Polski Komitet Opiekuńczy　*236*
ポーランド勝利奉仕団（SZP）　Służba Zwycięstwu Polski　*274*
ポーランド政府（ロンドン）　Rząd Rzeczypospolitej Polskiej na uchodźstwie　*51,58,75,154,252,258,259*
ポーランド赤十字（PCK）　Polski Czerwony Krzyż　*219-221,236,245,248*
ポーランド第一軍　1 Armiia Wojska Polskiego　*258*
ポーランド第一軍・第一歩兵師団（コシチュシュコ師団）　*258*
ポーランド統一労働者党（PZPR）Polska Zjednoczona Partia Robotnicza　*79,263-266*
ポーランドにおけるドイツの犯罪調査委委員会 Główna Komisja Badania Zbrodni Niemieckich w Polsce　*125-127,134,155,178,215*
ポーランド・ユダヤ人中央委員会（CKŻP） Centralny Komitet Żydów w Polsce　*78*
ポーランド労働者党（PPR） Polska Partia Robotnicza　*259,263,264*

マ行

民警（MO）　Milicja Obywaterska　279,280

ヤ行

ユダヤ再興財団　Jewish Renaissance Foundation　*36*
ユダヤ人援助評議会（ジェゴタ）　Rada Pomocy Żydom（Żegota）　*58,153*
ユダヤ人警察　→　秩序維持奉仕隊
ユダヤ戦闘組織（ŻOB）　Żydowska Organizacja Bojowa　*73,103,108,282*
ユダヤ調査研究所　Institute for Jewish Research　*68*
ユダヤ民族委員会（ŻKN）　Żydowski Komitet Narodowy　*153*
ユダヤ評議会（ユーデンラート） Judenrat（Rada Żydowska or Jewish Council）　*84,93,100,103,135*
ユダヤ歴史研究所（ŻIH）　Żydowski Instytut Historyczny　*57,64,68,85,91,106,286*

ラ行

ライネファート部隊　*95*
ラジオ放送「自由ヨーロッパ」（RFE）　Radio Free Europe　*264*
ルブリン委員会　→　ポーランド国民解放委員会
連帯（自主独立労働組合・連帯）　Niezależny Samorządny Związek Zawodowy „Solidarność"　*50,210,215*
ロムアルト・グッツ・スタジオ　Romuald Gutt's Studio　*222*
ロンドン亡命政府　→　ポーランド政府（ロンドン）

ワ行

ワルシャワ市遺産保護局　*85*
ワルシャワ商工業従業員協会　Towarzystwo Pracowników Handlowych m. Warszawy　*99*

地名・地理索引

ア行

アニン　Anin　*215,233,245*
イェジェヴォ　Jeżewo　*187,193,196*
イェドヴァブネ　Jedwabne　*79*
イェルサレム　Jerusalem　*119,154,244*
イスラエル　Israel
47,78-80,110,116,126,153,188,195,197,200
ヴァインデスハイム　Weindesheim　*199*
ヴァヴェル　Wawer　*215,233*
ヴァシルクフ　Wasilków　*182*
ヴァンゼー　Wannsee　*70,124*
ヴィェルコポルスカ　Wielkopolska　*61*
ヴィェルシェ　Wiersze　*211,212*
ヴィショグルト　Wyszogród　*207*
ヴィスワ川　Wisła
25-27,32,44,46,49,62,87,204,207,214,274,275
ヴィドムィ・ウゥジェ　Wydmy Łuże　*221,223*
ヴィルニュス　→　ヴィルノ
ヴィルノ（ヴィルナ）　Wilno　*35,68,69,78,185,271*
ウィーン　Vienna　*26,65*
ヴウォダヴァ　Włodawa　*124,278*
ヴウォヒ　Włochy（ワルシャワ・ヴウォヒ）　*245*
ウッチ（ウッチ）　Łódź　*66,69,70,142,153,207,260*
ヴォウィン　Wołyń　*190,258*
ウォプホヴォの森　Łopuchowo
8,182,187,193,194,196,198
ウォミャンキ　Łomianki　*107,204,245*
ウォムナ　Łomna　*204*
ヴォルヒニャ　Volhynia　→　ヴォウィン
ウクライナ　Ukraine　*52,61,62,209*
ウゥジェ　Łuże　*215*
ヴルカ・ヴェングロヴァ　Wólka Węglowa　*215,221,223*
ヴルカ・オクロングリク　Wólka-Okrąglik　*116,165*
ヴロツワフ　Wrocław　*185*
オシフィエンチム　Oświęcim　*70,114,244,245,249,250*
オーストリア　Austria
32,33,65,67,118,119,135,199,206,251
オスタシュクフ　Ostaszków　*52*
オストルフ・マゾヴィエツキ　Ostrów Mazowiecki
151,171
オストロヴィェツ　Ostrowiec　*121,122*
オトフォツク　Otwock　*121,122*
オパトゥフ　Opatów　*122,124,153*

カ行

ガイロフスキェ　Gajrowskie　*278*
カティン　Katyń　*50-53,218*
カバティの森　Kabaty　215
カミョン　Kamion　→　ワルシャワ、カミョン
ガリツィア　Galicia　*65*
カンピノスの森　Puszcza Kampinoska
8,204-209,211-213,221-223
　ザボルヴェク　Zaborówek　*212*
　ザボルフ・レシヌィ　Zaborów Leśny　*206,212*
　ソヴィャ・ヴォラ　Sowia Wola　*212*
　トルスカフカ　Truskawka　*211,212*
　ブジョズフカ　Brzozówka　*212*
　ブダ・ザボロフスカ　Buda Zaborowska　*206*
　ポチェハ　Pociecha　*212,220*
　ワヴィ　Ławy　*212*
キェルツェ　Kielce　*78,119,121,122,260,264,284*
キシチンネ　Kiścinne　*211*
ギリシャ　Greece　*118,119,135*
グヴォジヂェツ　Gwoździec　*64*
グダインスク　Gdańsk　*185,271,277,278*
クトノ　Kutno　*207*
クヌイシン　Knyszyn　*182,198,199*
クラクフ　Kraków　*26,33,48,53,62,66,69,186,214,260*
グルデク　Gródek　*182*
クルレヴィェツ　Królewiec　*185*
クレシュチェレ　Kleszczele　*182*
クログレツ　Krogulec　*211*
グロドノ　Grodno（現在ベラルーシ、フロドナ
Hrodna）　*119,121,122,181,184,185*
コジェルスク　Kozielsk　*52*
コスフ・ラツキ　Kosów Lacki　*116,151,176*
コブィウカ　Kobyłka　*233,245*

サ行

ザヴァディ　Zawady　*187,196*
ザクセンハウゼン　Sachsenhausen　*194,245*
ザコパネ　Zakopane　*279*
ザブウドゥフ　Zabłudów　*182*
ザモシチ　Zamość　*62*
ザルツブルク　Salzburg　*199*
サンクトペテルブルク　St. Petersburg　*66*
ザントボステル　Sandbostel　*284*
サンドミェシュ　Sandomierz　*121,122*
ジェシュフ　Rzeszów　*260*
シェドルツェ　Siedlce　*115,119,121,122,137,153*
ジェロンカ　Zielonka　*233,245*
ジェンヂャヌィ　Rzędziany　*193*
シフィエントクシスキ山地　Gór Swętokrzyskich　*212*
シュトゥム　Sztum　*278*
シュフェツキェ山地　Szwedzkie Góry　*221,223*
スウェーデン　Sweden
26,45,49,63,79,183,186,190,191,207,244
スキェルニェヴィツェ　Skierniewice　*213,229,237*
スターリングラード　Stalingrad　*141*
スタロビェルスク　Starobielsk　*52*
ステファヌフ　Stefanów　*215,221,223*
ズベレジェ　Zbereże　*278*
スモレンスク　Smolensk　*51-53,218*
ソコウィ　Sokoły　*182*
ソコウゥフ・ポドラスキ　Sokołów Podlaski
115,151,164,173,175,176
ソスノヴィェツ　Sosnowiec　*199*
ソビブル　Sobibór　*70,124,129,137,138,152,156*

タ行

ダッハウ　Dachau　*245*
タトラ山脈　Tatry　*279*
チェコスロヴァキア　Czechoslovakia
40,118,119,135,144
チェルヴォヌィ・ブル　Czerwony Bór　*187,196*
チェンストホヴァ　Częstochowa
119,121,122,153,244,249,250
ティコチン　Tykocin　*8,182-189,191,193-199*
　カチョロヴォ地区　Kaczorowo　*185,188,191,197*
デルメンホルスト　Delmenhorst　*47*
テレジン（テレージエンシュタット）　Terezin
（Theresienstadt）　*143*
デンブリン　Dęblin　143
デンマーク　Denmark　*79*
ドイツ　Germany　*47,58,61,67,78,118,119,125,133,*
135,154,186,208,235
トフェルゼ・ミェドノイェ　Twerze-Miednoje　*52*
トマシュフ・マゾヴィェツキ　Tomaszów Mazowiecki
121,122
トレブリンカ　Treblinka
57,70,71,99,107,114-117,119,124,125,132,133,135-
138,140-144,149,151,153,155,156,160,176-178,181
182,187,195,198,199,216

ナ行

ナダジィン　Nadarzyn　*240*
ナレフ川　Narew　*181,183,188,190*
ニュルンベルク　Nuremberg　*143*
ノヴィ・タルク　Nowy Targ　*279*

ハ行

ハルクフ　Charków（ハルコフ）　*52*
パルミルィ　Palmiry　*8,205,207,209,214,215,217-224*
パレスティナ　Palestine　*66,78,188,280*
ハンガリー　Hungary　*212-214*
ビャウィストク　Białystok
37,79,115,119,121,122,125,128,181,182,184,186,
189,193-195,199,260,271,278
ピョトルクフ　Piotrków　*121,122*
ファレニツァ　Falenica　*121,122*
プウォツク　Płock　*207*
プウォホチン　Płochocin　*209*
ブク川　Bug　*115,150,159,164,258*
ブジェシチ　Brześć　*280*
ブズラ川　Bzura　*207*
ブダペスト　Budapest　*199*
ブディ・ゾシネ　Budy Zosine　*212*
フランス　France　*118,135*
ブルヴィヌフ　Brwinów　*235*
ブルガリア　Bulgaria　*118,119*
プルシュクフ　Pruszków
8,229,231-233,235,236,238-240,244-247,250-

252,259
ブレスト Brest（ベラルーシ）→ ブジェシチ
プロイセン Preussen 32,65,184,186,206
ベウジェツ Bełżec 70,124,137,138,155,156
ヘウムノ Chełmno 70
ベラルーシ Belarus 52,61,62,115,200
ベルギー Belgium 118,119
ベルリン Berlin 59,70,85,124,251
ベレステチュコ Beresteczko 190
ホイヌフの森 Chojnów 205,221-223
ポズナン Poznań 185,264
ポトコヴァ・レシナ Podkowa Leśna 235
ポトハレ Podhale 279
ポドラシェ Podlasie 186
ポニャトヴァ Poniatowa 125,165
ポモジェ Pomoże 271,277
ホロシュチ Choroszcz 182

マ行

マイダネク Majdanek 70,125,182
マウキニャ Małkinia
115,151,159,164,168,170,171,173
マウトハウゼン Mauthausen 245,247
マグダレンカ Magdalenka 215
マズーリ湖沼 Pojezierze Mazurskie 278
マゾヴィア Mazowia 186,260
マリシェヴォ Maliszewo 165
マルキ Marki 233
ミェドノイェ Miednoje 52
ミェンヂジェツ・ポドラスキ Międzyrzec Podlaski
121,122
ミハウォヴォ Michałowo 182
ミラヌヴェク Milanówek 235
ミレイチィツェ Milejczyce 182
ミンスク・マゾヴィェツキ Minsk Mazowiecki
121,122,137,175,284
ムウォチヌィ Młociny 221
ムルナウ Murunau 284
モスクワ Moscow 41,252,258,259
モドリン Modlin 207,208

ヤ行

ヤクトルフ Jaktorów 212,213
ヤショヌフカ Jasionówka 198
ヤヌヴェク Janówek 211
ヤルタ Yalta 258
ユーゴスラヴィア Yugoslavia 118,135

ラ行

ラスキ Laski 209,210,213,215,221,223
ラヂミン Radzymin 121,122
ラトヴィア Latvia 62
ラドム Radom 119,121,122,137,284
リトアニア Lithuania 61,189
ルィビンスク Rybinsk 169
ルヴフ Lwów（リヴィウ） 64,69,78,192
ルブリン Lublin
25,62,71,124,125,137,143,169,199,258,260,278
レンベルトゥフ Rembertów → ワルシャワの項目
ロシア Russia 32,33,61-63,65,67,206,207
ロンドン London 51,58,154

ワ行

ワプィ Łapy 182
ワルシャワ Warszawa
ヴァフジシェフ Wawrzyszew 234
ヴォラ Wola 26,95,233,238,278
ウヤズドゥフ Ujazdów 30
オホタ Ochota 39,233
カミョン Kamion （現在カミョネク Kamionek）
26,49
カミョンコフスキ湖 Jezioro Kamionkowskie 49
サディバ Sadyba 234
シェルツェ Sielce 234
ジョリボシュ Żoliborz 210,234,237
シルドミェシチェ Śródmieście 229,234
スウゥジェフ Służew 257,273
スタルフカ Starówka 25,35,234,239
スタレミャスト（旧市街） Stare Miasto →
スタルフカ
ソレツ Solec 8
ノヴェミャスト（新市街） Nowe Miasto 86,87

ビェラヌィ　Bielany　*234*
プラガ　Praga　*44,45,48,49,233,274-276,279,282*
ブルドノ　Bródno　*45*
ベモヴォ　Bemowo　*267*
ポヴィシレ　Powiśle　*8,233,234*
マルィモント　Marymont　*234*
ムラヌフ　Muranów　*84*
モコトゥフ　Mokotów　*234,237,257*
レンベルトゥフ　Rembertów
51,121,122,153,245,274,276,282-284

地図一覧

図像説明出典一覧

口絵

図－Ⅰ　ベルナルト・ベロット（カナレット）作「ズィグムント三世像円柱から見たクラコフスキェ・プシェドミェシチェ通り」、ワルシャワ王宮・博物館所蔵　カンヴァスに油彩　112×170cm
ⓒ Zamek Królewski w Warszawie-Muzeum
図－Ⅱ　ベルナルト・ベロット（カナレット）作「ズィグムント三世像円柱をのぞむ、クラコフスキェ・プシェドミェシチェ通り」、ワルシャワ王宮・博物館所蔵　カンヴァスに油彩　115×170.5cm
ⓒ Zamek Królewski w Warszawie-Muzeum
図－Ⅲ　ポーランド・ユダヤ人の歴史博物館 POLIN のエントランス・ホール（筆者撮影）
図－Ⅳ　ゲットー境界壁記念碑にレリーフされたワルシャワ・ゲットー最大版図（筆者撮影）
図－Ⅴ　1943 年 5 月のゲットー蜂起戦士の地下水道脱出を記念するモニュメント（筆者撮影）
図－Ⅵ　トレブリンカ絶滅収容所跡のメイン・モニュメントと墓石群（筆者撮影）
図－Ⅶ　トレブリンカ絶滅収容所跡の遺体焼却を象徴するモニュメント（筆者撮影）
図－Ⅷ　ティコチンのシナゴーグ（シナゴガ・ヴィェルカ）（筆者撮影）
図－Ⅸ　ワルシャワ蜂起激戦の弾痕を残すポーランド銀行要塞跡（筆者撮影）
図－Ⅹ　戦後の独立地下運動戦士「呪われた兵士」を讃える記念碑（筆者撮影）
図－Ⅺ　ポヴォンスキ軍人墓地のウォンチュカ区域（2015 年 6 月当時）（筆者撮影）

第一章

図 1 － 1（p.26）ヴォラ地区（ヤン・オストロルク通り）にある国王選挙地の記念碑（筆者撮影）
図 1 － 2（p.27）クラコフスキェ・プシェドミェシチェ通り路上のサクソン・アクシス記念碑（筆者撮影）
図 1 － 3（p.28）ピウスツキ広場、サクソン・アクシスのライトアップ（筆者撮影）
図 1 － 4（p.30）クラコフスキェ・プシェドミェシチェ通りを描いたカナレット絵画のキューブ・モニュメント（筆者撮影）
図 1 － 5（p.30）ズィグムント三世像円柱をのぞむ現在のクラコフスキェ・プシェドミェシチェ通り（筆者撮影）
図 1 － 6（p.31）聖十字架教会を描いたカナレット絵画のキューブ・モニュメント（筆者撮影）
図 1 － 7（p.31）聖十字架教会（筆者撮影）
図 1 － 8（p.31）ヴィジトキ教会とカナレット絵画のキューブ・モニュメント（筆者撮影）
図 1 － 9（p.31）カルメル会教会を描いたカナレット絵画のキューブ・モニュメント（筆者撮影）
図 1 － 10（p.31）カルメル会教会（筆者撮影）
図 1 － 11（p.33）ツィタデラの「死の門」（筆者撮影）
図 1 － 12（p.36）プルジュナ通りの旧ユダヤ人住宅建物（修復途中の側）（筆者撮影）
図 1 － 13（p.37）プルジュナ通りの旧ユダヤ人住宅建物（修復された側）（筆者撮影）
図 1 － 14（p.37）プルジュナ通りの旧ユダヤ人住宅建物の四つの時代の街路表示（筆者撮影）
図 1 － 15（p.38）飛行士記念碑に描き込まれた「コトフィツァ」写真（筆者撮影）
図 1 － 16（p.39）オホタ地区に移設された現在の飛行士記念碑（筆者撮影）
図 1 － 17（p.42）ポーランド銀行要塞跡（筆者撮影）
図 1 － 18（p.42）ポーランド銀行要塞跡と修復された建物「セナトル・ビル」（筆者撮影）
図 1 － 19（p.43）ポーランド銀行要塞跡、セナトル・ビルの正面入り口（筆者撮影）
図 1 － 20（p.44）ポーランド銀行要塞跡に残る窓枠（2015 年 6 月当時）（筆者撮影）

第二章

第三章

図 3 − 13（p.92）ゲットー境界壁記念碑 7、エレクトラルナ通り、裁判所建物ちかく②（筆者撮影）
図 3 − 14（p.93）ゲットー境界壁記念碑 8、ジェラズナ通りとフウォドナ通りの交差点ちかく①（筆者撮影）
図 3 − 15（p.93）ゲットー境界壁記念碑 8、ジェラズナ通りとフウォドナ通りの交差点ちかく②（筆者撮影）
図 3 − 16（p.94）コルチャクの孤児院「ドム・シェロト」が移転してきたフウォドナ通りの建物跡地にある記念碑（筆者撮影）
図 3 − 17（p.95）ゲットー境界壁記念碑 9、ヤン・パヴェウ二世大通りとピョトル・ヂュジェヴィェツキ大通りの角あたり（筆者撮影）
図 3 − 18（p.96）ルボミルスキ宮殿のコロネード（筆者撮影）
図 3 − 19（p.96）ゲットー境界壁記念碑 10、ジェラズナ・ブラマ広場とルボミルスキ宮殿ちかく①（筆者撮影）
図 3 − 20（p.96）ゲットー境界壁記念碑 10、ジェラズナ・ブラマ広場とルボミルスキ宮殿ちかく②（筆者撮影）
図 3 − 21（p.97）ゲットー境界壁記念碑 11、シフィエントクシスカ通りとマルシャウコフスカ通りの交差点北西角（筆者撮影）
図 3 − 22（p.97）ゲットー境界壁記念碑 12、文化科学宮殿・デフィラト広場（筆者撮影）
図 3 − 23（p.98）文化科学宮殿と噴水（筆者撮影）
図 3 − 24（p.98）コルチャクと子どもたちの新しい記念碑（筆者撮影）
図 3 − 25（p.99）テアトル・ラルカ（筆者撮影）
図 3 − 26（p.99）テアトル・ラルカの記念プレート（筆者撮影）
図 3 − 27（p.100）シリスカ通り跡を示す路上の記念プレート（筆者撮影）
図 3 − 28（p.100）パインスカ通り跡を示す路上の記念プレート（筆者撮影）
図 3 − 29（p.101）ゲットー境界壁記念碑 13、トファルダ通り、ジェラズナ通り、ズウォタ通りの交差点（筆者撮影）
図 3 − 30（p.101）ゲットー境界壁記念碑 14、グジボフスカ通り、ジェラズナ通り、ズウォタ通りの交差点（筆者撮影）
図 3 − 31（p.102）ゲットー境界壁記念碑 15、フウォドナ通り 41 番（筆者撮影）
図 3 − 32（p.102）ゲットー境界壁記念碑 16、ソリダルノシチ大通りとジェラズナ通りの交差点角・ヴォラ地区庁舎壁①（筆者撮影）
図 3 − 33（p.102）ゲットー境界壁記念碑 16、ソリダルノシチ大通りとジェラズナ通りの交差点角・ヴォラ地区庁舎壁②（筆者撮影）
図 3 − 34（p.103）ゲットー境界壁記念碑 17、ムウィナルスカ通り（筆者撮影）
図 3 − 35（p.104）ゲットー境界壁記念碑 18、オコポヴァ通りのユダヤ人墓地正門ちかく（筆者撮影）
図 3 − 36（p.104）ゲットー境界壁記念碑 19、オコポヴァ通りとスタフキ通りの角（筆者撮影）
図 3 − 37（p.105）ゲットー境界壁記念碑 20、ヂカ通りとヤン・パヴェウ二世大通りの交差点角（筆者撮影）
図 3 − 38（p.106）ゲットー境界壁記念碑 21、ヂカ通りとスタフキ通りの交差点ちかく①（筆者撮影）
図 3 − 39（p.106）ゲットー境界壁記念碑 21、ヂカ通りとスタフキ通りの交差点ちかく②（筆者撮影）
図 3 − 40（p.107）ゲットー境界壁記念碑 22、シェンナ通り 53 番（筆者撮影）
図 3 − 41（p.108）ユダヤ人戦闘員の地下水道脱出記念碑①（筆者撮影）
図 3 − 42（p.108）ユダヤ人戦闘員の地下水道脱出記念碑②（筆者撮影）

第四章

図 4 − 1（p.117）コスフ・ラツキのユダヤ人墓地の墓石残骸（トレブリンカ戦闘と受難の博物館）（筆者撮影）
図 4 − 2（p.118）トレブリンカⅡ（絶滅収容所）への案内板（筆者撮影）
図 4 − 3（p.118）トレブリンカⅡ（絶滅収容所）ランペ・モニュメント（筆者撮影）
図 4 − 4（p.119）トレブリンカⅡ（絶滅収容所）犠牲者出身国の記念碑（筆者撮影）
図 4 − 5（p.119）トレブリンカⅡ（絶滅収容所）メイン・モニュメント①（筆者撮影）
図 4 − 6（p.119）トレブリンカⅡ（絶滅収容所）メイン・モニュメント②（筆者撮影）

図 4 − 7（p.120）トレブリンカII（絶滅収容所）メイン・モニュメント③（筆者撮影）
図 4 − 8（p.120）トレブリンカII（絶滅収容所）“Never Aagin” 記念碑（筆者撮影）
図 4 − 9（p.120）トレブリンカII（絶滅収容所）コルチャクと子どもたちの記念碑（筆者撮影）
図 4 − 10（p.121）トレブリンカII（絶滅収容所）記念墓石群①（筆者撮影）
図 4 − 11（p.121）トレブリンカII（絶滅収容所）記念墓石群②（筆者撮影）
図 4 − 12（p.123）トレブリンカII（絶滅収容所）記念墓石・ビャウィストク（筆者撮影）
図 4 − 13（p.123）トレブリンカII（絶滅収容所）記念墓石・キェルツェ（筆者撮影）
図 4 − 14（p.123）トレブリンカII（絶滅収容所）記念墓石・オトフォツク（筆者撮影）
図 4 − 15（p.123）トレブリンカII（絶滅収容所）記念墓石・レンベルトゥフ（筆者撮影）
図 4 − 16（p.123）トレブリンカII（絶滅収容所）記念墓石・ワルシャワ（筆者撮影）
図 4 − 17（p.123）トレブリンカII（絶滅収容所）記念墓石・ワルシャワ・ゲットー受難者（筆者撮影）
図 4 − 18（p.123）トレブリンカII（絶滅収容所）記念墓石・チェンストホヴァ（筆者撮影）
図 4 − 19（p.123）トレブリンカII（絶滅収容所）記念墓石・グロドノ（筆者撮影）
図 4 − 20（p.128）絶滅収容所のディオラマ=引き込み線（トレブリンカ戦闘と受難の博物館）（筆者撮影）
図 4 − 21（p.128）絶滅収容所のディオラマ=偽装駅舎（トレブリンカ戦闘と受難の博物館）（筆者撮影）
図 4 − 22（p.129）絶滅収容所のディオラマ=移送者所持品収納倉庫（トレブリンカ戦闘と受難の博物館）（筆者撮影）
図 4 − 23（p.129）絶滅収容所のディオラマ=「ラツァレット」（トレブリンカ戦闘と受難の博物館）（筆者撮影）
図 4 − 24（p.130）絶滅収容所のディオラマ=ガス室、遺体焼却施設、遺体投棄壕①（トレブリンカ戦闘と受難の博物館）（筆者撮影）
図 4 − 25（p.130）絶滅収容所のディオラマ=ガス室、遺体焼却施設、遺体投棄壕②（トレブリンカ戦闘と受難の博物館）（筆者撮影）
図 4 − 26（p.131）絶滅収容所のディオラマ=チューブ「天国への道」（トレブリンカ戦闘と受難の博物館）（筆者撮影）

第五章

図 5 − 1（p.163）トレブリンカI（懲罰労働収容所）の砂利採掘場跡と記念プレート（筆者撮影）
図 5 − 2（p.164）トレブリンカI（懲罰労働収容所）跡への入り口（筆者撮影）
図 5 − 3（p.165）「懲罰労働収容所の設置公報」（トレブリンカ戦闘と受難の博物館）（筆者撮影）
図 5 − 4（p.166）トレブリンカI（懲罰労働収容所）跡地①（筆者撮影）
図 5 − 5（p.166）トレブリンカI（懲罰労働収容所）跡地②（筆者撮影）
図 5 − 6（p.166）トレブリンカI（懲罰労働収容所）跡地③（筆者撮影）
図 5 − 7（p.173）トレブリンカI（懲罰労働収容所）処刑場案内板（筆者撮影）
図 5 − 8（p.174）トレブリンカI（懲罰労働収容所）処刑場跡（筆者撮影）
図 5 − 9（p.174）トレブリンカI（懲罰労働収容所）処刑場跡、シンティ・ロマ記念碑（筆者撮影）
図 5 − 10（p.175）トレブリンカI（懲罰労働収容所）処刑場跡、ハニャ・ザレスカ記念墓碑（筆者撮影）

第六章

図 6 − 1（p.188）ティコチンの大シナゴーグ（筆者撮影）
図 6 − 2（p.189）ティコチン、ズウォタ通り①（筆者撮影）
図 6 − 3（p.189）ティコチン、ズウォタ通り②（筆者撮影）
図 6 − 4（p.190）ティコチン、マルコ・ザメンホフ生誕地記念碑（筆者撮影）
図 6 − 5（p.190）ティコチン、チャルニェツキ記念像（筆者撮影）
図 6 − 6（p.191）ティコチン、聖三位一体教会（筆者撮影）

図 6 − 7（p.191）ティコチン、白鷲記念碑（筆者撮影）
図 6 − 8（p.191）ティコチン、白鷲勲章制定記念碑（筆者撮影）
図 6 − 9（p.192）ティコチン、チェルヴィェンスキの詩「メメント」記念碑（筆者撮影）
図 6 − 10（p.192）ティコチン、「ヴァルシャヴィャンカ」記念碑（筆者撮影）
図 6 − 11（p.193）ティコチン、ポーランド人住民強制移送記念展示①（筆者撮影）
図 6 − 12（p.193）ティコチン、ポーランド人住民強制移送記念展示②（筆者撮影）
図 6 − 13（p.194）ウォプホヴォの森、記念碑①（筆者撮影）
図 6 − 14（p.194）ウォプホヴォの森、記念碑②（筆者撮影）
図 6 − 15（p.197）アブラハム・カピツァ記念写真（ティコチンのシナゴーグ）（筆者撮影）

第七章

図 7 − 1（p.204）パルミルィ記憶の場所・博物館（筆者撮影）
図 7 − 2（p.205）パルミルィ記憶の場所・博物館案内（パルミルィ記憶の場所・博物館）（筆者撮影）
図 7 − 3（p.206）一八六三年一月蜂起（パルミルィ記憶の場所・博物館）（筆者撮影）
図 7 − 4（p.206）一八六三年一月蜂起で絞首刑に使用されたオーク材木（パルミルィ記憶の場所·博物館）（筆者撮影）
図 7 − 5（p.207）一九三九年首都防衛戦（パルミルィ記憶の場所・博物館）（筆者撮影）
図 7 − 6（p.210）ラスキの森の墓地、エルジュビェタ・ルジャ・チャツカらの墓（筆者撮影）
図 7 − 7（p.210）ラスキの森の墓地、タデウシュ・マゾヴィェツキ夫妻の墓（筆者撮影）
図 7 − 8（p.213）サスキ公園ちかく、ハンガリー軍の支援に感謝する記念プレート（筆者撮影）
図 7 − 9（p.214）一九三九年からの大量処刑（パルミルィ記憶の場所・博物館）（筆者撮影）
図 7 − 10（p.221）戦後の遺体発掘に関するポーランド赤十字の通知（パルミルィ記憶の場所·博物館）（筆者撮影）
図 7 − 11（p.224）現在のパルミルィ国立共同墓地（筆者撮影）
図 7 − 12（p.225）パルミルィ国立共同墓地入口の記念プレート（筆者撮影）

第八章

図 8 − 1（p.231）プルシュクフ中継収容所 121 博物館記念碑（筆者撮影）
図 8 − 2（p.231）ワルシャワの「エクソダス」（中継収容所 121 博物館）（筆者撮影）
図 8 − 3（p.231）プルシュクフ中継収容所に到着する人々（中継収容所 121 博物館）（筆者撮影）
図 8 − 4（p.231）プルシュクフ中継収容所空撮写真（中継収容所 121 博物館）（筆者撮影）
図 8 − 5（p.231）中継収容所に到着する人々を迎えるポーランド人たち（中継収容所 121 博物館）（筆者撮影）
図 8 − 6（p.232）中継収容所に到着した人たちの遺品（中継収容所 121 博物館）（筆者撮影）
図 8 − 7（p.237）中継収容所 121 博物館のディオラマ①=第 14 ゲート（筆者撮影）
図 8 − 8（p.237）中継収容所 121 博物館のディオラマ②（筆者撮影）
図 8 − 9（p.238）中継収容所 121 博物館のディオラマ③（筆者撮影）
図 8 − 10（p.238）中継収容所 121 博物館のディオラマ④（筆者撮影）
図 8 − 11（p.245）プルシュクフ中継収容所 121 の元第五ホール前（筆者撮影）
図 8 − 12（p.252）プルシュクフ、地下国家政府指導者の拉致・連行の記念碑（筆者撮影）

第九章

図 9 − 1（p.269）ポヴォンスキ軍人墓地「ウォンチュカ」、独立地下運動兵士①（エドムント·ブコフスキ）（筆者撮影）

図 9－2（p.269）ポヴォンスキ軍人墓地「ウォンチュカ」、独立地下運動兵士②（スタニスワフ・カシュニツァ）（筆者撮影）
図 9－3（p.269）ポヴォンスキ軍人墓地「ウォンチュカ」、独立地下運動兵士③（ボレスワフ・ブデレフスキ）（筆者撮影）
図 9－4（p.269）ポヴォンスキ軍人墓地「ウォンチュカ」、独立地下運動兵士④（ヘンルィク・パヴウォフスキ）（筆者撮影）
図 9－5（p.269）ポヴォンスキ軍人墓地「ウォンチュカ」、独立地下運動兵士⑤（ヴィトルト・ピレツキ）（筆者撮影）
図 9－6（p.269）ポヴォンスキ軍人墓地「ウォンチュカ」、独立地下運動兵士⑥（ミェチスワフ・カヴァレツ）（筆者撮影）
図 9－7（p.269）ポヴォンスキ軍人墓地「ウォンチュカ」、独立地下運動兵士⑦（ウゥカシュ・チェプリィンスキ）（筆者撮影）
図 9－8（p.269）ポヴォンスキ軍人墓地「ウォンチュカ」、独立地下運動兵士⑧（ズィグムント・シェンヂェラシュ）（筆者撮影）
図 9－9（p.270）ポヴォンスキ軍人墓地「ウォンチュカ」、独立地下運動兵士⑨（ズヂスワフ・バルバシェヴィチ）（筆者撮影）
図 9－10（p.270）ポヴォンスキ軍人墓地「ウォンチュカ」、ズィグムント・シェンヂェラシュ（ウゥパシュカ）の記念ボード（筆者撮影）
図 9－11（p.272）モコトゥフ刑務所塀の記念碑（筆者撮影）
図 9－12（p.272）モコトゥフ刑務所塀、アウグスト・フィェルドルフのイラスト（筆者撮影）
図 9－13（p.272）ポヴォンスキ軍人墓地、ヴィトルト・ピレツキの記念墓石（筆者撮影）
図 9－14（p.273）ポヴォンスキ軍人墓地、アウグスト・フィェルドルフの記念墓石（筆者撮影）
図 9－15（p.275）プラガ地区、勝利聖母大聖堂の政治囚同盟による記念プレート（筆者撮影）
図 9－16（p.277）プラガ地区・スチュシェレツカ通り、NKVD 司令本部の記念プレート①（筆者撮影）
図 9－17（p.277）プラガ地区・スチュシェレツカ通り、NKVD 司令本部の記念プレート②（筆者撮影）
図 9－18（p.280）プラガ地区・シェラコフスキ通り、公安省があった旧ユダヤ人学生寮建物（筆者撮影）
図 9－19（p.281）プラガ地区・ナムィスウォフスカ通り、独立地下運動活動家記念像（筆者撮影）
図 9－20（p.282）プラガ地区・「聖ツィルィルと聖メトディ通り」、独立地下運動活動家記念プレート（筆者撮影）
図 9－21（p.283）レンベルトゥフ、NKVD 収容所跡記念碑（筆者撮影）

参考資料

英語

Ackerman, Diane, *The Zookeeper's Wife*, W.W. Norton & Company, Inc., New York, 2007

Arad, Yitzhak, *Belzec, Sobibor, Treblinka: The Operation Rienhard Death Camps*, Indiana University Press, Bloomington and Indianapolis, 1999

Arad, Yizhak, Israel Gutman, and Abraham Margaliot, eds., *Documents on the Holocaust*, the University of Nebraska Press, Lincoln and London, and Yad Vashem, Jerusalem, 1999

Bartoszewski, Władysław, *Warsaw Death Ring 1939-1944*, Interpress Publishers, 1968

Bartoszewski, Władysław and Zofia Lewin, eds., *Righteous Among Nations: How Poles Helped the Jews 1939-1945*, Earlscourt Publications Limited, London, 1969

Blady Szwajger, Adina, *I Remember Nothing More: The Warsaw Children's Hospital and the Jewish Resistance*, A Touchstone Book, Simon & Schuster, New York, London, Toronto, Sydney, Tokyo, Singapore, 1992

Central Commission for Investigation of German Crimes in Poland, *German Crimes in Poland*, vol. 1, Warsaw, 1946

Chodakiewicz, Marek Jan, *After the Holocaust: Polish-Jewish Conflict in the Wake of World War II*, East European Monographs, Boulder, Distributed by Columbia University Press, New York, 2003

Chrostowski, Witold, *Extermination Camp Treblinka*, VALLENTINE MITCHELL, London・Portland, OR, 2004

Czech, Danuta, *Auschwitz Chronicle 1939-1945: From the Archives of the Auschwitz Memorial and the German Federal Archives*, First Owl Book Edition, Henry Holt and Company, Inc., New York, 1997

Czech, Danuta, Stanisław Kłodziński, Aleksander Lasik and Andrzej Strzelecki, *Auschwitz 1940-1945: Central Issues in the History of the Camp*, Vol. V, Auschwitz-Birkenau State Museum, Oświęcim, 2000

Engelking, Barbara and Jacek Leociak, Emma Harris, tr., *The Warsaw Ghetto: A Guide to the Perished City*, Yale University Press, New Haven and London, 2009

Epstein, Eric Joseph and Philip Rosen, *Dictionary of the Holocaust: Biography, Geography, and Terminology*, Greenwood Press, Westport, Connecticut・London, 1997

Feig, Konnilyn G., *Hitler's Death Camps: The Sanity of Madness*, Holmes & Meier Publishers, Inc., 1981

Gilbert, Martin, *Holocaust Journey: Travelling in Search of the Past*, Phoenix, London, 1986

Gozdecka-Sanford, Adriana, *Historical Dictionary of Warsaw*, The Scarecrow Press, Inc., Lanham, Md., & London, 1997

Gross, Jan T., *FEAR: Anti-Semitism in Poland after Auschwitz*, Random House, 2007

Grynberg, Michał, ed., *Words to Outlive Us: Eyewitness Accounts from the Warsaw Ghetto*, Metropolitan Books, Henry Holt and Company, New York, 2002

Gutman, Yisrael, *et al.* eds., *Encyclopedia of the Holocaust*, Macmillan Publishing Company, New

York, 1990
Hanson, Joanna K. M., *The Civilian Population and the Warsaw Uprising of 1944*, Cambridge University Press, 1982
Hilberg, Raul, *The Destruction of the European Jews*, third edition, Yale University Press / New Haven and London, 2003
Kassow, Samuel D., *Who Will Write Our History?: Emanuel Ringelblum, the Warsaw Ghetto, and the Oyneg Shabes Archive*, Indiana University Press, Bloomington and Indianapolis, 2007
Kirshenblatt-Gimblett, Barbara and Antony Polonsky, eds., *Polin: 1000 Year History of Polish Jews*, Museum of the History of Polish Jews, 2014
Lerski, George J., *Historical Dictionary of Poland, 966-1945*, Greenwood Press, Westport, Connecticut・London, 1996
Loire, Stéphane, Hanna Małachowicz and Andrzej Rottermund, eds., *Bernardo Bellotto: A Venetian Painter in Warsaw*, Musée du Louvre, 5 Continents Editions srl, Milan, 2004
Lukowski, Jerzy and Hubert Zawadzki, *A Concise History of POLAND*, Cambridge University Press, 2001
Mark, Ber, *Uprising in the Warsaw Ghetto*, Schocken Books・New York, 1975
Meed, Vladka, *On Both Sides of the Wall: Memoirs from the Warsaw Ghetto*, Holocaust Library, New York, 1979
Niewyk, Donald and Francis Nicosia, *The Columbia Guide to The Holocaust*, Columbia University Press, New York, 2000
Ozaki, Shunji, *WARSAW: The City of Memories, Resistance, Uprising and the Council for Aid to Jews, ŻEGOTA*, KOYO PUBLISHERS, Tokyo, 2008
Pela, Włodzimierz, *Old Warsaw Town Walls*, Muzeum Historyczne MST. Warszawy, 2008
Piotrowski, Tadeusz, *Poland's Holocaust: Ethnic Strife, Collaboration with Occupying Forces and Genocide in the Second Republic, 1918-1947*, McFarland & Company, Inc., Publishers, Jefferson, North Carolina, and London, 1998
Szpilman, Wladyslaw, *The Pianist: The Extraordinary Story of One Man's Survival in Warsaw, 1939-45*, Phoenix, London, 2000
Webb, Chris & Michal Chocholatý, *The Treblinka Death Camp: History, Biographies, Remembrance, ibidem*-Verlag/*ibidem* Press, Stuttgart, Germany, 2014
Willenberg, Samuel, *Revolt in Treblinka*, WYDAWNICTWO SKORPION, 1992
Wistrich, Robert S., *Who's Who in Nazi Germany*, Routledge, London and New York, 1995
Wróbel, Piotr, *Historical Dictionary of Poland, 1945-1996*, Fitzroy Dearborn Publishers, London, 1998

ポーランド語

Bartoszewski, Władysław i Zofia Lewinówna, *Ten Jest z Ojczyzny Mojej*, Stowarzyszenie ŻIH, Świat Książki, Warszawa, 2007
Czech, Danuta, *Kalendarz wydarzeń w KL Auschwitz*, Wydawnictwo Państwowego Muzeum Oświęcimiu-Brzezince, 1992
Eisler, Jerzy, Anna Piekarska, Agnieszka Rudzińska i Paweł Sasanka, „*PRL – tak daleko,*

tak blisko... " ("Polish Peoples' Republic – so far away and so close by"), Instytut Pamięci Narodowej, 2007

Engelking, Barbara i Jacek Leociak, *Getto Warszawskie: Przewodnik po nieistniejącym mieście*, Wydawnictwo IfiS PAN Warszawa 2001

Jagielski, Jan, *Niezatarte ślady getta warszawskiego (The Remnants of the Warsaw Ghetto)*, MÓWIA WIEKI, 2008

Kopówka, Edward, Redakcja, *Co wiemy o Treblince? Stan badań, What Do We Know About Treblinka? The Current State of Research*, Muzeum Regionalne w Siedlcach, Siedlce, 2013

Kopówka, Edward, Tekst i redakcja, Plan Symbolicznych Kamieni, Muzeum Walki i Męczeństwa w Treblince, Oddział Muzeum Regionalnego w Siedlcach, 2001

Loth, Karol, opracował: *Palmiry: Przewodnik po cmentarzu i Muzeum*, Wydawnictwo Muzeum, Historycznego M. ST. Warszawy, Warszawa, 1993

Łabuszewski, Tomasz, Redakcja naukowa, *Śladami zbrodni: przewodnik po miejscach represji komunistycznych lat 1944-1956*, Instytut Pamięci Narodowej, Warszawa, 2013

Łabuszewski, Tomasz, Monika Koszyńska i Wiesława Młynarczyk, *Śladami zbrodni: Projekt edukacyjny, Materiały dla nauczycieli*, Instytut Pamięci Narodowej, Warszawa, 2007

Piper, Franciszek i Irena Strzelecka, Redakcja naukowa, *Księga Pamięci: Transporty Polaków z Warszawy do KL Auschwitz 1940-1944*, Tom II, Towarzystwo opieki nad Oświęcimiem, Państwowe Muzeum Auschwitz-Birkenau, Warszawa-Oświęcim, 2000

Ratuś, Anna, Redakcja, *Janusz Korczak, Fotobiografia*, Wydawca ISKRY, Warszawa, 2012

Wiernik, Jankiel, *Rok w Treblince, A Year in Treblinka*, Rada Ochrony Pamięci Walk i Męczeństwa, Warszawa, 2003

Wnuk, Rafał, redactor naczelny, *ATLAS Polskiego podziemia niepodległościowego 1944-1956*, Instytut Pamięci Narodowej, Warszawa-Lublin, 2007

Wojda Aleksandra i Maciej Boenisch, *Muzeum Dulag 121*, Muzeum Dulag 121, Pruszków

Rozwadowski, Piotr, redaktor naukowy, *Wielka Ilustrowana Encyklopedia Powstania Warszawskiego*, tom 2, Fundacja „Wystawa Warszawa Walczy 1939-1945", Warszawa, 2006

Rudawski, Adam, *Spacerkiem po Tykocinie*, formacja raster, 2006

Rudawski, Adam, *turystyczny Tykocin*, Podlaski Młyn, Firma Turystyczna Wydawnictwo, 2013

Witkowska, Agnieszka, Ostatnia droga mieszkańców i pracowników warszawskiego Domu Sierot, Artykuł opublikowany w piśmie *„Zagłada Żydów. Studia i materiały"*, vol.6, 2010

Zaborski, Zdzisław, *Tędy Przeszła Warszawa: Epilog Powstania Warszawskiego, Pruszków Durchgangslager 121, 6 VIII-10 X 1944*, Wydawnictwo ASKON, Warszawa, 2004

Zespół Muzeum Dulag 121, Redakcja, *Obóz Dulag 121 w Pruszkowie, sierpnia 1944-16 stycznia 1945*, Muzeum Dulag 121, Pruszków

Zieliński, Jarosław, *Przedwojennna Żydowska Warszawa: Najpiękniejsze fotografie* (*Prewar Jewish Warsaw in Historic Photographs*), Wydawnictwo RM, Warszawa, 2012

日本語・日本語訳書

ダイアン・アッカーマン著、青木玲訳『ユダヤ人を救った動物園――ヤンとアントニーナの物語』亜紀書房、2009年

サムエル・ヴィレンベルク著、近藤康子訳『トレブリンカ叛乱——死の収容所で起こったこと 1942-43』みすず書房、2015年
尾崎俊二著『記憶するワルシャワ：抵抗・蜂起とユダヤ人援助組織 ŻEGOTA』光陽出版社、2007年
尾崎俊二著『ワルシャワ蜂起：一九四四年の六三日』東洋書店、2011年
尾崎俊二著『ワルシャワ蜂起：一九四四年の六三日』御茶の水書房、2015年
アンジェイ・ガルリツキ著、渡辺克義・田口雅弘・吉岡潤監訳『ポーランドの高校歴史教科書（現代史）』明石書店、2005年
工藤幸雄著『ワルシャワ物語』日本放送出版協会、1980年
アンブロワーズ・ジョベール著、山本俊朗訳『ポーランド史』白水社、1971年
ノーマン・デイヴィス著、染谷徹訳『ワルシャワ蜂起 1944（上）英雄の戦い』白水社、2012年
ノーマン・デイヴィス著、染谷徹訳『ワルシャワ蜂起 1944（下）悲劇の戦い』白水社、2012年
ヴォイチェフ・ヤルゼルスキ著、工藤幸雄監訳『ポーランドを生きる・ヤルゼルスキ回顧録』河出書房新社、1994年
吉岡潤著『戦うポーランド——第二次世界大戦とポーランド』（ポーランド史史料叢書3）、東洋書店、2014年
マルセル・リュビー著、菅野賢治訳『ナチ強制・絶滅収容所——18施設内の生と死』筑摩書房、1998年

(Websites)
Virtual Shtetl, http://www.sztetl.org.pl （ポーランド・ユダヤ人の歴史博物館のウェブサイト）
Muzeum Walki i Męczeństwa w Treblince, http://www.treblinka-muzeum.eu（トレブリンカ戦闘と受難の博物館のウェブサイト）

挿入地図作成のために参照した資料
Bartoszewski, Władysław, *Warsaw Death Ring, 1939-1944*, Interpress Publishers, 1968
Goleń, Jan i Marcin Zamorski, *Puszcza Kampinoska i okolice*, Wydawnictwo Rajd, 2014
Jagielski, Jan, *Niezatarte ślady getta warszawskiego*, MÓWIA WIEKI, 2008
Kopówka, Edward, Redakcja, *Co wiemy o Treblince? Stan badań, What Do We Know About Treblinka? The Current State of Research*, Muzeum Regionalne w Siedlcach, Siedlce, 2013
Kopówka, Edward, Tekst i redakcja, *Plan Symbolicznych Kamieni*, Muzeum Walki i Męczeństwa w Treblince, Oddział Muzeum Regionalnego w Siedlcach, 2001
Rudawski, Adam, *Spacerkiem po Tykocinie*, formacja raster, 2006
Stefaniuk, Krzysztof, Projekt okładki, *Atlas Warszawa moje miasto plus 59 miejscowości podwarszawskich*, Demart SA, 2009
United States Holocaust Memorial Museum, *Historical Atlas of the Holocaust*, Macmillan Publishing USA, Simon & Schuster Macmillan, New York, 1996
Walczak, Danuta, Kierownik zespołu, *Polska, Atlas samochodowy*, KOMPAS Wydawnictwo Kartograficzne Szczecin
Weszpiński, Paweł E., opracowanie kartograficzne, *GETTO Warszawskie: Przewodnik po nieistniejącym mieście*, Stowarzyszenie Centrum Badań nad Zagładą Żydów
Zespół Muzeum Dulag 121, Redakcja, *Obóz Dulag 121 w Pruszkowie*, Mezeum Dulag 121, Pruszków
Gazeta Wyborcza, *Spacerownik Powązki Wojskowe*

著者紹介

尾崎 俊二（おざき・しゅんじ）

1946年、兵庫県生まれ。
著書に『記憶するワルシャワ――抵抗・蜂起とユダヤ人援助組織 ŻEGOTA・ジェゴタ』（光陽出版社、2007年）、同書の英語訳 *WARSAW: THE CITY OF MEMORIES—Resistance, Uprising and the Council for Aid to Jews, ŻEGOTA*（光陽出版社、2008年）、『ワルシャワ蜂起――1944年の63日』（東洋書店、2011年、御茶の水書房、2015年再刊）などがある。

ワルシャワから
記憶の案内書：トレブリンカ、ティコチン、パルミルィ、プルシュクフへ

2016年7月7日　第1刷発行

定価はカバーに表示してあります。

著　者　尾　崎　俊　二
発行者　橋　本　盛　作

発行所　株式会社　御茶の水書房
〒113-0033　東京都文京区本郷 5-30-20
電話　03-5684-0751／FAX　03-5684-0753
印刷・製本　東港出版印刷株式会社

ISBN978-4-275-02046-8 C3022

Printed in Japan